Die Informatik AG
- Telekooperation

Herausgegeben von Kerstin Schneider
Universität Stuttgart

 B. G. Teubner Stuttgart · Leipzig 1998

Kerstin Schneider

Studium der Informatik mit Nebenfach Wirtschaftswissenschaften an der Universität Kaiserslautern. Diplom 1994. Seitdem wiss. Mitarbeiterin am Institut für Parallele und Verteilte Höchstleistungsrechner der Universität Stuttgart in der Abteilung Anwendersoftware (Datenbanken und Informationssysteme).
Forschungsschwerpunkte:
Zuverlässige und sichere Abwicklung langandauernder, komplex strukturierter Vorgänge in verteilten, heterogenen Umgebungen; Konsistenzsichernde Verfahren in Workflow-Management-Systemen; Transaktionaler Workflow.
Transaktionsverarbeitung; Fehlertoleranz; Fehlerbehandlung und Recovery; Kompensationsmechanismen.
Datenbank- und Informationssysteme.
Seit Oktober 1996 Frauenbeauftragte der Fakultät Informatik für die Dauer von 2 Jahren.

Die Deutsche Bibliothek – CIP-Einheitsaufnahme

Die **Informatik-AG - Telekooperation** / hrsg. von Kerstin Schneider. – Stuttgart ; Leipzig : Teubner, 1998
ISBN 3-519-02194-3

© 1998 B. G. Teubner Stuttgart · Leipzig
Printed in Germany
Druck und Binden: Druck Partner Rübelmann GmbH, Hemsbach
Einband: Peter Pfitz, Stuttgart

Vorwort

Männer und Frauen sind gleichberechtigt. Also haben Frauen auf dem Arbeitsmarkt die gleichen Chancen wie ihre männlichen Mitbewerber. Nehmen wir einmal die Informatik als Beispiel, um dieses Grundrecht zu überprüfen. "Gleich" geht es dort allerdings nicht zu, aus welchen Gründen auch immer. Der Anteil der Informatikerinnen im Studium ist seit 1982 rückläufig und stagniert in den letzten Jahren unterhalb 10%. Es hat die unterschiedlichsten Untersuchungen zu diesem Phänomen gegeben, unter anderem wurden auch die Teilnehmerinnen des Bundesjugendwettbewerbs Informatik befragt (die Teilnahme der Mädchen verharrt hier wie eine Naturkonstante bei 2%), warum so wenig junge Frauen Interesse an diesem Fach haben, obwohl ihnen als Absolventinnen sichere Arbeitsplätze winken?

Es stellt sich immer wieder heraus, daß die Mädchen von den Jungen im Unterricht bevormundet, in den Rechnerpools an die Seite gedrängt oder auch von Lehrkräften übergangen werden. Die Art der Jungen, an diese Themen heranzugehen, scheint sich von der der Mädchen grundsätzlich zu unterscheiden. Als eine Konsequenz wurde bereits die Einführung reiner Mädchenklassen gefordert und im Informatikunterricht der Schulen schon oft realisiert. Zugleich handelt es sich um eine Wissenschaft, in der sich das Wissen schnell ändert. Will frau nicht nur Karriere, sondern auch Kinder, können ihre Kenntnisse nach einigen Erziehungsjahren schon unbrauchbar geworden sein (meines Wissen gibt es kaum Weiterbildungsveranstaltungen für Informatikerinnen im Erziehungsurlaub). Ist es dann nicht sinnvoller, Friseuse zu werden oder Krankenschwester, Erzieherin, Altenpflegerin, Verwaltungskraft etc., also einen Beruf zu erlernen, den frau (auch mit Kind) stundenweise flexibel ausüben kann und der den Verpflichtungen einer Hausfrau und Mutter besser entgegenkommt? Das Paradoxe an dieser in der Öffentlichkeit als vernünftig angesehenen Argumentation ist, daß gerade die Informatik für flexibles (zeit- und ortsunabhängiges) Arbeiten wie geschaffen ist, aber das kann frau ohne nähere Kenntnisse der Informatik nicht wissen.

Hätten wir - wie noch in den 60er Jahren - eine Vollbeschäftigung, müßten viele dieser Fragen nicht gestellt werden. Die Wirtschaft würde mit Kußhand die Frauen nach einer Erziehungszeit zurücknehmen, sie fort- und weiterbilden und nicht wie heute ihren Bedarf mit immer neuen frisch ausgebildeten Absolvent(inn)en abzudecken suchen. Doch wir haben keine Vollbeschäftigung! Die Politik läßt die Familie hochleben, erklärt die Wichtigkeit der Mutter für das Kind und sorgt so für Entlastung auf dem Arbeitsmarkt (und das sogar auf den Gebieten, die kräftig expandieren). Zu den hier üblichen subtilen Meinungsströmungen kommen noch Alltagsprobleme wie die Unterbringung der Kinder und viele damit verbundene organisatorische Probleme.

Fazit: Man will heute nur bedingt, daß Männer und Frauen gleichberechtigt sind. Wer hier etwas bewegen möchte, der muß konkrete Veränderungen bei der Ausbildung anstreben. Zum Beispiel im Unterricht. Sinnvoll wäre es, einen "Gleichberechtigungsunterricht" für Jungen einzuführen, denn hier scheint durchaus ein Defizit zu herrschen. Ebenso sinnvoll ist es, bei den Fächern, die als männliche Domänen gelten, anzusetzen. Hierzu zählt auch die Informatik, obgleich dieses Vorurteil von der Fachwissenschaft stets bekämpft wurde. Der Ansatz, den die Wissenschaftlerinnen der Stuttgarter Fakultät Informatik mit der Schülerinnen AG in Informatik umgesetzt haben, ist daher mit Nachdruck zu begrüßen. Und der Einsatz, den Frau Kerstin Schneider mit der Planung und Koordinierung der Schülerinnen AG und vor allem im Anschluß hieran mit der Ausarbeitung in Buchform, bzw. als multimediales Dokument gezeigt hat, verdient höchste Anerkennung.

"Man" braucht mehr Frauen in diesem zukunftsträchtigen Gebiet. Daher sollten mehr Frauen Informatik studieren. Das vorliegende Buch kann dies und wird es hoffentlich auch nachdrücklich fördern.

Uta Claus

Danksagung

1996 wurde im Arbeitskreis für Frauenspezifische Fragen an der Fakultät Informatik in Stuttgart die Notwendigkeit gesehen, Schülerinnen der Oberstufe anzusprechen. Die Idee war, sie über das Wesen der Informatik zu informieren und zum Studium der Informatik anzuregen.

Daraufhin habe ich als Frauenbeauftragte der Fakultät Informatik das Konzept für die Informatik AG entworfen und die Veranstaltung 1997 auf dieser Grundlage organisiert.

Ich möchte mich bei allen Beteiligten bedanken, die diese Veranstaltung mit mir durchführten. Mein Dank gilt auch den vielen Helferinnen und Helfern ohne deren Hilfe die erfolgreiche Durchführung und das vorliegende Buch nicht möglich gewesen wären. Ganz besonders des-halb, weil diese Veranstaltung auf freiwilligem und zusätzlichem Engagement neben unseren eigentlichen Forschungs- und Lehraufgaben basierte. Auch die als Tutor(innen) eingestellten Studierenden haben sich jedoch weit über ihre eigentlichen Aufgaben hinaus für die Informatik AG eingesetzt, wie auch andere Studierende sich ausgesprochen stark engagiert haben.

Einladungen wurden geschrieben, kuvertiert, frankiert und verschickt. Plakate entworfen und erstellt, Pressemitteilungen verfaßt, die Rechnerzugänge für die Schülerinnen eingerichtet, die Anmeldungen bestätigt und die Schülerinnen auf die Übungsgruppen verteilt. Wegweiser und Pflanzen wurden plaziert. Es wurden WWW-Seiten erstellt und Video-Snapshots durchgeführt. Die Vorträge sind erdacht und gehalten sowie die Übungsaufgaben geschrieben und die Übungen betreut worden. Die Tutorinnen und der Tutor wurden in ihre Aufgaben eingewiesen. Eine intensive Betreuung der Schülerinnen an den Rechnern war zu Beginn der Informatik AG erforderlich, die sich im Laufe der Veranstaltung verringerte, weil sich die Schülerinnen immer besser mit den Systemen auskannten. Als Abschluß-Event wurde die geplante Podiumsdiskussion organisiert und die Teilnehmerinnen eingeladen. Und so weiter.

Insgesamt gab es viele Tätigkeiten am Rande der eigentlichen Veranstaltung, zu der beispielsweise auch die Führungen im Computermuseum der Fakultät gehörten, die mit enormer Bereitschaft zur Hilfe von vielen Mitgliedern der Fakultät unterstützt und durchgeführt wurden. Dementsprechend muß diese Veranstaltung als eine von der gesamten Fakultät Informatik getragene kooperative Aktion angesehen werden. Getragen aus der gemeinsamen Überzeugung heraus, daß es einen größeren Anteil weiblicher Studentinnen, Forscherinnen und Professorinnen an unserer Fakultät geben sollte.

Folgenden Mitwirkenden herzlichen Dank:

Ina Becker, Hiltrud Betz, Uwe Berger, Dr. Cora Burger, Yun Ding, Anke Drappa, Mircea Fabian, Claudia Fischer, Heike Franosch, Angela Georgescu, Matthias Großmann, Nicola Hönle, Fritz Hohl, Klemens Krause, Patricia Mandl-Striegnitz, Beate Meiser, Gabriele Marun-Nakissa, Dr. Anca Muscholl, Daniela Nicklas, Alexander Porrmann, Antje Raap, Manfred Rasch, Wolfgang Reissenberger, Dr. Walter Reuß, Patricia Sagmeister, Frank Schiele, Markus Strasser, Dr. Waltraud Schweikhardt, Nicole Weicker

und viele mehr.

Die Professoren der Fakultät Informatik standen dem Vorhaben sehr positiv gegenüber. Speziell engagierten sich Prof. Dr. Rul Gunzenhäuser, Prof. Dr. Jochen Ludewig als Studiendekan und ganz besonders unser Dekan Prof. Dr. Volker Claus.

Herzlich bedanken möchte ich mich auch bei den Teilnehmerinnen der Podiumsdiskussion aus der Industrie, Barbara Hoisl (HP), Dr. Ute Schürfeld (IBM) und Dr. Ursula Thalheimer (debis), für ihren Besuch und für ihre interessanten Ausführungen über die Aufgaben von Informatikerinnen in Unternehmen.

Ich danke unserer Programmiererin, Viera Rewucki, die viele der anfallenden Arbeiten bei der Fertigstellung des Manuskripts sowie bei der Konvertierung des Manuskripts aus dem Framemaker-Format in HTML durchführte.

1998 entstand durch den Erfolg der Informatik AG die Veranstaltung "Probiert die Uni aus", die von allen natur- und ingenieurwissenschaftlichen Fächern der Universität Stuttgart durchgeführt wird und auf den Erfahrungen und Konzepten der Informatik AG aufgebaut wurde.

Kerstin Schneider

Stuttgart im Juni 1998

Inhalt

1	**Die Informatik AG**	**9**
1.1	Ziele und Vorbereitung der AG	9
1.2	Überblick über die Vorträge und Übungen	11
1.3	Rahmenprogramm	15

2   **Der Einführungsvortrag: Grundlagen der Informatik**
Prof. Dr. Volker Claus   17

3	**Die Fachvorträge**	**25**
3.1	Rechnernetze, wozu?	
	Dr. Cora Burger	25
3.2	Rechnernetze und Internet	
	Dr. Cora Burger, Dr. Waltraud Schweikhardt	33
3.3	Dienste im Internet	
	Dr. Waltraud Schweikhardt,	
	Dr. Cora Burger, Dipl.-Inform. Kerstin Schneider	43
3.4	Objektorientierte Programmierung	
	Dipl.-Math. Hiltrud Betz, Dr. Cora Burger	54
3.5	Software Engineering	
	Dipl.-Inform. Patricia Mandl-Striegnitz	64
3.6	Asynchrone und synchrone Telekooperation	
	Dipl.-Inform. Kerstin Schneider	73

4	**Die Aufgaben**	**85**
4.1	Login und Logout	85
4.2	Emacs	91
4.3	Netscape	97
4.4	HTML	100
4.5	Bilder	108
4.6	Integration von Hyperlinks	113
4.7	Der Umgang mit elektronischer Post	119
4.8	Integration des Datums mit JavaScript	126
4.7	Integration von Java-Applets	130
4.8	Erweiterung eines bestehenden Applet	137

5	**Ergebnisse**	**145**
5.1	Die Umfrage	145
5.2	Erfahrungen der Betreuer(innen)	150
5.3	Fazit	151

6	**Anhang**	**153**
6.1	Glossar	153
6.2	Abkürzungen	158
6.3	Literatur	159

1   Die Informatik AG

1.1   Ziele und Vorbereitung der AG

Alle Welt redet über neue Medien. Wer etwas auf sich hält, hat heute einen Internet-Anschluß. Information wird nicht mehr auf eine Weise, sondern multimedial in den unterschiedlichsten Formen dargeboten, verarbeitet und verschickt. Keiner sollte heute mehr allein und isoliert arbeiten; vielmehr ist computerunterstützte Gruppenarbeit angesagt. Dies alles basiert auf Maschinenmodellen, Rechnerarchitekturen, Objektorientierung und Systemarchitekturen.

Wir werden heute mit Schlagwörtern aus der Kommunikationstechnik, mit speziellen Arbeitstechniken bei der Nutzung von Computern und Netzen und mit teilweise abenteuerlichen Zukunftsvisionen überschüttet. Insbesondere Jugendliche gehen mit diesen Begriffen täglich um, oft recht sorglos und oberflächlich, ohne die dahinter stehenden Konzepte zu kennen. Da sich Hard- und Software nach außen häufig durch die Gerätekonfigurationen und die spezifischen Programmiersprachen darstellen, verstärkt sich bei Jugendlichen der Eindruck, daß der Umgang mit solchen Werkzeugen und Techniken bereits ausreiche, um die entsprechenden Arbeitsformen zu beherrschen und sinnvoll einsetzen zu können. Insbesondere Jungen sind fasziniert von Taktfrequenzen im Megahertz-Bereich, Speicherungskapazitäten im Terabyte-Bereich, Operationsverarbeitung im Giga-Flop-Bereich usw., wobei auch die Transistorendichte auf dem Chip, die Kosten von Speicherregistern in Millionen pro Pfennige usw. als wichtige Kenngrößen erachtet werden. Oder sie tauschen ihre Erfahrungen über Softwarepakete aus, mit denen sie Suchprozesse, Versandaktionen, Systemeinstellungen usw. noch besser, schöner und undurchschaubarer anstoßen und ändern können. Viele Jungen begeistern sich enthusiastisch für diese technischen Dimensionen, ringen in großem Stile um die Aufmerksamkeit ihrer Umgebung und drängen alle diejenigen zurück, die sich auf dem Markt der Geräte und Werkzeuge kaum auskennen. Dadurch entsteht ein vollkommen falsches Bild über die zugrundeliegenden Prinzipien und damit auch ein falsches Bild über die zugehörige Grundlagenwissenschaft, die Informatik.

Beobachtungen und systematische Untersuchungen haben gezeigt, daß Mädchen in Schülergruppen, die gemeinsam am Rechner arbeiten, von den Jungen hinausgedrängt werden, so daß oft schon gefordert wird, Informatik nicht in koedukativer Form zu unterrichten. Im Hochschulbereich sank der Frauenanteil im Informatikstudium ein Jahr nach dem Zeitpunkt, zu dem das Schulfach Informatik in der Schule in den meisten Bundesländern etabliert wurde (ab 1980/81/82). Da die Lehrkräfte keine Informatikausbildung durchlaufen haben und meist nur auf Produktinformationen und wenig anspruchsvolle Bücher zurückgreifen konnten, stellt sich die Informatik auch im schulischen Unterricht häufiger als eine Gerätekunde mit aufgesetzter Programmierausbildung dar. Durch ein solches Bild werden vor allem Mädchen davon abgehalten, sich weiter intensiv mit der Informatik zu befassen, was als mögliche Erklärung für den derzeit recht geringen Frauenanteil von 8 - 10% im Informatikstudium gilt.

So reifte die Überzeugung, daß sich die Fakultät Informatik direkt an die Schülerinnen wenden müsse, um die Prinzipien der Informatik und die Nutzung und Einsatzmöglichkeiten ihrer Werkzeuge unabhängig von einer (zugegebenermaßen notwendigen) Technik zu vermitteln. Dies bezieht sich vor allem auf die anfangs genannten aktuellen Themen, die zur Zeit in jeder Tageszeitung nachzulesen sind. Schülerinnen sollten sich nicht als Konsumentinnen Informationsmaterialien im Internet anschauen, sondern die Prinzipien der Beschreibung, Erstellung und Übertragung und die sich daran anschließenden Nutzungsmöglichkeiten und Auswirkungen studieren. Wichtig ist dabei die Erzeugung eines eigenen kleinen Produktes, da hierdurch das Selbstbewußtsein gesteigert und die Einsicht in Wirkungszusammenhänge gefördert wird. So wurde beispielsweise von Anfang an gefordert, daß jede Teilnehmerin an einem Seminar ihre eigene Homepage entwickeln und pflegen sollte und hierbei eigene Zusatzinformationen (Text, Bilder, Briefe usw.) einzubinden habe. Um dies realisieren zu können, braucht man Sprachen und Visualisierungstechniken; deren Grundlagen und die konkreten Ausgestaltungen waren der eigentliche Kern des Seminars, auch wenn sich die Schülerinnen in den Übungen vorwiegend mit den konkreten Sprachen und Systemen auseinandersetzen mußten.

So entstand folgende Konzeption eines Kurses für Schülerinnen, der vorwiegend in Form von Übersichtsvorträgen und betreuten Übungsgruppen stattfand:

- Rechnernetze
- Das Internet und seine Dienste
- Objektorientierte Programmierung als Grundlage der Systemerstellung
- Software Engineering
- Asynchrone und synchrone Telekommunikation
- Als Anwendung: Workflow-Management-Systeme

Das Hauptproblem bestand darin, diese relativ fortgeschrittenen Methodiken Anfängerinnen zu vermitteln, also ohne das breite Instrumentarium der Informatik-Methoden und -Erkenntnisse auszukommen. Als Vorgehensweise wurde der Einstieg über die Nutzung von Diensten gewählt: Nach einer kurzen Einführung in den Umgang mit Rechnersystemen (in unserem Fall Unix-basierte Systeme) wurde sehr schnell das Ziel in Angriff genommen, eigene WWW-Seiten zu erstellen.

Anschließend erfolgte das Verschicken (statischer) Nachrichten über Mail-Systeme. Um bewegte Informationen darstellen zu können, sollten anschließend geeignete Sprachen vorgestellt und genutzt werden (JavaScript, Java). Hierbei sind die Grundlagen der objektorientierten Paradigmen, aber auch einige Prinzipien des klassischen Übersetzerbaus zu vermitteln. Ein Überblick über die Inhalte der Vorträge und Übungen wird in Abschnitt 1.2 gegeben.

Um die Schülerinnen in diese Themen einführen zu können, wurden die Prinzipien und Vorgehensweisen in Vorlesungen von Mitarbeiterinnen der Fakultät Informatik vorgestellt. Die Schülerinnen haben jeweils anschließend entsprechende Übungsaufgaben am Rechner bearbeitet. Die Vorlesungen und die Übungsaufgaben sind in den Kapiteln 3 und 4 dieses Buches aufgeführt. Die Übungsaufgaben waren nicht schwierig; dennoch benötigten die Schülerinnen hierfür viel Zeit, da ihnen die Denkweisen der Informatik und der Umgang mit den Geräten nicht geläufig waren. In einem zweiten Seminar wurden daher mit den Vorlesungen erst nach vier Wochen begonnen; die ersten vier Nachmittage wurden verwendet, um sich mit den Geräten vertraut zu machen und um einfache Abläufe zu studieren. Dies hatte auch den Vorteil, daß die Schülerinnen, die schon am ersten Seminar teilgenommen hatten, die Rechnereinführung nicht ein weiteres Mal hören mußten. Schon während der Veranstaltungen zeichnete sich ab, daß bei den Schülerinnen das Interesse für die Informatik wuchs und daß sie das Seminar als recht positiv empfinden. Dies bestätigte sich bei der Auswertung des Fragebogens, den ein Großteil der Teilnehmerinnen am Ende ausfüllte (Kapitel 5). Ein Ausblick und einige Anmerkungen zu Anpassungen des Seminars an eine andere Umgebung beendet die vorliegende Ausarbeitung des Seminars.

Ziel der Schülerinnen AG war es, an einigen konkreten Anwendungen möglichst viele Zusammenhänge und Querbezüge aufzuzeigen und die Notwendigkeit darzulegen, daß der planvolle Umgang mit der Datenverarbeitung auf erprobten Konzepten und Prinzipien basiert. Natürlich kann innerhalb von 6 Vorträgen und insgesamt ca. 15 Übungsstunden am Rechner keine theoretische Fundierung von Sprachen, Algorithmen, Rechnerstrukturen oder (verteilten) Systemen vermittelt werden; aber Einsichten in die Zusammenhänge, Aufbauprinzipien und Anwendungsbereiche von großen Informatik-Gebieten konnten in diesem Rahmen den Schülerinnen gegeben werden. Die Fakultät wird Anfang 1998 ein drittes Schülerinnenseminar anbieten. Anschließend wird sich die Frage stellen, ob nicht auch entsprechende Seminare für Jungen durchgeführt werden sollten; denn das oftmals falsche Bild, das sie sich von der Informatik machen, ist vermutlich für manchen Studienabbruch verantwortlich und sollte daher möglichst früh richtig gestellt werden.

1.2   Überblick über die Vorträge und Übungen

In den Vorträgen wurde ein Überblick über Inhalte der Informatik gegeben. In den Aufgaben wurden Aspekte vertieft. Gleichzeitig sollten die praktischen Aufgaben die Angst vor der Technik zu nehmen und Kompetenz und Selbstbewußtsein aufbauen. Die Auswahl der Vortragsthemen und Übungsaufgaben orientierte sich an dem Ziel, eine große Bandbreite abzudecken und trotzdem viele Querbezüge zu haben. Gleichzeitig konnten durch die Wahl der Themen die momentan durch die gesellschaftliche Entwicklung stark im Vordergrund stehenden Schlagworte, wie z. B. Internet und Multimedia, erklärt werden. Vorträge und praktische Aufgaben erleichterten so durch ihre komplexen Wechselwirkungen das Verständnis. Nur so war es möglich, in insgesamt lediglich 21 Stunden diese vielfältigen Inhalte zu vermitteln.

1.2.1   Die Themen der Vorträge

Nach einem allgemeinen Einführungsvortrag zur Informatik wurden in den ersten beiden Vorträgen die Grundlagen der Rechnernetze, das Internet und seine Dienste, insbesondere das WWW und elektronische Post erläutert (siehe Abschnitte 3.1 , 3.2 und 3.3). Um einen Eindruck von der Programmierung zu geben, hatte der folgende Vortrag die objektorientierte Programmierung zum Inhalt (siehe Abschnitt 3.4). Die objektorientierte Betrachtungsweise eignet sich ausgezeichnet, um die Bedeutung der Abstraktion in der Informatik darzustellen. Die Aufgaben und Probleme, die bei der Konzeption komplexer Systeme in großen Software-Projekten zu lösen sind, sowie die vielfältigen Tätigkeitsfelder und Fähigkeiten von InformatikerInnen in diesem Zusammenhang konnten durch die Darstellung des Software Engineering im nächsten Vortrag gut beschrieben werden (siehe Abschnitt 3.5). Hier wird besonders deutlich, daß die Informatik über das Programmieren weit hinaus geht und Fähigkeiten wie konzeptionelles Denken in hohem Maße erfordert. Im Vortrag über asynchrone und synchrone Telekooperation werden moderne Anwendungsbereiche der Informatik dargestellt, speziell Workflow-Management-Systeme (siehe Abschnitt 3.6). In diesem Vortrag konnten die Komplexität heutiger Anwendungen und der Einfluß der Informatik auf die gesellschaftlichen Prozesse, wie zum Beispiel die Gestaltung der Arbeit, gut gezeigt werden.

Diese Reihe wurde in der zweiten Informatik AG mit Vorträgen zu Chip-Design und dem Aufbau eines Rechners, Bildverarbeitung und Multimedia, Turingmaschinen und Berechenbarkeit, Kryptographie und Sicherheit sowie Datenbanken und Informationssystemen fortgesetzt. Diese Vorträge sind jedoch nicht Inhalt dieses Buches. Es gelang somit, durch die Vorträge eine recht große Bandbreite zu erfassen.

1.2.2   Die Inhalte der Aufgaben

Bei einer solchen Veranstaltung muß beachtet werden, daß die unterschiedlichen Vorkenntnisse und Lerngeschwindigkeiten besonders weit gestreut sind. Die Schülerinnen kommen aus drei unterschiedlichen Jahrgangsstufen. Manche haben beispielsweise einen Informatik-Grundkurs besucht, und viele besitzen einen eigenen PC. Die Zeitdauer, welche die Schülerinnen mit der Vorbereitung der Aufgaben zu Hause verbringen können oder wollen, ist sehr verschieden. Dementsprechend wurden die Aufgaben so konzipiert, daß sie durchaus mit individueller Geschwindigkeit durchgeführt werden können, ohne den Anschluß zu verlieren. Die Reihenfolge der Aufgaben kann zum Teil geändert werden, und jedes Aufgabenblatt bietet Möglichkeiten sich beliebig intensiv mit der jeweiligen Thematik zu befassen.

Betrachten wir dazu nun den Aufbau der Aufgaben. In der Abbildung 1 wird eine Übersicht über die Strukturierung der Aufgaben und den zwischen ihnen bestehenden Abhängigkeiten gegeben. Zunächst ist es notwendig die Schülerinnen allgemein in die vorhandene Rechnerumgebung einzuführen (siehe Abschnitt 4.1) sowie darauf aufbauend ihnen die Benutzung der zu verwendenden Werkzeuge (siehe Abschnitt 4.2 und 4.3), d.h. einen Web-Browser, einen Texteditor und einen Java-Compiler[1], zu vermitteln. Sie lernen dadurch ihr Arbeitsumfeld kennen.

---

1. Der Java-Compiler wird den Schülerinnen jedoch erst zu dem Zeitpunkt vorgestellt, zu dem sie ihn benötigen. Dies ist der Fall, wenn sie beginnen Applet-Programme zu verändern und zu erweitern bzw. sie eigenständig zu programmieren. HTML-Seiten werden nicht übersetzt. Geänderte Seite werden lediglich neu in den Browser geladen.

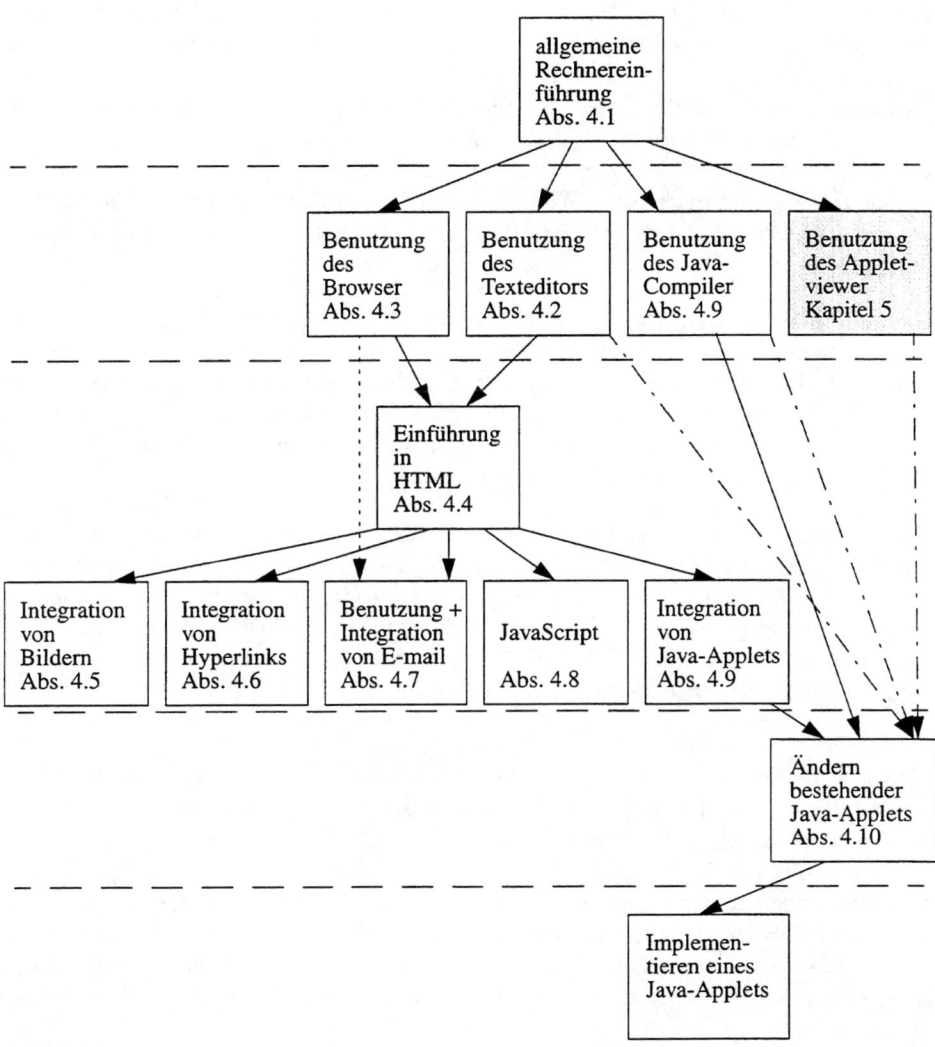

Bild 1: Die Strukturierung der Aufgaben

Die Aufgaben lassen sich durchaus auch in einem anderen Umfeld durchführen, beispiels-
weise auf PCs. Hierzu müssen lediglich die allgemeine Einführung sowie gegebenenfalls die
Einführungen in die Benutzung der Werkzeuge geändert werden. Wir verwendeten einen
Netscape-Browser, während in PC-Umgebungen in der Regel der Microsoft-Explorer einge-
setzt wird. Alle weiteren Anpassungen der Aufgaben sind minimal. Die Einführung in
HTML (siehe Abschnitt 4.4) ist grundlegend für die Bearbeitung der Aufgaben zur Integra-

tion von Bildern, Hyperlinks, E-mail, von JavaScript-Anweisungen sowie von Java-Applets. Zur Benutzung von E-mail reicht die Kenntnis des Browsers aus. Als Aufgabenziel wurde die Erstellung einer eigenen Homepage gewählt. Die einzelnen Aufgaben vermitteln die grundlegenden Techniken. Der Zugang zum selbständigen Herausfinden und Erlernen weiterer Techniken wird zusätzlich gefördert. Der Aufbau und das Aussehen ihrer eigenen Seiten bleibt den Schülerinnen überlassen. Sie können diese ihren Vorlieben entsprechend individuell gestalten. Die Seite wird im Laufe der Zeit während der Informatik AG sukzessive weiterentwickelt. Um dies zu unterstützen, wird auch Zeit für das Kennenlernen des WWW durch Surfen und gezieltes Suchen im WWW vorgesehen. Die Schülerinnen werden dadurch mit den vielfältigen Ausdrucksformen und Darstellungsarten vertraut und lernen das WWW als riesige weltweite Informationsquelle kennen und nutzen.

Die Integration und Behandlung von Bildern in HTML-Seiten (siehe Abschnitt 4.5) kann im Grunde mit beliebigen Bildern durchgeführt und geübt werden. Während der Informatik AG wurde jedoch ein Video-Snapshot von jeder einzelnen Teilnehmerinnen aufgenommen und ihr als Bilddatei zur Verfügung gestellt. Ein eigenes Bild ist spannender und fördert die Motivation und das Interesse. Zudem kann der Zusammenhang von Videoaufnahmen und digitalen Bildern, bzw. Bilddateien gleichzeitig implizit verdeutlicht werden.

Die Vernetzung von Informationen über Hyperlinks ist eine kennzeichnende Eigenschaft des WWW. Information kann damit auf mannigfaltige Art und Weise strukturiert werden. Die Integration von Hyperlinks (siehe Abschnitt 4.6) ermöglicht es den Schülerinnen, ihre eigenen Seiten in das weltweite WWW zu integrieren und somit selbst an diesem Netz mitzuweben. Informationen aus dem WWW, die ihnen wichtig ist, läßt sich damit direkt an ihre Seite koppeln. Auch untereinander können die Seiten der Schülerinnen miteinander vernetzt werden.

Eine weitere Aufgabe behandelt den Umgang mit elektronischer Post, d.h. E-mail (siehe Abschnitt 4.7). Das Ziel ist es, die Teilnehmerinnen mit einer modernen und unter anderem im Hochschulbereich alltäglichen und unersetzlichen Form der Kommunikation bekannt und vertraut zu machen. Bedenkt man, daß es beispielsweise sogar in Katmandu "E-mail-shops" gibt, die es jedem ermöglichen, gegen Bezahlung eine E-mail zu versenden, ist es wohl unerläßlich, den Schülerinnen diese Form der Kommunikation zu demonstrieren. Die Aufgabe ist bis auf die eigentliche Integration von "E-mail" in die Seiten unabhängig von HTML. Der Browser wird als Werkzeug zum Empfangen, Versenden und Verwalten von E-mail genutzt.

Bisher waren die erstellten Seiten statisch aufgebaut. Zwei voneinander unabhängige Sprachen, JavaScript und Java, die es ermöglichen, Dynamik und Bewegung in die HTML-Seiten zu bringen, werden in den weiteren Aufgaben den Teilnehmerinnen vorgestellt. Javascript ist eine in HTML eingebettete Programmiersprache mit rudimentären objekt-orientierten Möglichkeiten. Somit kann JavaScript lediglich von Web-Browsern ausgeführt als eine Ergänzung von HTML angesehen werden. Java andererseits ist eine eigenständige objekt-orientierte Sprache, um eigenständige Applikationen sowie Programme, die innerhalb von Web-Seiten ausgeführt werden, zu implementieren. Diejenigen Java-Programme, die innerhalb von Web-Seiten ausgeführt werden, werden Java-Applets oder Applets genannt.

Die Integration der Uhrzeit, die sich automatisch aktualisiert, wird unter Verwendung der Sprache JavaScript (siehe Abschnitt 4.8) demonstriert. Anweisungen in JavaScript können direkt in HTML eingefügt werden und müssen nicht explizit übersetzt werden.

Die Verwendung von Java hat zwei Aspekte. Zunächst lassen sich existierende Java-Applets in die HTML-Seite integrieren (siehe Abschnitt 4.9) und somit innerhalb einer Seite verwenden. Kenntnisse über die Sprache selbst oder über die Benutzung eines Compilers sind dazu nicht notwendig. Eine große Anzahl von Applets werden fertig übersetzt und ausführbar im WWW bereitgestellt, d.h. sie können im WWW gefunden und für die eigenen Seiten verwendet werden. Andererseits ist es auch möglich, eigene Applets zu entwickeln bzw. zu programmieren (siehe Abschnitt 4.10).

Die Beschäftigung mit der Sprache Java vollzieht sich in drei Stufen:

*   Ansehen und nachvollziehen,
*   ändern und ausprobieren,
*   selbständig programmieren.

Applet-programmierung ist eine spezielle Art der Programmierung, und Java ist lediglich eine Sprache unter vielen. Trotzdem können die Schülerinnen hier Zusammenhänge begreifen. Beispielsweise: Was ist ein Programm, ein Compiler? Oder: wie wird etwas ausgeführt? Eine objekt-orientierte Herangehensweise eignet sich sehr gut, um die Bedeutung der Abstraktion und des konzeptionellen Denkens zu zeigen. Die Bezüge zum Software Engineering und den eingesetzten Techniken werden hier leicht deutlich.

In der kurzen Zeit ist es nicht das Ziel, eine Programmiersprache zu lernen, sondern die Zusammenhänge und Wechselwirkungen der Komponenten und Systeme so kennenzulernen, daß ein grundlegendes Verständnis geschaffen wird. Die Schülerinnen sollen neugierig werden, sich für weitere Zusammenhänge interessieren. Sie haben Zugang zu der Informationstechnologie und können sie studieren, entweder in ihrem Alltag im kleinen, oder als Studierende im großen, falls sie sich dafür entscheiden.

1.3   Rahmenprogramm

Das Rahmenprogramm diente zur Abrundung der gesamten Veranstaltung. Am Anfang stand eine Einführungsveranstaltung mit einem Vortrag über Grundlagen der Informatik, die bereits einige in den späteren Vorträgen verwendete Begriffe erläutert (siehe Kapitel 2). Durch den Besuch des Computermuseums der Fakultät Informatik konnte den Schülerinnen gezeigt werden, wie rasant die Entwicklung auf diesem Gebiet fortschreitet und wie in zunehmendem Maße Einfluß auf die Gesellschaft genommen wird. In einer Abschlußveranstaltung wurde der konkrete Ablauf des Studiums der Informatik erklärt. Außerdem wurden typische Vorgehensweisen beim Studieren im allgemeinen erläutert und das studentische Leben beschrieben. Betont wurde dabei die Bedeutung von selbständigem Einholen von Information und die Arbeit im Team.

Den Abschluß dieser Veranstaltung bildete eine Podiumsdiskussion mit erfolgreichen Frauen aus der Praxis. Diese diente zum Vermitteln möglicher Berufsbilder sowie der Darstellung der interessanten und abwechslungsreichen Tätigkeitsfelder dieser Frauen in ihrer täglichen Arbeit.

2 Der Einführungsvortrag
Grundlagen der Informatik
Prof. Dr. Volker Claus

Informatik umfaßt die Wissenschaft von der systematischen Auffindung, Darstellung, Speicherung, Übertragung und Verarbeitung von Informationen, insbesondere mit Hilfe von Computern. Der Begriff *„Information"* ist nicht klar umrissen. Man versteht hierunter bedeutungstragende Nachrichten, jedoch läßt sich dieser Begriff kaum präzise fassen, da sich die Ziele, die man mit den Nachrichten erreichen will, in ihrer Vielfalt nicht formalisieren lassen. Die Informatik legt ihren Untersuchungen daher Daten in strukturierter Form zugrunde; deren Bedeutung ergibt sich durch die Art der weiteren Verarbeitung.

Einige zentrale Fragen in der Informatik lauten:

- Von welcher Struktur ist ein Problem, und wie sehen prinzipielle Lösungsverfahren aus?
- Wie effizient sind die Lösungsverfahren und die Darstellungen, insbesondere: wie groß sind Zeit- und Platzbedarf? Hier ist zu unterscheiden zwischen der Lösungsfindung, der Programmierung, der Installation, der späteren Ausführung, der Wartung usw.
- Kann man nachweisen, daß die verwendeten Lösungen in irgendeinem Sinne optimal sind?
- Sind die Problemstellungen und die Lösungsansätze verständlich, und kann man nachweisen, daß die implementierten Verfahren korrekt sind?
- Kann man die Verfahren an verschiedene Umgebungen anpassen, und welcher Aufwand ist hierfür erforderlich?
- Wie robust sind die Verfahren, d.h. wie verhalten sie sich bei Fehlbedienung, in Notfällen, beim Eintreten unvorhergesehener Ereignisse usw.?
- Sind die Abläufe geschützt gegen Spionage oder Eingriffe von außen?
- Wie sind die verwendeten Verfahren zu bewerten, und was bewirkt man mit ihnen?

Diese und weitere Fragen sollten bei der Anwendung von Informatikmethoden stets im Auge behalten werden. Je tiefer aber in ein Teilgebiet vorgedrungen wird, umso mehr treten in der Regel die vielen Fragen gegenüber einer einzigen in den Hintergrund. Wer sich zum Beispiel mit Verkehrsplanung (denken Sie etwa an das aktuelle Projekt *„Stuttgart 21"*) beschäftigt, muß fast alle Fragen im Blick haben; wer dagegen frühzeitig mögliche Engpässe durch Simulation ermitteln will, wird vor allem nach der Effizienz seiner Verfahren, aber zunächst kaum nach der Anpaßbarkeit oder Robustheit fragen.

Das zentrale Hilfsmittel der Informatik sind die Computer. Der Name *„Computer"* suggeriert, daß mit Zahlen gerechnet wird. In den meisten Anwendungen wird jedoch nicht mit Zahlen gearbeitet, sondern es sind optimale Wege in Landkarten zu suchen, Auslastungen des Personals im Flugverkehr zu optimieren, Ingenieure bei der Erstellung von Zeichnungen zu unterstützen, Datenbestände auf Regelmäßigkeiten zu untersuchen, Personaldaten zu verwalten usw. Ein heutiger Computer muß also Stadtpläne, Personalstammdaten, Graphiken, sonstige Sprach- und Bildinformationen, Lexika, Bibliotheken usw. verarbeiten können. Diese Einsicht hat vor längerer Zeit schon dazu geführt, in der Informatik nicht nur die reine Struktur der Daten ($\approx$ ihren Aufbau aus einzelnen Zeichen) zugrunde zu legen, sondern die Daten mit ihren Darstellungen, Operationen und gegenseitigen Beziehungen zusammenzufassen und zusätzlich einen wechselseitigen Nachrichtenaustausch zwischen ihnen vorzusehen. Ein solches Konstrukt nennen wir ein „Objekt".

Als Beispiel betrachte man die Situation an einem Roulettetisch. Dort gibt es das Objekt „Tisch", welches ein Spielbrett mit Feldern, ein sich drehendes Rouletterad mit einer Kugel und Sitzpositionen für andere Objekte (nämlich die Spieler und Spielerinnen) umfaßt. Die Felder des Spielbretts sind mit Geldchips belegt, und das Rad erzeugt mit der Kugel zufällig eine Zahl von 0 bis 36. Das nächste Objekt beim Roulette ist der „Croupier"; er wacht über eine Kasse mit Chips, er kann Zahlen vergleichen, er kann Chips einnehmen und auszahlen, er kann bestimmte Zeitintervalle festlegen, während derer gesetzt oder nicht gesetzt werden darf, er kann das Rad drehen und die Kugel werfen, und er kann mit dem Objekt „Spielbank" abrechnen. Sodann gibt es die Objekte „Spieler/Spielerin".

Diese Objekte haben eine gewisse Anzahl verschiedener Geldchips, sie nehmen eine Position am Roulette-Tisch ein, sie besitzen einen Gemütszustand, sie verwenden Strategien, mit denen sie aufgrund ihrer Erfahrung und des jeweils noch vorhandenen Geldes bestimmte Felder mit Chips besetzen, und sie können einen eventuellen Gewinn kassieren. In Abbildung 2 sind zwei solche Objekte in einem gleichartigen Schema beschrieben. Das Schema nennt man „Klasse"; durch sie werden alle Objekte zusammengefaßt, die auf dieselbe Weise aufgebaut sind, sich jedoch in den aktuellen Werten unterscheiden können. Diese konkreten Objekte bezeichnet man als Ausprägungen oder „Instanzen" der Klasse.

Die Programmierung läßt sich nun als die Beschreibung und Erstellung von Klassen auffassen: Die zulässigen Datenbereiche und die algorithmischen Fähigkeiten werden für alle erlaubten Objekte definiert, und es wird deren Zusammenwirken durch gegenseitigen Nachrichtenaustausch festgelegt. Die Anwendung besteht dann darin, geeignete konkrete Objekte zu erzeugen, sie mit Anfangsinformationen zu versorgen, und sie anschließend agieren zu lassen. Dies kann man sich für die Benutzer der Zukunft sehr komfortabel vorstellen; bis dies erreicht ist, sind aber noch viele konzeptionelle Tätigkeiten und Tests und eine aufwendige Entwicklungsarbeit zu leisten. Die Systeme werden hierbei für die meisten Anwendungen einfacher erscheinen. Durch die Erschließung neuer Einsatzgebiete und durch die Forderung der Anwender, immer mehr Funktionalität von Informatiksystemen zu verlangen, steigt jedoch die Komplexität ständig an.

Die objektorientierte Sicht der Systeme hat sich zum Beispiel bei der Verteilung von Systemen und bei der Nutzung von Netzen bewährt. Vernetzte Systeme werden oft in Analogie zu sozialen Systemen konzipiert: Dort gibt es Objekte, die Dienstleistungen anbieten, und solche, die Dienstleistungen anfordern; die ausgetauschten Informationen und die Ergebnisse von (Berechnungs-) Prozessen lassen sich als Objekte auffassen; und es werden ständig weitere Objekte zur Abwicklung von Spezialaufgaben erforderlich (Objekte zur Erstellung von Texten und Bildern, zum Auffinden von weltweit verstreuter Information, zur Überwachung des korrekten Ablaufs bei der Informationsübertragung usw.).

Name der Klasse	Spieler/Spielerin
Oberklasse	Mensch
Namen der Klassenvariablen	maxeinsatz = 1000 DM
Namen der Instanzvariablen	AnzahlChips[Art] of nat; PositionAmTisch; Innerer Zustand
Instanzmethoden und Nachrichten	

Strategie1: if nacheinander die gleiche Zahl kam
       then trotzdem nochmal setzen
       else letzte Zahl + 7 setzen
   fi
Strategie2: if die Zahl 0 kam
       then *ungerade* und *rot* setzen
       else Rest der Division von (letzte Zahl mal 313) durch 37 setzen
   fi
...
Kassieren: ....
Setzen: ....
EigenerBestand (Bilde die gewichtete Summe der eigenen Chips): ....

Name der Klasse	Roulette-Tisch
Oberklasse	Möbel
Namen der Klassenvariablen	maxsitzpositionen = 10 ; Spielfeld; Radeigenschaften;
Namen der Instanzvariablen	AnzahlChips[Art,Feld] of nat; Kassenbestand; AmTisch [1..maxsitzpositionen] of Spieler/Spielerin;
Instanzmethoden und Nachrichten	

ErhöheChipZahl (A, F, anz): AnzahlChips[A,F] := AnzahlChips[A,F] + anz;
LeereFeld (F):
    for all Art do
        Kassenbestand:= Kassenbestand + Wert(Art)*AnzahlChips[Art,F];
        AnzahlChips[Art,F]:= 0
    end;

ErmittleZufallszahl: ....
ErmittleFreiePlätze: ....
EigenerBestand: Kassenbestand;
....

Bild 2: Charakteristika zweier Objekte, dargestellt in einem Schema („Klasse")

Schauen wir nun in das Innere von Objekten. Um ihre Aufgaben durchführen zu können, müssen Objekte über Wissen in Form von Daten verfügen. Diese werden in der Regel wie bei einem Aktenordner oder einem Zettelkasten in einer Liste gleichartiger Daten abgelegt.

Gleichartig aufgebaute Daten nennt man einen „*Datensatz*", die hieraus gebildete Liste heißt „*Datei*". Als Beispiel betrachte man Abbildung 3. Der Datensatz mit der Bezeichnung *"Person"* beschreibt einen Menschen durch seinen Namen und seine Vornamen, durch sein Geburtsdatum, den Geburtsort usw. Diese einzelnen Bestandteile, aus denen der Datensatz zusammengesetzt ist, bezeichnet man als Datenfelder. In den Datenfeldern stehen in der Regel nicht weiter unterteilbare Daten, wie z.b. der Name „*Radke*" oder der Geburtsort „*Leonberg*". In Datenfeldern können zusammengesetzte Daten stehen, z.B. drei Zahlen zur genauen Festlegung des Geburtsdatums. Im Allgemeinen können dort komplizierter zusammengesetzte Daten, also Datensätze stehen, eventuell sogar wiederum Personen oder Listen von Personen, z.B. die Liste der Kinder. Dies ist nicht unproblematisch; denn im Datenfeld „*Ehegatte*" steht der Ehepartner und in dessen Datenfeld „*Ehegatte*" wieder die ursprüngliche Person, was zu einer unendlichen Schachtelung frühen würde. Daher schreibt man hier nicht die gesamte Person hin, sondern setzt wie in einer Einwohnermeldekartei einen Verweis der Form *"siehe unter"* (in der Informatik Referenz oder Zeiger genannt) auf die betreffende Person, die ja in der Liste der Personen irgendwo auftreten wird. Dateien lassen sich als Aneinanderreihung von Datensätzen aufschreiben (siehe Abbildung), wobei sie in Anwendungen sehr umfangreich sind; hier treten in der Regel Tausende, Millionen oder Milliarden von Datensätzen auf (die 194 Datensätze in Abbildung 5 sind aus Sicht der Praxis recht wenig).

Datensatz „*Person*" besteht aus
    Name<dies ist eine Folge von Buchstaben>
    Vorname<dies ist eine oder mehrere Folgen von Buchstaben>
    Geburtsdatum<dies ist ein Tripel von natürlichen Zahlen>
    Geburtsort<dies ist eine Folge von Buchstaben, evtl. ergänzt um 5 Ziffern,
        die Postleitzahl, oder um eine Folge von Buchstaben (Kreis,Land)>
    Beruf<dies ist eine Folge von Buchstaben>
    Ehegatte<dies ist eine Person oder ein leeres Feld>
    Kinder<dies ist eine Liste von Personen, evtl. ist die Liste leer>

Name	Radke
Vorname	Wilhelm August
Geburtsdatum	22.7.1956
Geburtsort	Leonberg
Ehegatte	siehe unter: Radke, Marianne
Kinder	siehe unter: Radke, Monika; siehe unter: Radke, Wolfgang

Bild 3: Datensatz „Person" und eine konkrete Ausprägung

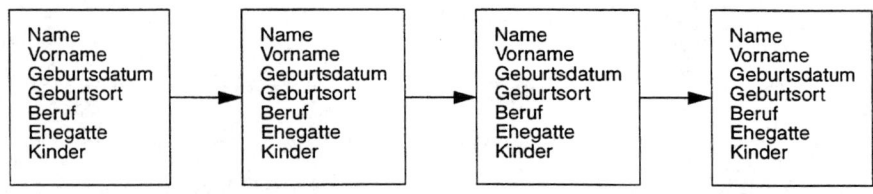

Bild 4: Liste aus vier Datensätzen

Einem Objekt gibt man nun auch Operationen mit. Eine typische Operation auf Listen ist das Sortieren. Niemand findet in einem Telefonbuch einen Teilnehmer in vernünftiger Zeit, wenn die Namen in beliebiger Reihenfolge aufgelistet sind, zum Beispiel nach dem Datum, zu dem sie erstmals ihr Telefon angemeldet haben. Ein Objekt, das Listen umfaßt, sollte seine Listen sortieren können. Ein naheliegendes Verfahren hierfür ist das Sortieren durch „Minimumsuche": Man geht die Liste durch, merkt sich durch Vergleich das bis dahin kleinste Element und vertauscht am Ende das Minimum der Liste mit dem ersten Listenelement; dann führt man das gleiche Verfahren ab dem zweiten, danach ab dem dritten usw. Element durch, bis die Liste sortiert ist. Bestand die Liste anfangs aus n Datensätzen, so benötigt man für das Auffinden des ersten Minimums n-1 Vergleiche, für das Auffinden des zweiten Minimums n-2 Vergleiche usw. Insgesamt sind also

$$(n-1) + (n-2) + \ldots + 2 + 1 = n \cdot (n-1) / 2 \quad \text{Vergleiche}$$

notwendig. Nimmt man an, daß ein schneller Computer 1 Million Vergleiche pro Sekunde durchführen kann, dann würde die Sortierung der n = 80 Millionen Bundesbürger mindestens 80.000.000 · 79.999.999 / 2 / 1.000.000 Sekunden ≈ 101 Jahre benötigen. Das Verfahren durch Minimumsuche ist für diese Anwendung also völlig ungeeignet. In der Informatik wurden bessere Verfahren entwickelt, die mit etwas mehr als n · log(n) Vergleichen auskommen, die für unser Beispiel also die erforderlichen Vergleiche in einer Stunde ausführen können. (Solche Verfahren lernen Sie im ersten Studienjahr, aber auch schon im Informatikunterricht der Schule, kennen.)

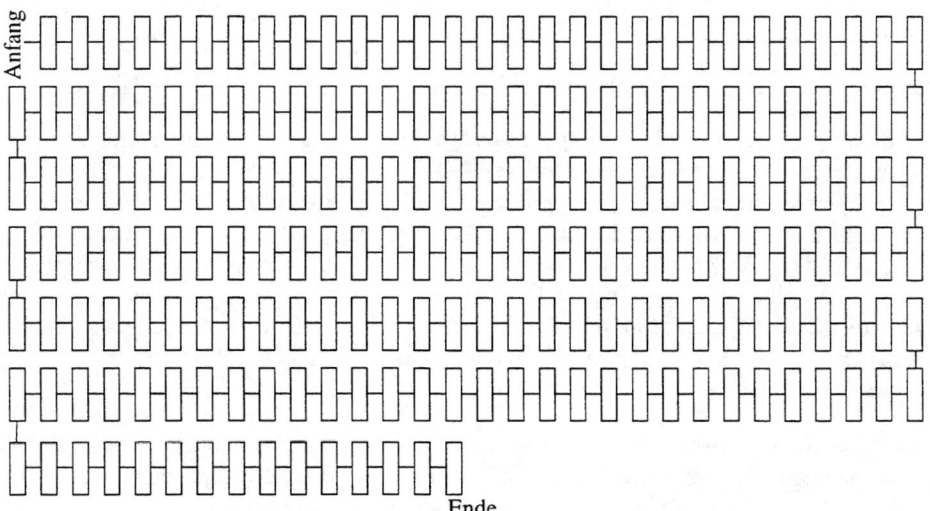

Bild 5: Datei aus 194 Datensätzen

Objekte werden somit mit Daten und mit Verfahren ausgestattet. Hinzu kommen die Beziehungen zwischen den Daten und der Austausch von Nachrichten. All dieses muß letztlich in einer künstlichen Sprache, einer Programmiersprache, ausformuliert werden. Dabei entstehen erneut diverse Probleme, da die Konzepte, in denen Menschen denken, sich (heute noch) nicht unmittelbar von Computern verarbeiten lassen. Hat man vielmehr Algorithmen und Daten in einer Programmiersprache Q in Form eines Programms aufgeschrieben, so müssen diese in die jeweilige Maschinensprache M übersetzt werden. Hierzu benötigt man ein besonderes Objekt, Compiler oder Übersetzer genannt, das in der Maschinensprache des Computers formuliert ist und das jedes Programm der Sprache Q in ein Maschinenprogramm mit gleichem Ausführungsverhalten übersetzt. Solche Übersetzer zu bauen, ist heute eine Standardaufgabe, die aber sehr schwierig wird, falls die Sprache Q sehr viele Sprachelemente und Ausdrucksmöglichkeiten besitzt.

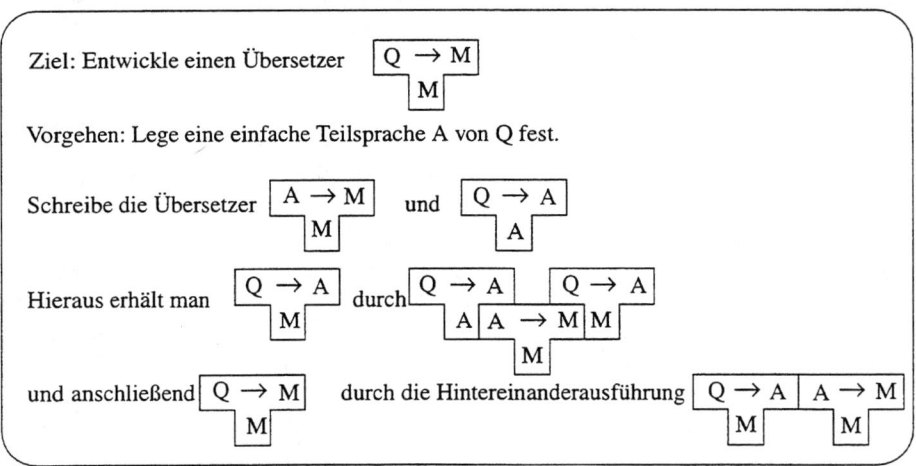

Bild 6: Schrittweises Übersetzen

Abbildung 6 zeigt die übliche Vorgehensweise: Die Aufgabe, einen Übersetzer von Q nach M in der Sprache M zu schreiben (oberes T-Diagramm in Abbildung 6), wird zerlegt; man wählt hierzu eine Teilsprache A von Q aus, für die sich wesentlich leichter ein Übersetzer von A nach M in der Sprache M schreiben läßt. Dann beschreibt man einen Übersetzer von Q nach A in der (höheren und daher besser verständlichen) Sprache A und erhält wie in Abbildung 6 angegeben aus diesen beiden Übersetzern den angestrebten Übersetzer. Jeden der beiden Übersetzer (A nach M in M und Q nach A in A) kann man nach dem gleichen Verfahren erstellen, indem man geeignete Zwischensprachen wählt. (Dieses schrittweise Vorgehen nennt man Bootstrapping.)

Nun sind einige Aspekte der Informatik angeschnitten worden. Hierunter befanden sich noch keine gängigen Schlagwörter, die derzeit in den Zeitungen im Zusammenhang mit der Informatik genannt werden. Zu solchen aktuellen Gebiete der Informatik zählen:

- Objektorientierte Sprachen und Systeme
- Künstliche Intelligenz, z.B. Expertensysteme, Wissensverarbeitung, Robotik
- Virtuelle Realitäten und Cyberspace
- Teleteaching und Telelearning
- Multimedia Systeme

- Data Mining (Aufspüren von Strukturen in großen Datenbeständen)
- Workflow- und Aktivitätenverwaltungssysteme
- Integrierte Schaltungen, kundenspezifische Schaltungen
- Neuronale Netze und naturanaloge Heuristiken (Softcomputing)
- Internet, seine Architektur und seine Dienste
- Electronic Commerce

Es gibt eine Vielzahl von grundlegenden Problemen zu klären, ehe Anwendungen sinnvoll genutzt werden können. Hierzu gehören viele Fragen in der Theoretischen, der Technischen und der Praktischen Informatik, die sich nicht in einer kurzen Einführung erläutern lassen.

Systematik, Methoden, Erkenntnisse und Werkzeuge gehören ins Studium. Dort werden Sie unter anderem lernen, die für die Informatik wichtigen Begriffe einzuordnen, bzgl. ihrer Schwierigkeiten und Anwendungsmöglichkeiten zu bewerten, eigene Systeme zu entwickeln und vorhandene Systeme auszubauen und anzupassen. Ein zentrales Ziel ist es dabei, Ihnen die Scheu vor dem Unüberschaubaren zu nehmen. Der Diplomstudiengang Informatik, der wegen der Rahmendiplomprfungsordnung an allen deutschen Universitäten in vergleichbarer Weise angeboten wird, liefert hierfür das Basiswissen und vermittelt Fähigkeiten und Fertigkeiten im Umgang mit und im Einsatz von Informatiksystemen. Daneben kann man spezielle Studiengänge zwischen der Informatik und einer Anwendungswissenschaft studieren, z.B. Medizinische Informatik (in Heidelberg und Lübeck) oder Wirtschaftsinformatik (in Mannheim und weiteren Hochschulen). Stark ingenieurmäßig ausgerichtet sind Studiengänge wie Technische Informatik (in Mannheim und Berlin), Ingenieurinformatik (in Dortmund) oder Softwaretechnik (in Stuttgart); ihnen wird eine besondere Bedeutung für die Zukunft vorausgesagt.

Das Studium der Informatik expandiert derzeit noch kräftig. Auf dem Weg in die Informationsgesellschaft des nächsten Jahrhunderts werden viele Informatiker(innen) benötigt, und deren Berufschancen sind unverändert gut. Aber auch diejenigen, die nicht einen der Informatikstudiengänge aufnehmen, werden sich mit den Methoden und Techniken vertraut machen müssen. Die Schülerinnen-Arbeitsgemeinschaft, die im ersten Halbjahr1997 von der Fakultät Informatik der Universität Stuttgart in Form zweier Seminare angeboten wird, dient daher dem Ziel, einen Einblick in solche Vorgehensweisen zu vermitteln und dem Vorurteil zu begegnen, Informatik sei eine Gerätekunde oder eine Programmierkunst. Da durch solche Vorurteile vor allem Mädchen abgeschreckt werden, wendet sich die Arbeitsgemeinschaft bewußt an Schülerinnen. Die Erfahrungen werden zeigen, ob und in welcher Form weitere Arbeitsgemeinschaften durchgeführt werden.

3 Die Fachvorträge

In diesem Kapitel werden die in der Informatik AG gehaltenen Fachvorträge vorgestellt.

3.1 Rechnernetze, wozu?
Dr. Cora Burger

Rechnernetze als Grundlage des Internet und Anwendungen wie z. B. das World Wide Web (WWW) sind momentan in aller Munde, Internet Cafés sind bald auch im hintersten Winkel dieser Erde zu finden. Der kritische Leser und die kritische Leserin werden sich sicher schon gefragt haben, was sich hinter diesen Modewörtern verbirgt, und ob es sich dabei um etwas Sinnvolles handelt. Bevor wir tiefer in die Materie einsteigen und einen ersten Eindruck von den beteiligten Technologien vermitteln, soll daher zunächst ein Überblick darüber gegeben werden, wie Rechnernetze eingesetzt werden können.

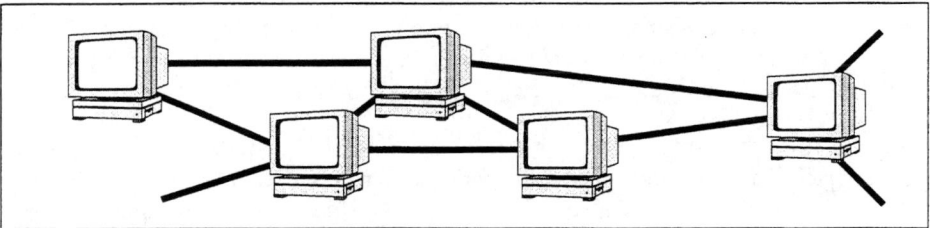

Bild 7: Rechnernetz

Was ein Rechnernetz ausmacht, wird in Abschnitt 3.2 genauer behandelt. Für das Verständnis ist es ausreichend zu wissen, daß ein Rechnernetz aus einer Reihe von Rechnern besteht, die durch Leitungen verbunden sind (vgl. Abbildung 7). Innerhalb jedes Rechners kann Information verarbeitet sowie gespeichert werden, und auf Leitungen kann sie von einem Rechner zum anderen übertragen werden.

Bei **Information** kann es sich, wie in Abbildung 8 gezeigt, um »Text« (Prosa, Poesie usw.), »Grafik« (beispielsweise von der Zusammensetzung eines Rechnernetzes), »Audio« (z. B. ein Musikstück) oder »Bild« handeln. Unter »Bild« werden dabei sowohl eingescannte oder mit der Kamera aufgenommene Fest- als auch Bewegtbilder (Videos) verstanden. Alle diese Informationstypen werden elektronisch repräsentiert, bestehen also aus Folgen von Nullen und Einsen. Zwischen Grafik und Bild wird unterschieden, da für die Darstellung einer Grafik auf dem Bildschirm eines Rechners oder beim Drucken vergleichsweise wenige Bildpunkte ausreichen. Bei einem Bild dagegen bestimmt die Anzahl der Bildpunkte, auch Pixel genannt, die Auflösung, d. h. wie scharf das Bild dargestellt werden kann.

Beispiele für den Informationsinhalt und den Umgang damit werden im folgenden detaillierter behandelt, wobei nach den folgenden Bereichen aufgeteilt wird:

* Beruflicher Bereich
* Privat durchzuführende Geschäfte und Freizeitsektor

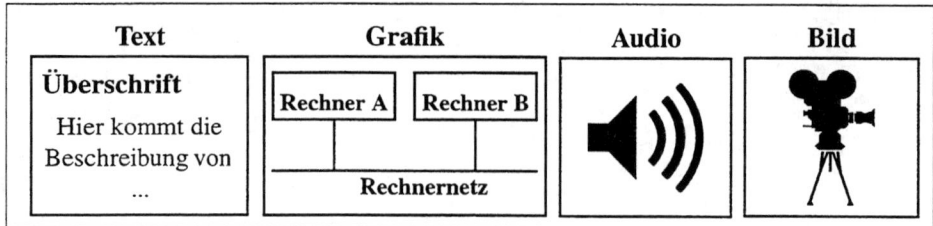

Bild 8: Informationstypen

3.1.1   Beruflicher Bereich

Im beruflichen Bereich gewinnt die unternehmensinterne und -übergreifende Zusammenarbeit immer mehr an Bedeutung, da Aufgaben komplexer werden und die Spezialisierung von Individuen zunimmt. Folglich kann das für die Aufgabenlösung erforderliche Synergiepotential erst durch Kooperation mehrerer Personen oder Unternehmen erreicht werden. Wenn jedoch die einzelnen Teilnehmer geografisch verteilt sind, stößt Kooperation an Grenzen räumlicher und zeitlicher Natur. Diesem Problem kann dank der zunehmenden Vernetzung von Rechnern begegnet werden, da die benötigten Informationen weltweit zugänglich gemacht werden können.

Einige Beispiele für Anwendungen von Rechnernetzen in diesem Bereich sind

- Abwicklung von Geschäftskorrespondenz mit Hilfe von Telefax und elektronischer Post

- World Wide Web (WWW) als Werbemedium und Informationsspeicher

- Telekonferenzen für Besprechungen zwischen räumlich verteilten Personen mit Audio- und Videounterstützung

- Bucherstellung durch mehrere, auch räumlich verteilte Personen

- Terminvereinbarungen auf elektronischem Wege

- Workflow-Management zur besseren Unterstützung von Abläufen innerhalb von Unternehmen

- Teleteaching bei räumlicher Verteilung von Lehrenden und Lernenden

Um den Bereich der Korrespondenz zu konkretisieren, seien einige Beispiele für die per Rechnernetz ausgetauschte Information im wissenschaftlichen Bereich genannt. Neben der Arbeit im stillen Kämmerlein oder Labor ist der Ideenaustausch unter Wissenschaftlern auf Workshops und Tagungen ein wesentlicher Bestandteil der wissenschaftlichen Arbeit. Während Ankündigungen oder Programme solcher Veranstaltungen früher über Handzettel und Zeitschriften verbreitet wurden, geschieht dies inzwischen vermehrt über elektronische Post und WWW. Ähnliches gilt für wissenschaftliche Veröffentlichungen, die man nun nicht mehr nur mühsam in Bibliotheken zusammensuchen muß, sondern sich teilweise direkt aus dem

Netz holen oder zumindest darüber bestellen kann. Auch Information über Forschungsprojekte, beteiligte Personen sowie Software oder Stellenangebote werden auf diesem Wege weltweit verfügbar. Als letztes Beispiel sei die Möglichkeit von Terminabsprachen mit Hilfe von elektronischer Post genannt.

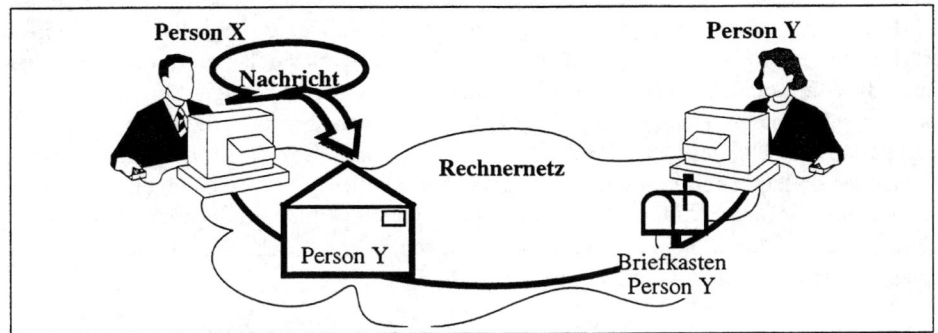

Bild 9: Korrespondenz

Elektronische Post, auf die in Abschnitt 3.3 näher eingegangen wird, beruht auf den gleichen Mechanismen, wie man es vom normalen Briefverkehr her gewohnt ist. Wie in Abbildung 9 gezeigt, verfaßt Person X als Absender eine Nachricht, steckt diese in einen in diesem Fall elektronischen Umschlag, gibt die Adresse der Empfängerin Person Y an und übergibt den Brief an das elektronische Postsystem. Das Postsystem liefert ihn im Briefkasten von Person Y ab, von wo diese ihn abholen kann.

Telekonferenzsysteme dienen dazu, Besprechungen trotz geografischer Entfernung zwischen Teilnehmern zu ermöglichen. Dazu werden Rechner mit Mikrofon, Lautsprecher und Kamera ausgerüstet, um sowohl akustische Beiträge der Konferenzteilnehmer als auch ihre Gestik und Mimik für alle verfügbar zu machen. Abbildung 10 zeigt das Beispiel einer solchen Telekonferenz, in der die Videobilder der Teilnehmer auf dem Bildschirm angezeigt werden. Außerdem können alle elektronisch verfügbaren Dokumente auf den Bildschirmen aller Konferenzteilnehmer angezeigt und auf diese Weise auch diskutiert werden.

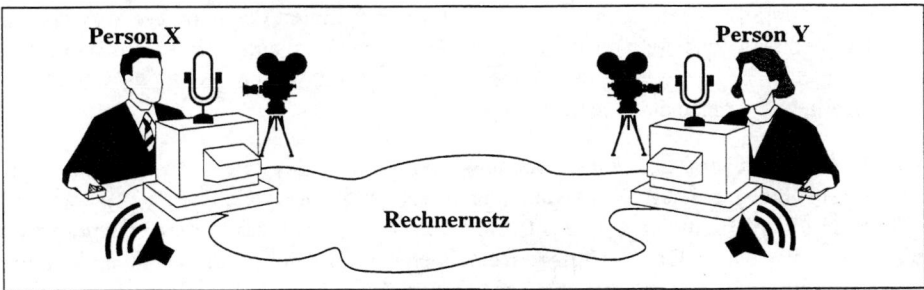

Bild 10: Telekonferenz

Abgesehen von einigen Unterschieden funktioniert die in Abbildung 11 gezeigte **gemeinsame Bearbeitung von Dokumenten** wie beispielsweise eines Buches ähnlich wie Schreibtischkonferenzen. Bei Konferenzen müssen alle Teilnehmer gleichzeitig anwesend sein, was als synchrone Zusammenarbeit bezeichnet wird. Dagegen wechseln die Teilnehmer bei gemeinsamer Dokumentenbearbeitung zwischen synchronen und asynchronen Phasen, arbeiten also auch teilweise unabhängig voneinander. Außerdem dienen Dokumente bei Konferenzen eher als Diskussionsgrundlage, wogegen der Schwerpunkt bei der gemeinsamen Bearbeitung auf der eigentlichen Erstellung eines Dokumentes liegt. Dementsprechend werden in Konferenzsystemen auch im Wesentlichen nur Werkzeuge zum Betrachten (sogenannte Browser) oder bestenfalls zum Verfassen von Skizzen benötigt. Bei gemeinsamer Dokumentenbearbeitung dagegen spielen jegliche Arten von Werkzeugen zur Erfassung und Modifikation von Dokumenten eine Rolle, die als Editoren bezeichnet werden. Bei der in Dokumenten enthaltenen Information kann es sich um beliebige Typen handeln, am meisten verbreitet sind momentan Editoren zur Bearbeitung von Text und Grafik, während sich Multimedia-Editoren, durch die auch Audio- und Videoelemente erfaßt und verknüpft werden können, häufig noch im Entwicklungsstadium befinden.

Das Beispiel der gemeinsamen Dokumentenbearbeitung zeigt, daß Rechnernetze nicht nur, wie eingangs erwähnt, der Speicherung von Informationen dienen, sondern daß sie auch einen Speicher für Werkzeuge darstellen. Diese Werkzeuge können häufig von jedem beliebigen im Netz befindlichen Rechner aus verwendet werden, unabhängig davon, wo sich die zum Werkzeug gehörige Software innerhalb des Netzes befindet. Das sich möglicherweise über mehrere Rechner erstreckende Konglomerat von Dokumenten und Werkzeugen, die innerhalb eines bestimmten Teams und Arbeitskontextes verwendet werden, wird als **gemeinsamer Arbeitsbereich** bezeichnet.

Im Gegensatz zur Bearbeitung von Dokumenten durch eine einzelne Person sind bei gemeinsamer Bearbeitung Vorkehrungen bezüglich der Konsistenz zu treffen, da es leicht zu einem nicht beabsichtigten Informationsgemisch kommen kann, wenn mehrere Personen gleichzeitig an einem Dokument Veränderungen vornehmen. Zur Verdeutlichung stelle man sich vor, mehrere Personen würden gleichzeitig auf einem Blatt Papier schreiben oder zeichnen (die eine oder der andere hat sicher bereits bei dem Versuch, gemeinsam mit einer anderen Person ein Buch zu lesen, aufgrund der unterschiedlichen Geschwindigkeiten schlechte Erfahrungen gemacht). Ohne konkrete Absprachen, wer wann die Verfügungsgewalt über Papier und Stift erhält, wird es im allgemeinen schwierig. Da sich die beteiligten Personen bei Verwendung von Rechnernetzen jedoch auch noch an unterschiedlichen Orten aufhalten können, sind derartige Absprachen nicht möglich und müssen vom Werkzeug durch geeignete, sogenannte Konsistenzerhaltungsmaßnahmen ersetzt werden.

Es wurde bereits erwähnt, daß bei Verwendung von Konferenzsystemen oder auch für synchrone Phasen bei gemeinsamer Dokumentenbearbeitung eine gleichzeitige Anwesenheit aller Teilnehmer erforderlich ist, da das Rechnernetz in diesem Fall nur die Forderung nach Anwesenheit am gleichen Ort überflüssig macht. Derartige Ereignisse können aber nicht dem Zufall überlassen werden sondern müssen geplant werden. Wie heutzutage bereits Kinder im Kindergartenalter mit einem vollen Veranstaltungskalender wissen, gehört die **Vereinbarung von Terminen** zu einer der schwierigsten Aufgaben. Ab einer gewissen Anzahl Beteiligter gelingt es nur in Extremfällen, tatsächlich einen für alle gleich gut geeigneten Termin für eine Besprechung zu finden.

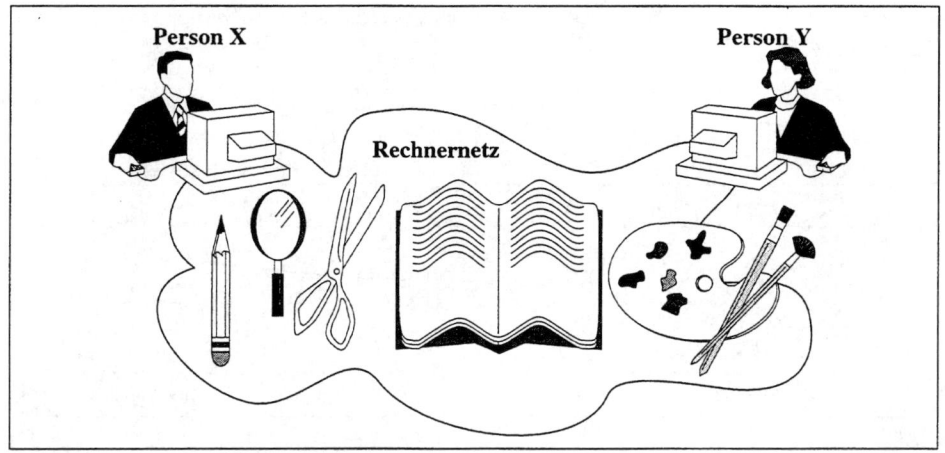

Bild 11: Gemeinsame Dokumentenbearbeitung

Der Wunsch, diese intellektuell nicht gerade anspruchsvolle aber trotzdem meist sehr lang-
wierige Aufgabe zu automatisieren und durch Software ausführen zu lassen, liegt also nahe.
Unter der Voraussetzung, daß die in den Terminkalendern aller Beteiligten eingetragenen
Daten elektronisch verfügbar sind, ist dies auch möglich (vgl. Abbildung 12, wobei die Bei-
spieleintragungen als solche irrelevant sind). Allerdings läßt die Akzeptanz sowohl des Füh-
rens von derartigen elektronischen Kalendern als auch der automatisierten Terminplanung
noch zu wünschen übrig. Es ist davon auszugehen, daß dieses Verfahren bestenfalls im beruflichen Bereich eingesetzt werden wird, denn wer wird sich schon seine Rendezvous vom
Rechner ausmachen lassen?

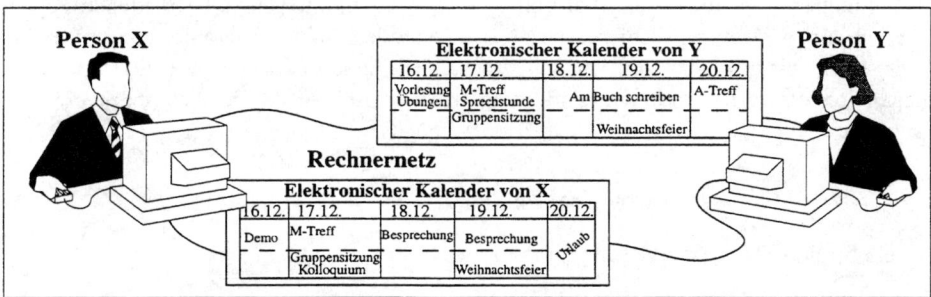

Bild 12: Automatisierte Terminvereinbarung

Ein erster Eindruck der in Abschnitt 3.6 detaillierter behandelten **Workflow-Management-
Systeme** läßt sich anhand von Abbildung 13 vermitteln. In Unternehmen finden teilweise
immer wieder die gleichen Abläufe statt, so daß es naheliegt, diese automatisiert ablaufen zu
lassen. Beispielsweise füllt ein Mitarbeiter nach einer Dienstreise einen Antrag zur Kostener-
stattung aus, der vom Vorgesetzten genehmigt oder abgelehnt wird. Im Fall der Genehmigung wird er an den Finanzbearbeiter weitergeleitet, der die Auszahlung anweist. Sowohl der
Vorgesetzte als auch der Finanzbearbeiter können Rückfragen stellen. So ist es z. B. relativ
häufig der Fall, daß der Finanzbearbeiter irgendeinen Beleg oder eine Begründung vermißt

und diese vom Mitarbeiter nachfordert. Nach der Auszahlungsanweisung wird der ganze Vorgang archiviert.

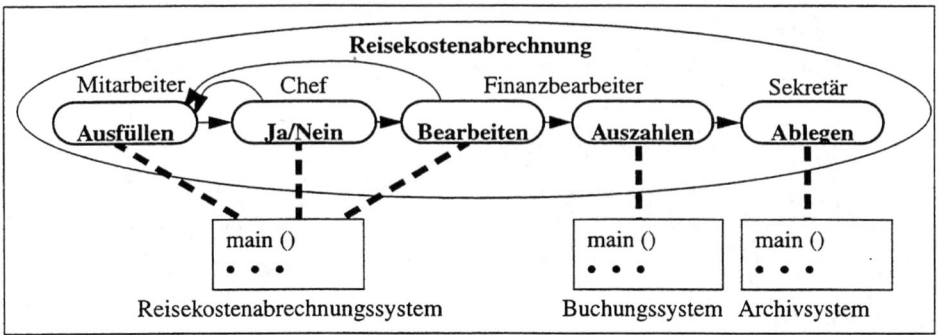

Bild 13: Workflow

Wie Abbildung 13 zeigt, können Teile eines solchen Ablaufes bereits durch irgendwelche Software automatisiert sein. Im Beispiel sind dies das Reisekostenabrechnungs-, das Buchungs- und das Archivsystem. Durch Workflow-Management-Systeme werden nun die einzelnen Teile in der richtigen Reihenfolge verknüpft und aktiviert. So wird beispielsweise dem Vorgesetzten des Mitarbeiters die Verantwortung abgenommen, den Reisekostenantrag nach der Genehmigung an den Finanzbearbeiter weiterzuleiten, da dies vom System automatisch erledigt wird. Statt wie früher oder auch teilweise heute noch irgendwelche Akten von einem Ende des Gebäudes ins andere oder sogar in ein anderes Gebäude zu schleppen, genügt die Bestätigung, daß eine bestimmte Aufgabe erfüllt wurde, um die zugehörigen Dokumente automatisch zum nächsten Bearbeiter zu übertragen. Dies könnte ein Schritt in Richtung papierloses Büro sein, allerdings geht das Gerücht um, jede bearbeitende Person würde sich einen eigenen Ausdruck der zu bearbeitenden Dokumente anfertigen lassen, so daß insgesamt mehr Papier verbraucht würde als im herkömmlichen Fall. Da Workflow-Management-Systeme noch in der Einführung begriffen sind, bleibt die weitere Entwicklung abzuwarten.

3.1.2   Private Geschäfte und Freizeit

Beispiele für den Einsatz von Rechnern im privaten Bereich sind

- Korrespondenz, persönliche Kontakte
- Home Banking
- Bestellung per Katalog, Softwarekauf
- Reiseplanung und -buchung
- Video on Demand, interaktives Fernsehen
- Spiele

Wie im beruflichen Bereich ist auch im privaten Bereich Korrespondenz offizieller Natur zu erledigen, beispielsweise mit irgendwelchen Ämtern oder Handwerkern. In diesem Fall kommt **elektronische Post** noch relativ selten zum Einsatz, dafür nimmt jedoch die Möglichkeit der Verwendung von **Telefax** zu. Ähnlich verhält es sich bei Kontakten zu Freunden und Bekannten, die momentan hauptsächlich per Telefon und normaler Post aufrechterhalten werden. Aber auch hier deutet sich ein Trend vom Brief zu Fax und elektronischer Post an.

Einen Spezialfall von Korrespondenz stellen Kontakte zu Banken dar. Diese bieten ihren Kunden verstärkt das sogenannte **Home Banking** an, durch das nach Eingabe eines Paßwortes z. B. Kontostände abgerufen und Überweisungen vom häuslichen PC aus getätigt werden können. Neben solchen Geldgeschäften gibt es auch schon die Möglichkeit, beliebige Waren per Fax oder elektronisch zu bestellen. Teilweise liegen auch bereits die zugehörigen Produktkataloge in elektronischer Form vor und können aus dem Netz abgerufen werden. Dies gilt insbesondere für den Kauf von Software. Bezahlt werden kann dabei unter Angabe der Kreditkartennummer, was Unbehagen bereitet, wenn man bedenkt, daß diese Nummer ungeschützt möglicherweise um die halbe Welt übertragen wird. Erste Abhilfe schaffen hier Verschlüsselungsverfahren. Auch für elektronisches Bargeld, das im Gegensatz zu der Kreditkarte den Vorteil der Anonymität bietet, gibt es bereits Lösungsansätze. Der Einsatz solcher Verfahren steckt jedoch noch in den Anfängen.

Analoges wie für den Kauf von Waren gilt für die Buchung von Reisen: Die Bezahlung stellt noch einen neuralgischen Punkt dar. Was die Planung von Reisen angeht, so kann man z. B. schon Zeiten und Preise von Bahn- und Flugreisen abfragen. Komplette Angebote sind jedoch vorerst noch im Reisebüro erhältlich. Es ist aber damit zu rechnen, daß auch hier irgendwann Kataloge elektronisch verfügbar und damit jederzeit abrufbar werden.

Unter **Video on Demand** ist die Möglichkeit zu verstehen, sich Filme anstelle des Ausleihens in einer Videothek direkt übers Netz zu holen. Marktanalysen haben ergeben, daß dieser Dienst momentan noch zu teuer ist und daher nicht genutzt wird. Dies könnte sich ändern, wenn der allgemein prognostizierte Trend vom Zusammenwachsen der Rechnerwelt und des Fernsehens tatsächlich einsetzt, wie er auch beim interaktiven Fernsehen zum Ausdruck kommt. Dadurch wird außerdem die Grenze zu elektronischen Spielen fließend.

3.1.3   Bewertung

Von der Vielzahl möglicher Anwendungen der Rechnernetze wurde ein repräsentativer Ausschnitt vorgestellt. Es ergeben sich durch den Einsatz von Rechnernetzen sowohl Vor- als auch Nachteile. Diese sollen nun kurz diskutiert werden. Zu den Nachteilen gehören:

- Gefahr der Verletzung des Datenschutzes
- Kontaktverlust (mit Fragezeichen)
- Arbeitslosigkeit (mit Fragezeichen)

Das Beispiel von der Bezahlung per Kreditkartennummer hat gezeigt, daß dem Schutz persönlicher Daten vor bösartigen Angriffen und Mißbrauch eine besondere Bedeutung zukommt. Dies gilt nicht nur für Zahlungsmittel sondern ganz allgemein für persönliche Daten. Da die Nutzung von Rechnernetzen aufgezeichnet und dadurch Daten über die einzelnen Nutzer gesammelt werden können, lassen sich Persönlichkeitsprofile erstellen und in gutem und bösem Sinne einsetzen. Geeignete technische und rechtliche Rahmenbedingungen für den Datenschutz sind also unbedingt erforderlich.

Was den drohenden Kontaktverlust angeht, so ist es natürlich richtig, daß Rechnernetze dadurch, daß irgendwann die meisten Tätigkeiten elektronisch abgewickelt werden können, die Vereinsamung von Menschen fördern können. Andererseits können durch Rechnernetze aber auch neue menschliche Kontakte entstehen. Und letzten Endes hat es jede Person selbst in der Hand, ob sie alles vom persönlichen Arbeitsrechner aus erledigt oder sich für eine angemessene Mischung aus Rechnernutzung und direktem menschlichen Kontakt entscheidet.

Ähnlich verhält es sich mit dem Wegrationalisieren von Arbeitsplätzen und der Zunahme der Arbeitslosigkeit. Den Arbeitsplatz des Büroboten, der auch heute teilweise noch Akten durch die Gegend schleppt, wird es nach dem Einsatz von Workflow-Management-Systemen irgendwann nicht mehr geben. Dafür können neue, höher qualifizierte Arbeitsplätze mit einem geringeren Anteil an Routinearbeit geschaffen werden. Außerdem wird es auch Müttern mit qualifizierter Ausbildung möglich, ihrem Beruf neben der Kinderbetreuung her weiter nachzugehen, indem sie einen mehr oder weniger großen Teil in Heimarbeit erledigt und per Rechnernetz in Telekontakt bleibt. Dem Wegfall von Arbeitsplätzen mit hohem Anteil an Routineaufgaben steht also die Schaffung von höher qualifizierten Aufgaben gegenüber. Inwieweit sich dies zahlenmäßig ausgleicht, kann momentan nicht abgeschätzt werden.

Den eben genannten Nachteilen der Nutzung von Rechnernetzen stehen die folgenden Vorteile gegenüber:

• Globalität
• Geschwindigkeit
• Flexibilisierung
• Bequemlichkeit
• Höher qualifizierte Arbeitsplätze (siehe oben)

Durch die Speicherung von Information an fast jedem Punkt der Erde und die weltweite Vernetzung wird Information rund um den Globus verfügbar und das mit einer wesentlich höheren Geschwindigkeit als mit jedem beliebigen Fortbewegungsmittel. Ein Flugzeug benötigt von Europa nach Australien ca. einen Tag, elektronische Post schafft es im allgemeinen schneller als in einer Stunde. Durch diese hohe Verfügbarkeit von Information wird die Flexibilität gesteigert. Man ist nicht mehr darauf angewiesen, zur Literaturrecherche während der Öffnungszeiten in die Bibliothek zu gehen, sondern kann dies vom häuslichen PC aus erledigen, zu jeder beliebigen Uhrzeit. Damit wird natürlich auch die Bequemlichkeit gefördert.

Wie die obigen Beispiele und die Diskussion von Vor- und Nachteilen zeigen, sorgen Rechnernetze für ein Umkrempeln der gesamten Gesellschaft. Über die Chancen und Risiken dieser Veränderungen sollte daher möglichst vielseitig diskutiert werden können. Aufgrund des momentan recht geringen Frauenanteils in der Informatik besteht allerdings die Gefahr, daß dieser Bevölkerungsteil übergangen wird. Aus diesem Grund hält die Autorin es für sehr wichtig, möglichst viele Menschen und insbesondere auch Frauen zu informieren.

3.2 Rechnernetze und Internet
Dr. Cora Burger, Dr. Waltraud Schweikhardt

Nachdem im letzten Abschnitt gezeigt wurde, warum Rechnernetze zunehmend wichtiger werden, wollen Sie sicher erfahren, was unter so einem Rechnernetz überhaupt zu verstehen ist. Außerdem soll dasjenige Rechnernetz erklärt werden, das einen besonders hohen Bekanntheitsgrad genießt, das **Internet**. Beim Internet handelt es sich also um ein spezielles Rechnernetz mit einer Reihe von verschiedenen Anwendungen, die in Abschnitt 3.3 erläutert werden. Eine davon ist das World Wide Web (**WWW**), das folglich eine spezielle Anwendung des Internet darstellt. Im allgemeinen Sprachgebrauch werden diese beiden Begriffe häufig in einen Topf geworfen. Wir wollen jedoch korrekt vorgehen und zwischen dem Internet und dem WWW als einem seiner Dienste unterscheiden.

Um die erforderlichen Grundlagen bereitzustellen, wird zunächst allgemein auf Rechnernetze und die darauf aufbauenden Verteilten Systeme eingegangen, bevor die speziellen Eigenschaften des Internet beschrieben werden. Da in der Informatik sehr viel mit Abkürzungen operiert wird, sollen vor allem diese genauer erklärt werden, um eine Vorstellung von ihrer Bedeutung zu vermitteln und mit ihnen vertraut zu machen.

Um nicht zu abstrakt zu bleiben, fragen wir uns, wie man einen in Deutschland verfaßten Brief über Rechnernetze an eine Freundin in Honolulu schicken kann. Welche Voraussetzungen müssen also gegeben sein, damit man einen größeren Brocken an Information auf elektronischem Wege von einem Ort zu einem anderen transportieren kann?

3.2.1 Rechnernetze

Es liegt nahe, daß Rechnernetze aus einzelnen Rechnern bestehen, die miteinander verbunden sind. Wie bei einem einzelnen Rechner, bei dem man die als **Hardware** bezeichneten, beteiligten Geräte und die die Hardware steuernden Programme, die **Software**, unterscheidet., sollen Rechnernetze anhand der Punkte »Hardware« und »Software« zur Steuerung der Datenübertragung über Rechnerverbindungen behandelt werden.

3.2.1.1 Hardware

Um die Verbindung zwischen zwei Rechnern erklären zu können, gehen wir zunächst von einem einzelnen Rechner aus. Gemäß Abbildung 14 besteht ein Rechner aus

* Eingabegeräten wie z. B. Tastatur, Maus, Kamera und Mikrofon, die an sogenannten Eingabekanälen hängen,
* einer Verarbeitungseinheit,
* Ausgabegeräten wie z. B. Bildschirm, Lautsprecher und Drucker, an Ausgabekanälen hängend.

Abgeleitet von den Anfangsbuchstaben von **E**ingabe, **V**erarbeitung und **A**usgabe ergibt sich also der Name **EVA** (den man als Ermunterung an Frauen zur Beschäftigung mit Informatik deuten könnte).

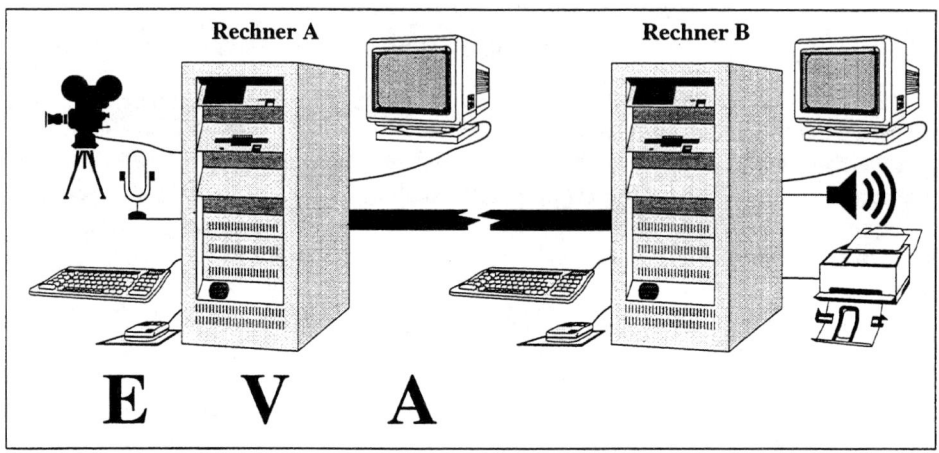

Bild 14: Rechnerkopplung

Auf dieser Basis ist es nun kein Hexenwerk, vom einzelnen Rechner zu zwei miteinander verbundenen Rechnern zu kommen: Man koppelt ganz einfach einen der Ausgabekanäle des einen Rechners mit einem der Eingabekanäle eines anderen Rechners über eine Datenverbindung, wie in Abbildung 14 gezeigt. Auf diese Art und Weise verfährt man mit allen Rechnern, die untereinander gekoppelt sein sollen. Letzten Endes entsteht so ein Netz, dessen Knoten von den beteiligten Rechnern gebildet werden, und die untereinander verbunden sind. Solche Verbindungen zwischen Rechnern können auf unterschiedliche Weise hergestellt werden, z. B. durch

- Telefonkabel,
- Mobilfunkstrecke,
- Satellitenverbindung.

Wie die beiden letzten Beispiele zeigen, braucht man also nicht unbedingt ein Kabel, um Rechner miteinander zu vernetzen. Diese Aufgabe kann auch durch elektromagnetische Strahlung wahrgenommen werden.

In Abhängigkeit von den Formen der Vernetzung unterscheidet man unterschiedliche **Topologien**. Die wichtigsten Beispiele sind in Abbildung 15 aufgeführt, wobei die Rechnernetzknoten durch Kreise und die Verbindungen durch Striche dargestellt sind. Bei Sterntopologien ist ein Rechner ausgezeichnet. Diese Form ist vor allem bei kleineren Rechnern anzutreffen, die mit einem einzigen größeren verbunden sind. Schwachstelle dieser Topologie ist der zentrale Rechner, da die Vernetzung insgesamt hinfällig ist, falls dieser Knoten ausfällt. Aus diesem Grunde favorisiert man eher mehrfach vernetzte Rechner. Auf die Verwendung der Ring- und Busstruktur wird gleich noch eingegangen.

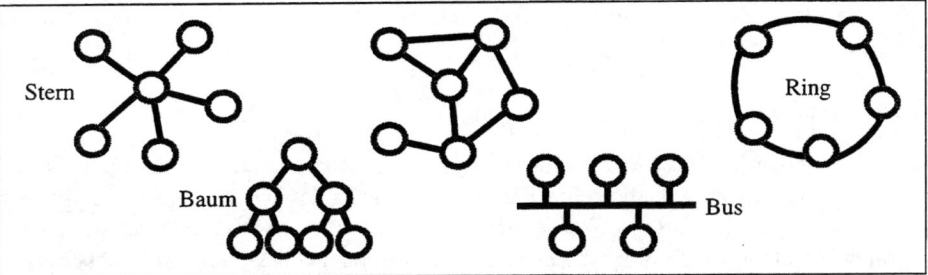

Bild 15: Rechnernetztopologien

Neben der Topologie unterscheidet man auch nach der Ausdehnung von Rechnernetzen (ähnlich, wie es T-Shirts in verschiedenen Größen wie small, medium, large usw. gibt):

- Lokales Netz (local area network, **LAN**) erstreckt sich von zehn Metern bis in den Kilometerbereich und umfaßt damit die in einem Raum, Gebäude oder Grundstück vernetzten Rechner. Lokale Netze basieren häufig auf den in Abbildung 15 gezeigten Ring- und Busstrukturen und verwenden Software, die im Zusammenhang mit Kollisionen im nächsten Abschnitt geschildert wird (Token Ring, Token Bus oder Ethernet mit Carrier Sense Multiple Access-Collision Detection, abgekürzt CSMA-CD).

- Metropolitan Area Network (**MAN**) bezieht sich auf einen Bereich zwischen 10 und 100 km, d. h. auf das Rechnernetz einer Stadt oder eines Landes.

- Weitverkehrsnetz (wide area network, **WAN**) bezeichnet Netze vom Umfang zwischen 10 und 1000 km, die sich über einen ganzen Kontinent erstrecken.

- Globales Netz (global area network, **GAN**) ist in der Größenordnung von über 10000 km und umfaßt somit den gesamten Planeten.

Daneben gibt es noch den Begriff des unternehmenseigenen Netzes (**Corporate Network**), dessen Größe beliebig sein kann. Solche Netze spielen eine zunehmend wichtige Rolle, da Unternehmen teilweise weltweit operieren, aber nicht alle ihre internen Daten über öffentlich zugängliche Netze austauschen wollen. Unternehmenseigene Netze, die auf der später noch erklärten Internet-Technologie beruhen, werden als **Intranet** bezeichnet.

Erwähnt sei an dieser Stelle außerdem, daß generell versucht wird, eine möglichst hohe Übertragungsrate zu erreichen, was durch die sogenannten Hochgeschwindigkeitsnetze wie Fiber Distributed Data Interface (FDDI) und Asynchronous Transfer Mode (ATM) erreicht wird.

Nachdem nun schon sehr viele neue Begriffe eingeführt wurden, soll erst einmal auf das Beispiel des Transports eines Briefes von Deutschland nach Honolulu über ein Rechnernetz zurückgegriffen werden. Welche Topologien und welche Ausdehnung sind dabei wohl beteiligt? Es ist nicht schwer zu erraten, daß man auf jeden Fall ein globales Netz benötigt, das sich aus verschiedenen kleineren Netzen zusammensetzt, die jeweils unterschiedliche Topologien aufweisen können. Damit ist geklärt, wie die für den Datentransport benötigte Hardware gestaltet ist. Zu untersuchen sind aber auch die Vorgänge, die die Übertragung an sich ausmachen.

3.2.1.2 Software

Im Zusammenhang mit der Übertragung von Daten in Rechnernetzen tritt eine Reihe von Problemen und Fragen auf, die mit Hilfe von Software gelöst werden. Einige dieser Probleme beruhen darauf, daß die Netzverbindungen nicht unbedingt zuverlässig sind. Wahrscheinlich leuchtet dies am Beispiel der Satellitenverbindung am ehesten ein, aber bereits bei den sogenannten terrestrischen Verbindungen wie dem Telefonkabel kann es z. B. durch die Nähe zu elektrischen Kabeln (im schlimmsten, zum Glück nicht allzu häufigen Fall auch durch einen das Kabel durchtrennenden Bagger) zu Störungen der Datenübertragung kommen, woraus sich mehrere Probleme ergeben.

Im einzelnen handelt es sich um Fragestellungen wie z. B. die folgenden:

* Adressierung: Wenn man an die Übertragung des Briefes von Deutschland nach Honolulu denkt, so werden dabei sicher mehrere Rechner beteiligt sein (vgl. Abbildung 16). Es stellt sich daher die Frage, wie ein Rechner entscheiden kann, ob Daten für einen seiner Benutzer bestimmt sind oder ob er sie weiterleiten muß. Dieses Problem löst man dadurch, daß man den Daten eine geeignete **Adresse** anheftet. Anhand dieser Adresse wissen nun sowohl der absendende Rechner als auch alle auf dem Weg zum Ziel liegenden Rechnern, in welche Richtung die Daten weiterzusenden bzw. wann sie am Ziel angelangt sind.

* Datenmenge: Der Brief an die Freundin in Honolulu enthält möglicherweise viele, viele Seiten. Über ein Rechnernetz lassen sich Daten aber nur in kleinen Portionen, sogenannten **Datenpaket**en übertragen. Demzufolge muß der Brief vor dem Abschicken zerteilt und anschließend wieder zusammengefügt werden.

* Paketverlust: Aufgrund der bereits erwähnten Störungen können Datenpakete während der Übertragung verloren gehen oder derart verfälscht werden, daß sie beim Empfang nicht mehr identifiziert werden können und vernichtet werden müssen. Ein solcher Paketverlust kann dadurch erkannt werden, daß grundsätzlich mit **Quittung**en gearbeitet wird. Bleibt die Quittung auf ein bestimmtes Paket aus, so kann zwar nicht festgestellt werden, ob dieses Paket selbst oder die Quittung verlorengegangen ist, aber durch nochmaliges Senden kann zumindest die Wahrscheinlichkeit erhöht werden, daß der Empfänger das Paket erhält.

* Verfälschung: Es wurde bereits erwähnt, daß bei einer Übertragung nicht nur der komplette Verlust eines Pakets sondern auch eine Verfälschung auftreten kann. Dagegen behilft man sich durch Einsatz von **Prüfsumme**n, addiert also beispielsweise in dem aus einer Folge von Nullen und Einsen bestehenden Datenpaket alle Einsen auf. Stimmt die beim Empfänger berechnete Prüfsumme eines Pakets nicht mit der vom Sender berechneten und in der Nachricht mitgelieferten überein, so deutet dies auf eine Verfälschung hin. Bei komplexeren Verfahren wird sogar die Korrektur ermöglicht.

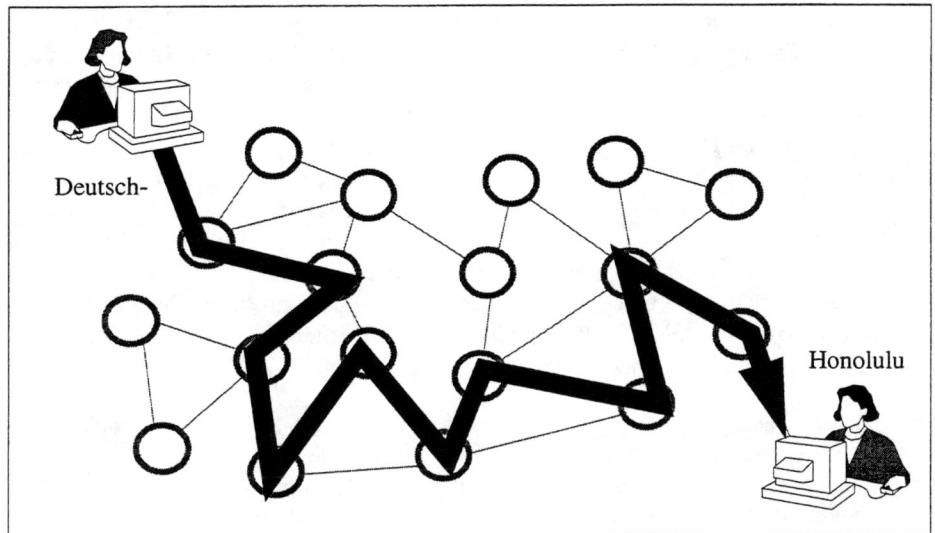

Deutsch-

Honolulu

Bild 16: Der Weg durch ein Rechnernetz

- Verdopplung: Neben den bereits abgehandelten Fehlerfällen kann auch eine Verdopplung von Paketen auftreten. Um diese erkennen zu können, verwendet man sogenannte
  Sequenznummern. Jedes Paket wird vor dem Abschicken mit einer um eins erhöhten
  Sequenznummer versehen. Treffen zwei Pakete mit der gleichen Sequenznummer ein,
  so kann eine der beiden verworfen werden.

- Minimierung der Übertragungsdauer: Die Übertragung von Datenpaketen von einem
  Rechner zum andern erfordert eine gewisse Zeit, die man natürlich so gering wie möglich halten möchte. Da die Wahl des Weges durch das Netz sich sehr stark auf die Übertragungsdauer auswirkt, wurden geeignete Optimierungsverfahren entwickelt. Man
  unterscheidet statische und dynamische Verfahren zur **Wegewahl** (routing). Letztere
  berücksichtigen die aktuelle Last der einzelnen Rechner und Verbindungen. Dadurch
  kann beispielsweise der Fall auftreten, daß ein Paket, das von Stuttgart nach Hamburg
  gelangen soll, erst über den Umweg nach New York geleitet wird, aber trotzdem
  schneller in Hamburg eintrifft, als wenn es nur über inländische Rechner befördert worden wäre.

- Reihenfolgefehler: Sie wissen inzwischen, daß der Brief an die Freundin in Honolulu
  nur in Form vieler kleiner Datenpakete übertragen werden kann. Um ihn am Ziel wieder richtig zusammensetzen zu können, muß die Reihenfolge stimmen. Nicht nur bei
  diesem Beispiel sondern ganz allgemein bewirken Vertauschungen in der Reihenfolge
  der Datenpakete, daß auch der Sinn einer Information verdreht wird. Wenn aber jedes
  Datenpaket für sich allein durch das Rechnernetz geschleust wird, ist es sehr unwahrscheinlich, daß die Pakete am Ziel in der richtigen Reihenfolge eintreffen. Behelfen
  kann man sich wie bei der Nachrichtenverdopplung durch Verwendung von **Sequenznummern**.

- Kollisionen: An einer Übertragungsleitung sind mindestens zwei Rechner angeschlossen (vgl. Abbildung 15). Wenn diese beide gleichzeitig beginnen zu senden, kommt es zu einer Kollision und die beteiligten Datenpakete werden zerstört. Zur Vermeidung bzw. Behebung dieses Problems gibt es zwei Verfahrensklassen:
  Bei der ersten Klasse wird mit einer Zugriffsberechtigung, dem sogenannten **Token** gearbeitet. Dieses Token wird von Rechner zu Rechner weitergegeben. Nur derjenige Rechner, der momentan im Besitz des Tokens ist, darf senden.
  Die zweite Verfahrensklasse, die im Ethernet eingesetzt wird (siehe oben), beruht darauf, daß Kollisionen erkannt werden (**collision detection**, CD). Ist ein solcher Fall aufgetreten, so warten die beteiligten Rechner eine gewisse Zeit, die je Rechner über eine Zufallsfunktion festgelegt ist. Dadurch wird die Wahrscheinlichkeit erhöht, daß es beim nächsten Versuch nicht wieder zu einer Kollision kommt.

- Stau: Überlastete Rechner, die wegen Speicherbeschränkungen keine Datenpakete mehr entgegennehmen können, können die Sender durch spezielle Pakete (englisch »choke«, deutsch »würgen«) über ihre mißliche Lage informieren, was als **Staukontrolle** bezeichnet wird. Auch wenn es nicht zu einer so schwerwiegenden Situation wie einem Stau kommt, kann mit Hilfe einer ähnlich funktionierenden Flußkontrolle für eine möglichst gleichmäßige Auslastung aller Beteiligten gesorgt werden.

Wie derartige und andere Fragestellungen in einheitlicher Weise, also genormt behandelt werden, legt das in Abbildung 17 gezeigte **OSI-Modell** der Standardisierungsorganisation ISO (international standardization organization) fest. OSI ist die Abkürzung von open systems interconnection und bezieht sich auf die Kopplung beliebiger Rechner, die nicht im Hinblick auf ihre Vernetzung entworfen wurden und daher nur unter Verwendung des OSI-Modells miteinander in Verbindung treten können. Dies ist vergleichbar mit der Normung von Elektrizität: bei einer Reise in andere Länder benötigt man teilweise Adapter für Steckdosen. Diese Adapter sind auf einer Seite für den Steckdosentyp des entsprechenden Landes geeignet, auf der anderen für den Stecker der reisenden Person. Gäbe es einen einheitlichen Standard, an den sich alle halten, so wären solche Adapter nicht erforderlich.

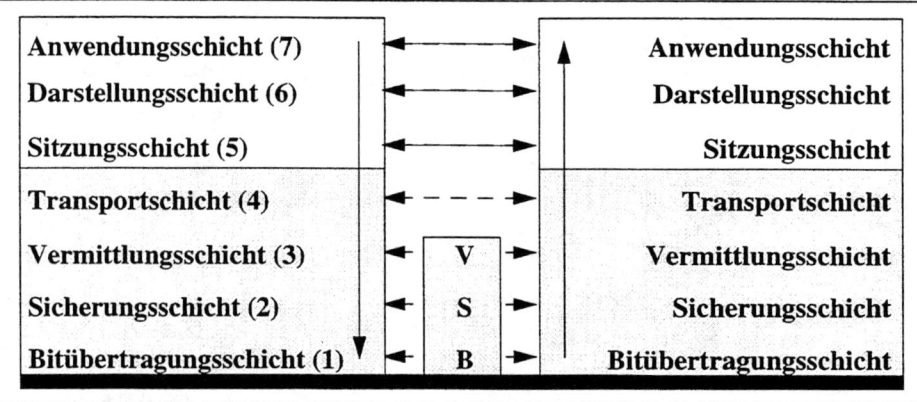

Bild 17: OSI-Modell der ISO

Das ISO/OSI-Modell enthält sieben Schichten, wobei die oberen drei als anwendungsorientiert und die unteren vier als Transportsystem bezeichnet werden. Im Rechnernetz unterscheidet man Rechner, an denen Benutzer arbeiten und in denen sich daher alle sieben Schichten befinden müssen, sowie reine Vermittlungsrechner, die nur über die unteren drei Schichten verfügen.

Die oberste, Schicht 7 wird als **Anwendungsschicht** bezeichnet. Beispiele für Elemente aus dieser Schicht sind elektronische Post oder Zugang, Verwaltung und Übertragung von Dateien, die zusammengehörige Datenansammlungen bezeichnen (vgl. Abschnitt 3.3).

In Schicht 6, der **Darstellungsschicht** wird dafür gesorgt, daß alle Beteiligten sozusagen die gleiche Sprache sprechen. Häufig werden die gleichen Daten in unterschiedlichen Rechnern unterschiedlich dargestellt. Um die dadurch entstehenden Probleme zu beheben, gibt es ein allgemein bekanntes, das globale Format, in das bzw. aus dem die Daten vor und nach der Übertragung konvertiert werden. Außerdem kann diese Schicht für Datenkomprimierungen zur Verkürzung der Übertragungsdauer und für Verschlüsselungen eingesetzt werden.

Mit Hilfe von Schicht 5, der **Sitzungsschicht** kann die Strukturierung von Kommunikationsbeziehungen bewirkt werden. Die dabei verwendeten Elemente heißen Sitzung, Aktivität und Synchronisationspunkt. Die Übertragung eines Briefes könnte beispielsweise innerhalb einer Sitzung erfolgen. Einzelne Aktivitäten wären dann Übertragung einer Einheit des Briefes (z. B. ein Abschnitt). Je nach Fehleranfälligkeit könnte man beispielsweise jede Seite durch einen Synchronisationspunkt markieren und im Fehlerfall auf den jeweils letzten Synchronisationspunkt zurücksetzen, um nicht ganz von vorn beginnen zu müssen.

Die **Transportschicht** oder Schicht 4 ist für Fehlerbehandlungen und das Zusammenfassen mehrerer Benutzerverbindungen über eine Netzverbindung zuständig (als Multiplexen bezeichnet). Je nach Ausprägung der darunterliegenden Schichten werden unterschiedliche Anforderungen an die Transportschicht gestellt, weswegen man verschiedene Klassen der Transportschicht definiert hat. Die Klasse 0 mit sehr geringem Funktionsumfang kann verwendet werden, wenn die darunterliegenden Schichten relativ viele Funktionen enthalten. Dementsprechend enthält Klasse 4 der Transportschicht die meisten Funktionen, um entsprechend dürftig ausgelegte darunterliegende Schichten auszugleichen.

Schicht 3, auch als **Vermittlungsschicht** bezeichnet, realisiert die bereits beschriebenen Verfahren der Wegewahl, Stau- und Flußkontrolle. Außerdem können mehrere Verbindungen auf Schicht 2 zusammengefaßt und Abrechnungen vorgenommen werden.

Die darunterliegende Schicht 2 oder **Sicherungsschicht** sorgt für Fehlererkennung, Fehler- und Flußkontrolle, allerdings beschränkt auf jeweils eine Verbindung zwischen zwei Rechnern. Die unterste Schicht, d. h. Schicht 1 ist lediglich zuständig für die Übertragung an sich und wird daher als **Bitübertragungsschicht** bezeichnet.

Kommunizieren zwei Benutzer miteinander, so werden die Daten von Schicht 7 bis zu Schicht 1 des sendenden Rechners heruntergereicht, auf der Leitung übertragen und im empfangenden Rechner wieder durch alle Schichten bis in die oberste befördert, wobei jede Schicht die ihr eigenen Funktionen durchführt (vgl. Produktion eines Autos auf einem Fließband). Neben diesem physikalischen Weg der Daten gibt es auch noch eine logische Sicht, in der die Instanz einer bestimmten Schicht des sendenden Rechners Verbindung mit der entsprechenden Instanz des empfangenden Rechners aufnimmt (vgl. Abbildung 17).

Die Unterteilung in Schichten mit genau spezifizierten Teilaufgaben sowie die Tatsache, daß Instanzen der gleichen Schicht auf logischem Wege Verbindung zueinander aufnehmen, ist nicht auf das OSI-Modell beschränkt, sondern ist in allen Systemen anzutreffen, die für die Datenübertragung in Rechnernetzen sorgen, also auch bei dem noch zu behandelnden Internet.

In diesem Zusammenhang stellt sich nun die Frage, in welcher Form Instanzen der gleichen Schicht miteinander kommunizieren. Hierfür wurde der aus der Diplomatie bekannte Begriff des **Protokolls** verwendet. Zwar werden keine roten Teppiche ausgerollt, aber der Vorgang des Händeschüttelns findet in übertragenem Sinne über die Protokollelemente »*Connect Request*« und »*Connect Confirmation*« statt, wie in Abbildung 18 gezeigt. Nach dieser Prozedur können mit den Protokollelementen »*Data Request*« und »*Data Response*« Daten ausgetauscht werden (in der Abbildung sogar mit Verwendung von Sequenznummern), bis sich eine der beiden Instanzen dazu entschließt, sich mit »*Disconnect Request*« wieder zu verabschieden, d. h. die Kommunikationsverbindung aufzulösen.

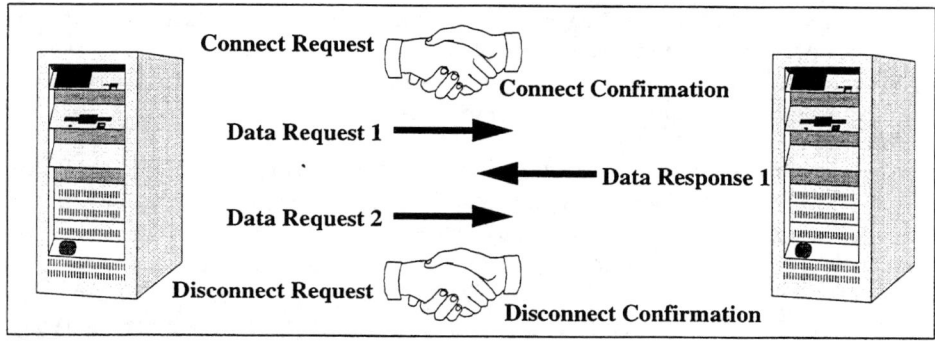

Bild 18: Protokolle

Der Begriff des Protokolls spielt bei Rechnernetzen und den in den folgenden Abschnitten beschriebenen Verteilten Systemen sowie dem WWW eine sehr große Rolle. Es gibt sehr viele unterschiedliche Protokolle für die unterschiedlichsten Anwendungen. Da diese meist nur abgekürzt in Erscheinung treten, wird uns das für Protokoll (protocol) stehende »P« im weiteren Verlauf dieses Abschnitts noch mehrfach begegnen.

3.2.2   Verteilte Systeme

Verteilte Systeme beschäftigen sich mit der Nutzung von Rechnernetzen, ohne daß deren Struktur als solche erkennbar würde. Die Ressourcen der einzelnen, im Netz befindlichen Rechner sollen also von jedem anderen Rechner aus verfügbar sein, wobei der Ort dieser Ressourcen irrelevant ist und nicht bekannt sein muß. Zu diesem Zweck werden Softwarekomponenten eingeführt, die Ressourcen verwalten und netzweit verfügbar machen. Nach dem ISO/OSI-Modell ist diese Funktionalität der Schicht 7 zuzurechnen.

Es gibt drei, sich teilweise überlappende Modelle für solche Softwarekomponenten und die Interaktionen zwischen ihnen:

- Client-Server-Modell
- Objektmodell
- Agentenmodell

Um den Rahmen nicht zu sprengen, sei hier nur auf das **Client-Server-Modell** näher eingegangen, das momentan am weitesten verbreitet ist. Das Objektmodell wird in Abschnitt 3.4 ausführlich behandelt. Bei Agenten handelt es sich um Softwareprogramme, die stellvertretend für ihre Benutzter Routineaufgaben erfüllen und dies auf relativ selbstständige Weise erledigen. Eine spezielle Art von Agenten kann dabei sogar im Rechnernetz »umherwandern« und wird daher als mobil bezeichnet. Wie Abbildung 19 zeigt, beruht das Client-Server-Modell auf zwei Komponententypen, dem Kunden (Client) und dem Dienstleister (Server). Wie Kunden im täglichen Leben zur Bank gehen, um z. B. Geld abzuheben oder sich eine andere Dienstleistung erbringen zu lassen, schicken Software-Kunden eine Anforderung an einen Software-Dienstleister und erhalten von diesem das Ergebnis ihrer Anforderung. Ein Dienstleister kann von beliebig vielen Kunden Anforderungen erhalten.

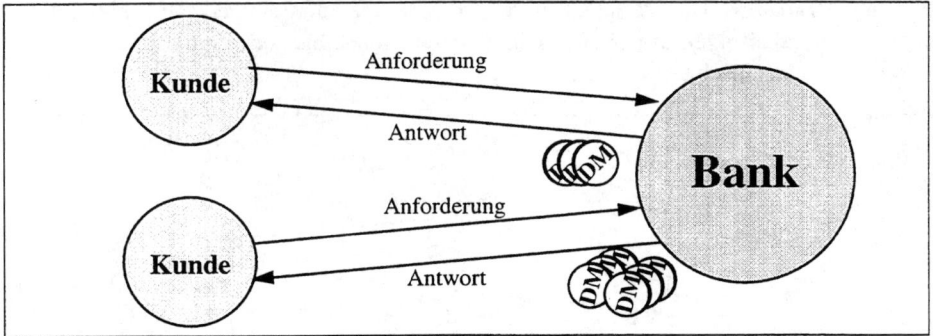

Bild 19: Kunde-Dienstleister

Mit Hilfe dieses Modells lassen sich eine Reihe von Diensten modellieren, die in Verteilten Systemen benötigt werden. Beispiele sind:

- Zeitdienst: Da die Hardware-Uhren einzelner Rechner nicht unbedingt gleich gehen müssen, benötigt man einen zusätzlichen Dienst, der auf allen Rechnern eines Verteilten Systems die gleiche Zeit liefert, um die an unterschiedlichen Rechnerknoten auftretenden Ereignisse in eine Reihenfolge bringen zu können.

- Namensdienst: Dieser Dienst verwaltet die in einem Verteilten System verfügbaren Server, insbesondere ihre Namen und Eigenschaften wie z. B. den Rechner, auf dem sie sich befinden.

- Datenbank-, Datei-, Dokumentenserver: Über das sogenannte file transfer protocol (ftp) können Dateien zwischen unterschiedlichen Rechnern übertragen werden (vgl. Abschnitt 3.3). ftp-Server verwalten die ihnen übertragenen Dateien und werden über ftp angesprochen. Ein weiteres Beispiel sind die im nächsten Abschnitt beschriebenen WWW-Server.

- Druckserver: Um Drucker ansprechen zu können, die sich irgendwo im Verteilten System befinden, wird ein Druckserver verwendet.

- Konferenzserver: Wollen mehrere Personen eine Telekonferenz miteinander abhalten, so können sie diese mit Hilfe eines Konferenzservers führen (vgl. Abschnitt 3.3).

- Video-on-Demand-Server: Entspricht einer elektronischen Videothek (vgl. Abschnitt 3.1).

- Workflow-Ausführungsdienst: Auf diesen Dienst wird in Abschnitt 3.6 näher eingegangen.

In allen Fällen finden Interaktionen zwischen Kunde und Dienstleister statt, die immer nach dem gleichen Schema ablaufen. Vom Server müssen dessen Adresse und Schnittstelle bekannt sein, d. h. welche Dienstleistungen er erbringen kann und wie diese anzufordern sind. Das Protokoll zwischen Kunde und Dienstleister enthält die beiden Elemente »*Anforderung*« und »*Antwort*«. Das Verschicken der Anforderung kann entweder blockierend oder nicht blockierend erfolgen. Im zweiten Fall kann der Kunde bis zum Eintreffen der Antwort anderen Aktivitäten nachgehen.

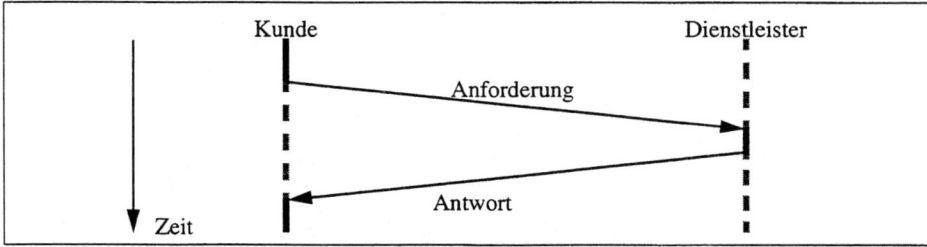

Bild 20: Interaktion zwischen Kunde-Dienstleister

3.2.3   Internet

Nach den in den letzten Abschnitten getätigten Vorarbeiten stehen alle Begriffe und Verfahren bereit, um das Internet beschreiben zu können. Dieses spezielle Rechnernetz geht auf das in den 70er Jahren entwickelte ARPAnet (Advanced Research Projects Agency) zurück. Dieses Rechnernetz wurde im Auftrag der U.S. Department of Defense Agency geschaffen, um auch im Falle eines Atomkrieges, bei dem von einer Zerstörung von Teilen des Netzes auszugehen ist, noch Informationen austauschen zu können. Das ARPAnet zeichnet sich also durch eine hohe Toleranz gegenüber Ausfällen aus.

Im Verlauf der Zeit stieg die Anzahl der zunächst nur vier Rechner im ARPA-Netz ständig und umfaßte bald Rechner aus dem gesamten Gebiet der Vereinigten Staaten. Parallel dazu entstanden Rechnernetze in Europa und anderen Kontinenten. Alle bestehenden Rechnernetze wurden von Zeit zu Zeit immer wieder zusammengeführt, wodurch schließlich 1990 das Internet entstand. Es bestand aus etwa 3 000 Teilnetzen mit über 200 000 Rechnern. Im Januar 1992 zählten zum Internet schon 727 000 Rechner, 1996 waren es 10 000 000 Rechner. Von diesen 10 Millionen Rechnern befinden sich 2 Millionen in Europa und 470 000 in Deutschland. Es wird geschätzt, daß das Internet 40 Millionen Benutzer hat. Trotz seiner kriegerischen Wurzeln wird es heute weitgehend friedlich genutzt.

Was die Hardware des Internet angeht, so sind sowohl Telefon- als auch Standleitungen, interkontinentale Kabel und Satelliten vertreten. Zur Software gehören auf der Anwendungsschicht beispielsweise das bereits erwähnte Dateiübertragungsprotokoll ftp, telnet zum Einloggen auf entfernten Rechnern, elektronische Post und das WWW, die in Abschnitt 3.3 detaillierter behandelt werden. Auf Schicht 4 wird das sogenannte Transmission Control Protocol (tcp) und auf Schicht 3 das Internet Protocol (ip) eingesetzt, was insgesamt die Abkürzung **tcp/ip** ergibt.

Um das Internet zu strukturieren, wurden Domänen eingeführt. **Internetadress**en verwenden diese Domänen und setzen sich aus einer Domänennummer und der lokalen Adresse zusammen. Ein Beispiel für eine solche Adresse ist

129.69.212.1

wobei 129.69 die Universität Stuttgart bezeichnet. Alle im Rechnernetz dieser Universität befindlichen Rechner haben also eine Adresse, die mit 129.69. beginnt. Anwendungsorientierte Adressen wie beispielsweise die bei elektronischer Post oder im WWW verwendeten Adressen werden auf Internet-Adressen abgebildet. Zum Beispiel besteht eine Zuordnung zwischen der im nächsten Abschnitt behandelten WWW-Adresse tick.informatik.uni-stuttgart.de und der bereits erwähnten Internet-Adresse 129.69.212.1.

3.3   Dienste im Internet
Dr. Waltraud Schweikhardt,
Dr. Cora Burger, Dipl.-Inform. Kerstin Schneider

Wollte vor vielen Jahren ein Mensch einem anderen Menschen, der an einem anderen Ort lebte, etwas mitteilen oder etwas überbringen und konnte oder wollte sich nicht selbst auf den Weg machen, so nahm er die Dienste eines Läufers oder Reiters in Anspruch. Dieser Bote wurde also aufgefordert, die Nachricht bzw. das Päckchen zu überbringen. Bei der Erbringung dieses Dienstes stand ihm ein mehr oder weniger erschlossenes Wegenetz zur Verfügung. Freilich konnten es sich damals nur sehr wenige Menschen leisten, solche Dienste in Anspruch zu nehmen, sie blieben fast ausschließlich den oberen Gesellschaftsschichten, Kaisern, Königen, Grafen usw. vorbehalten. Dies begann sich durch die Einführung der Straßen- und Schienennetze zu ändern, die den Postdienst auf billigere und schnellere Weise erlaubte, aber immer noch Menschen wie z. B. Postillone oder Briefträger benötigte.

Und wie sieht die Situation heutzutage aus? Neben der Infrastruktur von Schiene und Straße ist eine zweite entstanden, die im letzten Abschnitt behandelte Infrastruktur der Rechnernetze allgemein und speziell die des Internet. Aus den Dienstboten von früher sind willfährige elektronische Geister geworden, die den Informationsaustausch zwischen Menschen zu nicht allzu hohen Kosten ermöglichen und Daten in den hintersten Winkel dieser Erde transportieren können. Daneben kann aber das Internet auch als ein einziger großer Rechner angesehen werden, dessen Verarbeitungs- und Speicherkapazität sich annähernd aus der Summe der im Netz befindlichen Rechner ergibt. Es bedarf jedoch geeigneter Mechanismen, diese Kapazität zu verwalten und zu nutzen, so daß auch in diesem Zusammenhang Dienste entstanden. Die wichtigsten aller dieser Dienste sollen nun im folgenden näher behandelt werden.

3.3.1 Elektronische Post (E-Mail)

Der heute neben dem in Abschnitt 3.3.6 beschriebenen World Wide Web am häufigsten benutzte Dienst ist die elektronische Post. Wie der aus dem Alltag bekannte Brief besteht auch sein elektronisches Pendant, die e-mail, aus einem Briefumschlag und einem Inhalt (Abbildung 21). Der Umschlag enthält Adresse und Absender in einer für das elektronische Postsystem verständlichen Form. Die dabei involvierten Adressen sehen folgendermaßen aus

Name@Institution.Länderkennung

und werden auf die zugehörigen Internetadressen abgebildet. Als Name ist die Zeichenfolge zu schreiben, unter der der Empfänger auf dem Zielrechner eine Rechnererlaubnis hat. Diese Zeichenfolge kann Buchstaben und Ziffern aber keine Sonderzeichen enthalten. Für Institution steht beispielsweise

informatik.uni-stuttgart

Bei dieser Zeichenfolge können neben Buchstaben und Ziffern auch die Sonderzeichen ».« und »-« enthalten sein. Statt von einer Institution spricht man im Internet von Domänen (domain). Als Beispiel für eine Länderkennung sei »de« für Deutschland genannt. Statt einer Länderkennung kann an dieser Stelle auch »com« für den kommerziellen Bereich oder »org« für große Organisationen stehen.

Anhand der Empfängeradresse übermittelt das elektronische Postsystem jeden bei ihm aufgegebenen Brief in den richtigen Briefkasten (mailbox). Ähnlich den Postverteilungsstellen und Briefträgern gibt es dazu sogenannte Nachrichtenübertragungseinheiten, die die Empfängeradresse interpretieren und den Brief entweder im Briefkasten ablegen oder ihn an die nächste in Richtung Ziel gelegene Nachrichtungsübertragungseinheit weiterleiten. Das zwischen den einzelnen Einheiten verwendete Protokoll heißt simple mail transfer protocol **(SMTP)**

Der Inhalt eines elektronischen Briefes setzt sich zusammen aus einem Briefkopf und der eigentlichen Mitteilung. Wie es schon bei Geschäftsbriefen üblich war, enthält der Briefkopf nochmals Absender und Empfänger sowie einen Betreff (Subject). Außerdem kann ein elek-

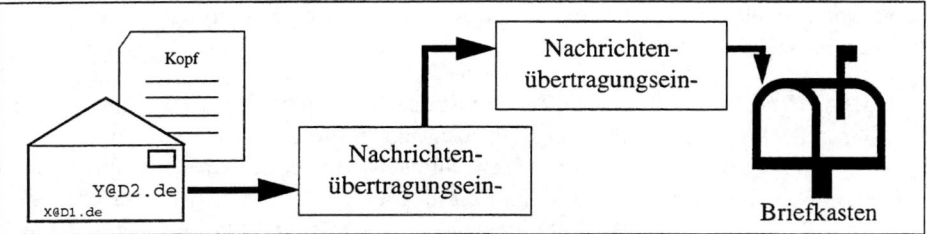

Bild 21: Elektronischer Brief

tronischer Brief nicht nur an eine einzelne Person sondern auch an eine ganze Liste versandt
werden oder es können Kopien an bestimmte Personen zur Kenntnis (Cc) verschickt werden.
Nicht zuletzt werden auch Datum und Uhrzeit des Abschickens automatisch in den Briefkopf
mit aufgenommen, um im nachhinein die Aktualität eines elektronischen Briefes bestimmen
zu können. Insgesamt ergibt sich die folgende Form eines Briefkopfes:

```
From: schweikh@informatik.uni-stuttgart.de
To: caburger@informatik.uni-stuttgart.de,
     danickla@trick.informatik.uni-stuttgart.de
Subject: Informatik-AG
Cc: keschnei@informatik.uni-stuttgart.de
Date: Fri, 15 Nov 1996 11:36:32 +0100
```

Was die eigentliche, in einem elektronischen Brief enthaltene Information angeht, so han-
delte es sich dabei zunächst nur um einen reinen Textteil. Es zeigte sich jedoch sehr schnell,
daß dies mit zu starken Einschränkungen für zwischenmenschliche Kommunikation verbunden ist. Als eine Möglichkeit zur Abhilfe entstanden die sogenannten Smileys, wie z. B. der
folgende

:-)

mit denen versucht wird, menschliche Gefühle sichtbar zu machen. In der Zwischenzeit nah-
men jedoch auch die technischen Möglichkeiten von elektronischer Post zu. Sie wurde
dahingehend erweitert, daß ein elektronischer Brief sich aus beliebig vielen Bestandteilen
zusammensetzen kann und jeder Bestandteil von beliebigem Informationstyp sein kann
(**MIME**, Multi-Purpose Internet Mail Extensions). Dadurch wird es möglich, neben Text
auch Bilder und sogar Audio und Video zu übertragen.

3.3.2   Elektronische Zeitungen - Schwarze Bretter (news)

Über das Internet werden auch verschiedene elektronische Zeitungen zur Verfügung gestellt.
Diese beschäftigen sich jeweils mit einem bestimmten Thema. Die verfügbaren Themen dek-
ken das ganze Spektrum ab, für das Menschen sich interessieren können, von Kochrezepten
und Fotografenclubs bis hin zu fachspezifischen Fragen wie beispielsweise Philosophie,
Religion, Biologie (bionet) oder Informationen zum Baden-Württembergischen Netz Bel-
WUE (belwue).

Man kann sich als Leser einer solchen Zeitung aufnehmen (registrieren) lassen und gehört
dann zur entsprechenden, sogenannten **newsgroup**. Diese Gruppen sind nach einem hierar-
chischen System eingerichtet. Die oberste Hierarchiestufe enthält die Einteilung in große

Themenbereiche, darunter wird es immer spezieller. In Deutschland gibt es zur Zeit etwa 30 solcher Bereiche.

Als eingetragener Leser einer solchen Zeitung ist man berechtigt, eigene Beiträge zu liefern, weshalb man auch von einem elektronischen »schwarzen Brett« spricht, auf dem diese Beiträge für alle Abonnenten erscheinen. Man kann auch erschienene Artikel kommentieren, also elektronische Leserbriefe schicken. Alle diese Arten des Informationsaustausches erfolgen asynchron, d. h. die Schreib- und Lesevorgänge der beteiligten Personen müssen nicht notwendigerweise zur gleichen Zeit stattfinden.

Es gibt verschiedene Programme, mit denen man elektronische Zeitungen liest, Kommentare und eigene Programme abliefert. Der beschriebene Dienst entstand 1979 an der Universität von Duke in North Carolina (USA) als »Usenet« und bildet ein Medium zum Informationsaustausch. Die Versendung von Information erfolgt nach den Regeln des network news transfer protocol (**NNTP**).

3.3.3   Nutzung anderer Rechner (remote login, telnet)

Bei der Entwicklung des ARPA-Netzes war ein wesentliches Ziel die bessere Auslastung von Rechnern und der teilweise sehr teuren Peripheriegeräte. Da die Geräte wegen der Zeitverschiebung innerhalb der U.S.A. häufig unterschiedlich stark ausgelastet waren, machte es Sinn, Rechner einer anderen Zeitzone mitzunutzen.

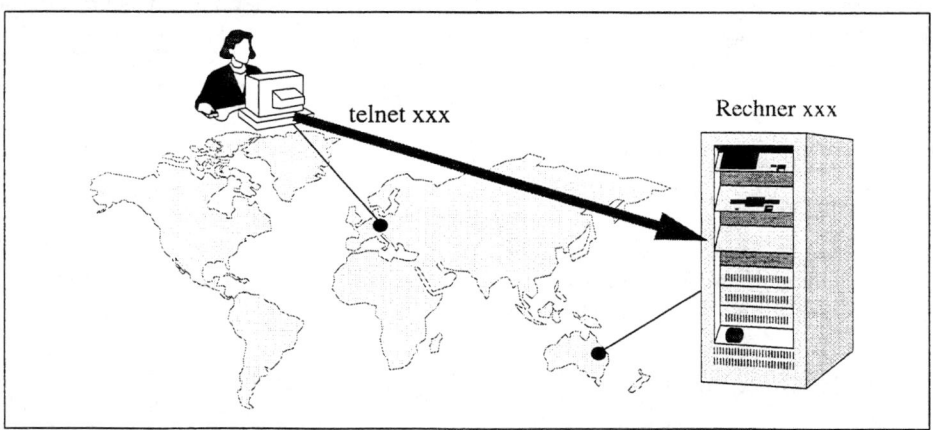

Bild 22: Entferntes Einloggen

Diese Möglichkeit wird durch entferntes Anmelden (remote-login) erreicht. Der zugehörige Dienst heißt telnet. Mit telnet kann man sich von dem Rechner am eigenen Arbeitsplatz aus an einem anderen anmelden (vgl. Abbildung 22), um dann an diesem zu arbeiten, sofern man auch an diesem anderen Rechner eine Zugangsberechtigung hat. So kann man z.B. ein besonders rechenintensives Programm auf einem nicht ausgelasteten Rechner starten oder spezielle Software nutzen, die nur auf diesem anderen Rechner verfügbar ist. Ein weiteres Beispiel ist die im folgenden beschriebene Textkonferenz mit einer Person auf dem entfernten Rechner.

3.3.4   Text- und Telekonferenzen

Im Gegensatz zu den oben beschriebenen elektronischen Zeitungen, bei denen asynchron vorgegangen wird, erfordern Text- und Telekonferenzen die gleichzeitige Anwesenheit der Beteiligten (vgl. Abschnitt 3.1 und Abschnitt 3.6).

Eine einfache **Textkonferenz** zwischen zwei Benutzerinnen an unterschiedlichen Rechnerarbeitsplätzen wird dadurch gestartet, daß eine der beiden ein bestimmtes Kommando (talk, chat, phone) eingibt und den Namen der anderen hinzufügt. Daraufhin erscheint bei der anderen eine Meldung auf dem Bildschirm, daß und wer zu ihr Kontakt aufnehmen will. Erst wenn die derart angesprochene Person durch ein entsprechendes Kommando (z. B. phone answer) ihre Bereitschaft zur Konferenzteilnahme signalisiert, erscheint auf den Bildschirmen der beiden Beteiligten ein Fenster, das in zwei Hälften aufgeteilt ist.

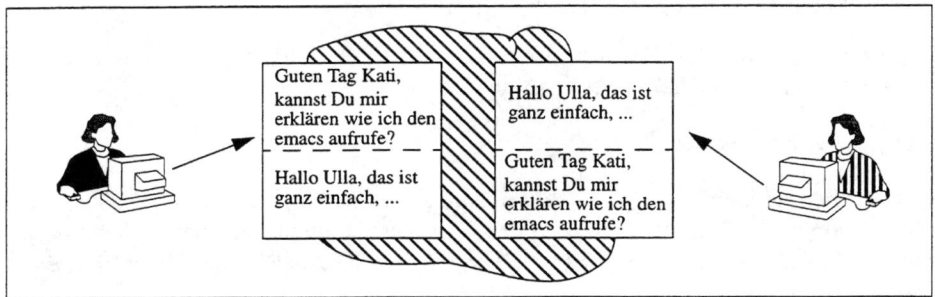

Bild 23: Eine Textkonferenz

Abbildung 23 veranschaulicht dies. In der oberen Hälfte des Konferenzfensters werden jeweils die eigenen Eingaben dargestellt, in der unteren Hälfte die Eingaben der Konferenzteilnehmerin. Wie bei einem sinnvollen Gespräch zwischen zwei Personen können Eingaben bei dieser Anwendung nicht gleichzeitig durchgeführt werden. Jedoch werden die Eingaberechte nach jeder kleinen Eingabepause, die eine festgelegte Mindestlänge überschreitet, an diejenige TeilnehmerIn vergeben, die die nächste Eingabe ausführt.

Bei einer **Telekonferenz** werden im Gegensatz zur Textkonferenz nicht nur Texte sondern auch Audio- und Videoströme ausgetauscht, wozu die Rechner mit Mikrofon, Lautsprecher und Kamera ausgerüstet sein müssen. Das Spektrum der Telekonferenzsysteme reicht von sogenannten Schreibtischkonferenzen, die vom persönlichen Arbeitsplatzrechner aus geführt werden, bis zu Videokonferenzen in speziell ausgestatteten Räumen mit Leinwand zur Projektion der Videobilder aller Teilnehmer. In Abbildung 10 wurde das Beispiel einer Schreibtischkonferenz gezeigt, bei der die Videobilder der Teilnehmer auf dem Bildschirm angezeigt werden. Wie man sich angesichts der Bildschirmgröße leicht vorstellen kann, führt dies ab einer gewissen Anzahl Teilnehmer zu Problemen, während bei einer entsprechend dimensionierten Leinwand auch größere Teams angezeigt werden können. Dagegen hat die Form der Schreibtischkonferenz den Vorteil, daß alle elektronisch verfügbaren Dokumente auf den Bildschirmen aller Konferenzteilnehmer angezeigt und diskutiert werden können. Diese zweite Funktionalität wird als Whiteboard bezeichnet.

3.3.5   Dateiübertragung (ftp)

Sowohl für die Arbeit mit anderen als auch für eigene Bedürfnisse kann es notwendig sein,
die als Dateien bezeichneten Datenansammlungen zu verschicken oder sich von einem anderen Rechner zu holen. Wenn man z. B. mit anderen Personen zusammen ein größeres Dokument verfaßt, ist es nicht unbedingt sinnvoll, den von jeder einzelnen Person geschriebenen
Beitrag mit elektronischer Post zu versenden. Außerdem gibt es die Möglichkeit, sich frei
verfügbare Software auf elektronischem Wege zu holen.

Diese und weitere Funktionen stellt das file transfer protocol (**FTP**) bereit. Dabei handelt es
sich um einen nach dem Client-Server-Modell aufgebauten Dienst. Jeder Server befindet sich
auf einem bestimmten Rechner, hat eine Internetadresse und verwaltet eine Reihe von
Dateien. Klienten treten über das entsprechende Protokoll mit dem Server in Kontakt und
schicken ihm Anforderungen, die Dateimanipulationen betreffen.

Will nun ein Benutzer von einem anderen Rechner aus eine der Dateien zu sich kopieren
oder dem Server eine von sich übergeben, so ruft er

> ftp Server-Internetadresse

auf. Anschließend können mit put Dateien zum Server kopiert und mit get welche geholt
werden. Zum Beispiel holt sich die an der Universität Stuttgart arbeitende Benutzerin in
Abbildung 24 die Datei zzz vom FTP-Server auf dem Rechner ibr der Universität Braun-
schweig.

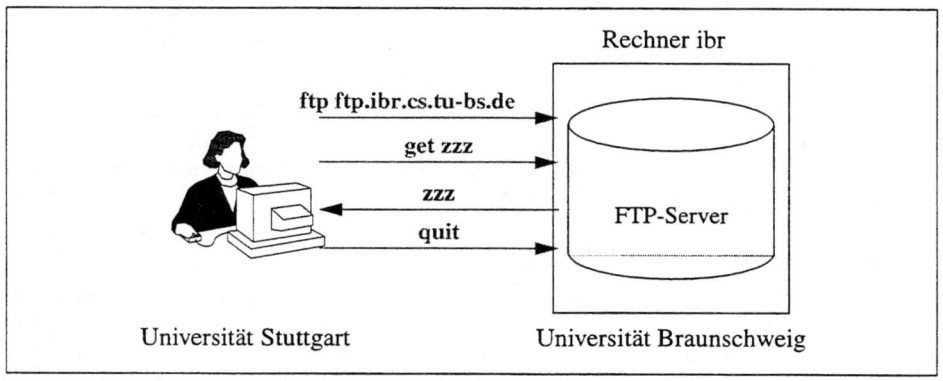

Bild 24: Holen einer Datei über FTP

Die Dateien eines FTP-Servers sind nach sogenannten **Verzeichnis**sen geordnet. Solche Verzeichnisse werden in der Informatik ganz allgemein zur Strukturierung verwendet. Sie stellen also das elektronische Äquivalent für die aus dem täglichen Leben bekannten Ordnungs-
verfahren mit beispielsweise unterschiedlichen Schränken für Oberthemen, Aktenordnern
und Abschnitten innerhalb von Akten für die jeweiligen Unterthemen dar. Verzeichnisse sind
in einer Baumstruktur aufgebaut, wobei die Wurzel - wie in der Informatik üblich - oben dargestellt wird, und der Baum sich nach unten zu den Knoten hin verzweigt (vgl. auch Abbildung 25).

FTP ermöglicht es, außer dem Austausch von Dateien beliebig in den Verzeichnissen eines Servers zu navigieren (cd für change directory), neue Unterverzeichnisse anzulegen (mkdir) oder Dateien umzubenennen (rename). Damit steht insgesamt eine ähnliche große Funktionalität mit entfernten Dateien zur Verfügung, wie man sie vom lokalen Fall her kennt.

Häufig gibt es einen sogenannten anonymous, über den jeder beliebige Benutzer des Internet Zugang zu einem FTP-Server erhalten kann. Da es zu riskant wäre, allen diesen Benutzern alle oben genannten Kommandos zu gestatten, verwaltet der FTP-Server auch Zugriffsrechte. So sind z. B. die Zugriffsrechte von anonymous gegenüber denen anderer Benutzer beschränkt und erlauben unter anderem das Kommando put nur in einem bestimmten Verzeichnis.

3.3.6   World Wide Web (WWW)

Das WWW oder W^3 ist diejenige Anwendung des Internet, die am meisten Furore gemacht hat, obwohl es sich im Vergleich zu den anderen Diensten um eine relativ junge Technologie handelt, deren Basismodell erst 1991 vorgestellt wurde. Wie bereits erwähnt, ist auch das WWW wie FTP nach dem Client-Server-Modell realisiert. Es besteht also einerseits aus den als Dokumenten- oder **WWW-Server** bezeichneten Dienstleistern.

Ein WWW-Server verfügt über eine WWW-Adresse und verwaltet eine Reihe von Verzeichnissen und darin befindlichen Dokumenten. Die auf die Dokumenten-Server zugreifenden WWW-Clients enthalten geeignete Werkzeuge wie Browser zum Darstellen oder Editoren zum Erfassen der Dokumente sowie die Möglichkeit, mit dem Server Dokumente auszutauschen. In diesem Zusammenhang spricht man auch vom Herauf- bzw. Herunterladen von Dokumenten. Erwähnt sei, daß der erste WWW-Browser unter dem Namen MOSAIC eingeführt wurde, inzwischen sind hauptsächlich NETSCAPE und Internet Explorer im Einsatz.

WWW-Clients und Server unterhalten sich über das Hypertext Transfer Protocol (**HTTP**) miteinander. Dadurch wird der Server entweder veranlaßt, Dokumente zum Client zu transferieren, oder es werden spezielle, als Skripte bezeichnete Programme gestartet, wie sie z. B. für die Suche im WWW, für Fahrplanabfragen, Buchungen oder auch Bestellungen von irgendwelchen Produkten eingesetzt werden. Im Client werden die Dokumente am Bildschirm dargestellt und können auch abgespeichert werden.

Wie bereits erwähnt, verwaltet der WWW-Server Dokumentenverzeichnisse. Deren Wurzel wird durch den Server gebildet, während die Knoten die **WWW-Dokumente** selbst darstellen. Diese werden auch als **WWW-Seiten** bezeichnet. Wie alle Elemente innerhalb des Verzeichnisbaumes besitzen die Dokumente eine Adresse und darüberhinaus einen Inhalt. Zusätzlich zu den Adressen wird noch das beim Zugriff verwendete Protokoll mit angegeben, wodurch sich insgesamt der Uniform Resource Locator (**URL**) ergibt. So bedeutet z.B.

http://tick.informatik.uni-stuttgart.de

daß der WWW-Server der Fakultät Informatik an der Universität Stuttgart, wie er in Abbildung 25 veranschaulicht wird, über das http-Protokoll angesprochen werden soll. Seine

Adresse führt zur Wurzel seiner Dokumentenverzeichnisse. Unterverzeichnisse lassen sich in solche für Studenten und Mitarbeiter aufteilen. Außerdem wurde ein eigenes Verzeichnis für die Informatik-AG aufgenommen. In diesem befinden sich die WWW-Seiten der Teilnehmerinnen an dieser AG. Der als Beispiel beschriebene WWW-Server verfügt also über eine Verzeichnistiefe von drei, im allgemeinen sind jedoch beliebige Tiefen und Verästelungen möglich.

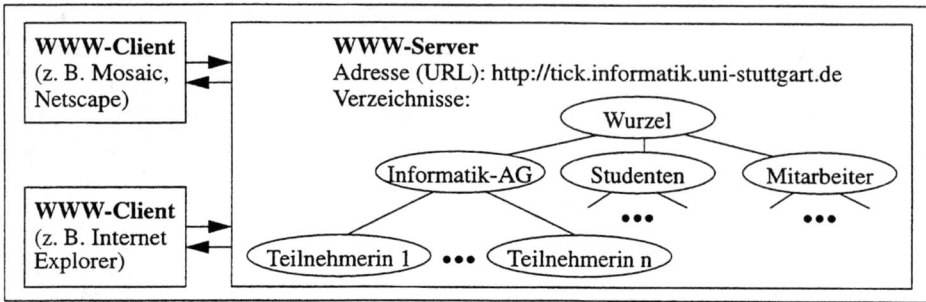

Bild 25: WWW-Server

In einer URL muß nicht notwendigerweise http angegeben werden. Beispielsweise sind auch ftp für die Kommunikation mit einem FTP-Server oder mailto für das Verfassen und Versenden von elektronischer Post möglich. WWW-Browser können dadurch auch für andere Zwecke eingesetzt werden.

Inzwischen werden Sie sich trotzdem fragen, was denn der Unterschied zwischen WWW und FTP ist. Dazu schauen wir uns den Inhalt einer WWW-Seite etwas genauer an. Er gliedert sich in Kopf und Rumpf, wobei der Rumpf die folgenden Bestandteile enthalten kann:

- Text

- Grafik, Bild

- Formular, z. B. zur Abfrage von Begriffen, wie es im Zusammenhang mit Suchmaschinen, Buchungen oder Bestellungen benötigt wird (siehe oben).

- Applets, worunter lauffähige Programme zu verstehen sind, mit denen Animationen und Geräusche erzeugt werden können.

- Verweise (links) auf andere Dokumente

Aus dem letzten der genannten Punkte ergibt sich nun auch eines der Erfolgsrezepte des WWW, die weltweite **Verknüpfung** von beliebiger Information (Text, Grafik, Ton und Video).

Der gesamte Inhalt wird in einer besonderen, rechnerverständlichen Sprache formuliert, der Hypertext Markup Language (**HTML**). In dieser Sprache gibt es spezielle Formatierungsanweisungen, die als Tag bezeichnet und durch »< >...</ >« dargestellt werden. Tags dienen zum einen dazu, das gesamte Dokument einzugrenzen (<HTML>...</HTML>) und seine

Struktur bestehend aus Kopf (<HEAD>...</HEAD>) und Rumpf (<BODY>...</BODY>) zu spezifizieren. Zum anderen gibt es Tags zur Spezifikation von z. B.

- Überschriften,
- Schriftgröße und -art (normal, fett, kursiv),
- Listen, Tabellen,
- Justierung (links-, rechtsbündig, zentriert),
- Bildern, Applets,
- Verweisen auf andere Seiten,
- Eingaben für Formulare,
- Hintergrundgestaltung und Farben von Schrift und Linien.

Beispielsweise wird ein Stück Text, das zentriert und fett dargestellt werden soll, folgendermaßen gekennzeichnet

<B>Text</B>

Ein Beispiel für eine WWW-Seite zeigen die beiden folgenden Abbildungen. In Abbildung 26 ist diese WWW-Seite zu sehen, wie sie durch den Browser dargestellt wird. Sie enthält ein kleines Bild, eine von Querstrichen umrahmte Überschrift und einen Text.

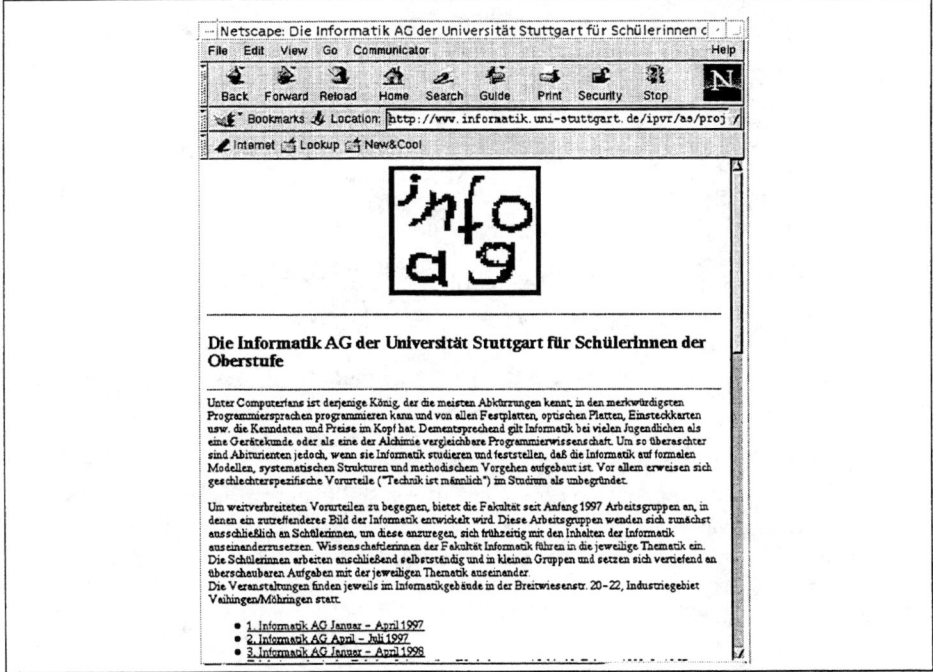

Bild 26: WWW-Seite

Abbildung 27 zeigt die html-Spezifikation dieser Seite. Sie sehen also am Beginn des Rumpfes Tags zur zentrierten Einbindung des Bildes

<CENTER><IMG SRC="./infoag.gif" WIDTH=30%></CENTER>

Tags für Querstriche (<hr>) sowie Tags für die Überschrift

<H2>
Die Informatik AG der Universität Stuttgart für Schülerinnen der Oberstufe
</H2>

Wie an diesem Beispiel noch auffällt, sind Umlaute speziell zu kennzeichnen, also z. B. »ä« für »ä« und »ß« für »ß«.

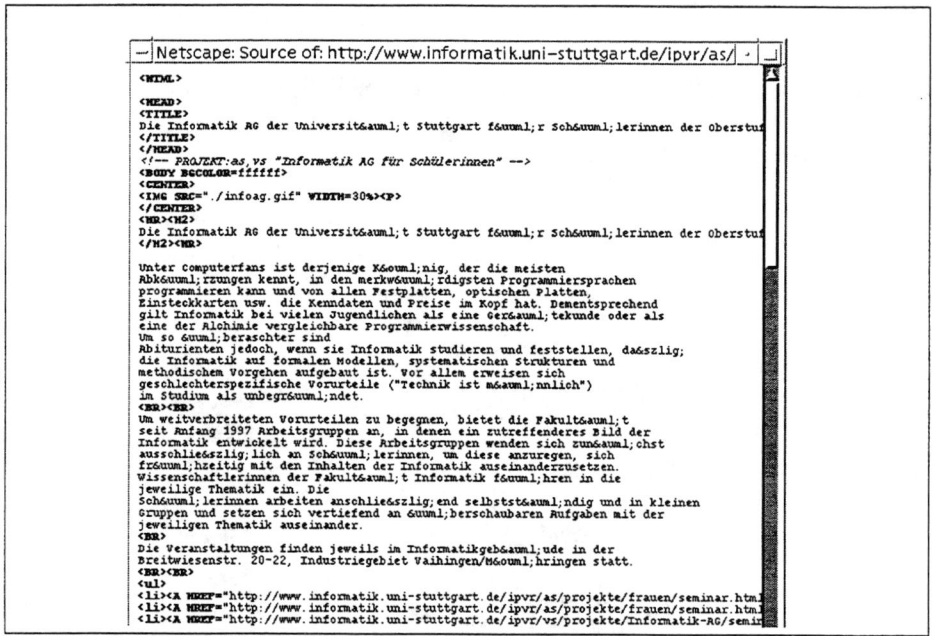

Bild 27: Ausschnitt aus der html-Spezifikation zur obigen WWW-Seite

Es gehört inzwischen fast schon zum guten Ton, eine eigene WWW-Seite zu haben. Hier seien nur einige Beispiele dafür angeführt, worüber es bereits WWW-Seiten gibt:

- Universitäten, Forschungsprojekte, Lehre, Mitarbeiter
- Lexika, Literaturdatenbanken oder Volltext-Veröffentlichungen
- Zeitschriften, Industrieunternehmen, elektronische Einkaufszentren
- Fahrpläne, Lagepläne, Wegepläne, Stellenanzeigen
- Frauen-Netzwerke
- Hobbys

Als Fazit läßt sich festhalten, daß es sich beim WWW um ein riesiges, nicht überschaubares Reservoir von untereinander vernetzten Informationen handelt, in dem sich Benutzer entweder entlang der Verweise oder auch direkt anhand der URL's bewegen, d. h. »**surfen**«. Wie man sich in diesem Meer von Informationen zurecht findet, wird im nächsten Abschnitt erläutert.

3.3.7   Suchdienste im WWW

Um beim Surfen im Informationsmeer des WWW nicht zu ertrinken, braucht man Unterstützung. Wie in einer riesigen Bibliothek besteht die Schwierigkeit, das zu finden, was man gerade benötigt. Daher wurden die sogenannten »Suchmaschinen« entwickelt; das sind Programme, die das ganze Netz nach Stichwörtern, die man selbst eingibt, durchsuchen und relevante Seiten ausgeben. Allerdings ist es nicht immer ganz einfach, die geeigneten Stichwörter zu finden und sie so zu verknüpfen, daß eine sinnvolle Anzahl von Informationen erkannt wird, die einem das Gewünschte liefern.

Gibt man beispielsweise ein:

Reisen Italien Toskana

so findet eine Suchmaschine sehr, sehr viele Informationen zum Thema Reisen, ebenso zu den Themen Italien und Toskana. Gibt man aber ein:

Reisen **UND** Italien **UND** Toskana

so liefert eine gute Suchmaschine nur Hinweise auf Literatur, die alle drei Suchbegriffe gleichzeitig berücksichtigt. Es ist also sehr wichtig, die richtigen Stichworte und Verknüpfungen einzugeben, um an eine gewünschte Information zu kommen. Über all dem darf man nicht vergessen, daß es auch noch Informationen zum gewünschten Thema außerhalb des Internets geben kann.

3.3.8   Zusammenfassende Bewertung

Es wurde eine Reihe von Diensten zum Zugriff auf Informationen und Rechnerkapazität im Internet vorgestellt, die immer mehr an Bedeutung gewinnen. Dabei entwickelt sich das WWW insofern zu einem allumfassenden Dienst, als seine Browser die meisten der anderen Dienste mit erbringen. Neben der eigentlichen WWW-Funktionalität des Ladens von Dokumenten und Surfens bieten die heutzutage verfügbaren WWW-Browser sowohl elektronische Post als auch Dateitransfer über ftp an.

Insgesamt läßt sich das Spektrum der eben geschilderten Dienste nicht mehr vergleichen mit dem, was sich früher von Dienstboten übermitteln ließ. Dank der verbesserten Infrastruktur kann praktisch jede Person von jedem Punkt der Erde aus auf sämtliche Informationen zugreifen und diese entweder zum Austausch mit anderen Personen oder für sich privat nutzen. Die gesellschaftliche Relevanz dieser Möglichkeiten ist noch nicht absehbar.

3.4 Objektorientierte Programmierung
Dipl.-Math. Hiltrud Betz, Dr. Cora Burger

3.4.1 Objekte und Ordnungsschemata

Bevor wir uns mit objektorientierter Programmierung beschäftigen, wollen wir uns zunächst den Begriff des Objekts klar machen. Objekte kennt jede aus dem täglichen Leben. Nehmen Sie zum Beispiel die in letzter Zeit so beliebten Tamagotchis. Angenommen, Sie haben ein Hunde-Tamagotchi, so können Sie damit verschiedene Sachen machen. Sie können

- Ihren Tamagotchi-Hund füttern,
- das Hundehäufchen wegkehren,
- mit Ihrem Tamagotchi-Hund spielen.

Wenn Ihr Tamagotchi-Hund gerade gefressen hat, so befindet er sich im Zustand »satt« und will nicht weiter gefüttert werden, aber vielleicht spielen. Nur wenn sich Ihr Tamagotchi-Hund im Zustand »hungrig« befindet, können Sie ihn füttern. Hat er gefressen, so werden Sie sehr bald sein Häufchen wegkehren müssen.

Als wichtige Charakterisierung eines einzelnen Objekts läßt sich somit festhalten, daß es sich immer in einem bestimmten Zustand befindet und daß Aktionen darauf ausgeführt werden können, deren Ergebnis vom Zustand und der Aktion abhängt. Am besten spielen Sie dieses Prinzip für sich selbst noch an ein paar anderen Beispielen durch.

Die Welt besteht nun aber nicht aus einem einzelnen Objekt, sondern aus sehr vielen verschiedenen. Um sich überhaupt irgendwie zurechtfinden zu können, setzt der Mensch Ordnungsschemata ein. Denken Sie beispielsweise an die Einteilung von Lebewesen in Fische, Reptilien, Vögel und Säugetiere. Um beim Beispiel des Hundes zu bleiben, so würden Sie auf die Frage, was Ihnen alles zu diesem Lebewesen einfällt, vielleicht zunächst einmal antworten, daß es sich dabei um ein Säugetier handelt. Wer sich genauer auskennt, könnte auch noch verschiedene Rassen aufzählen (Dackel, Schäferhund, Dogge usw.), die sich in bestimmten Merkmalen unterscheiden, also beispielsweise verschieden groß werden oder ein anderes Fell haben.

Möglicherweise erinnern Sie sich ja an einen bestimmten Schäferhund Ihrer Nachbarn, der Sie durch sein Bellen des öfteren in der Nacht stört, oder den Dackel Ihrer Freundin, der so süß mit dem Schwanz wedeln kann. Auch jedes dieser »Objekte« gehört einer ganz bestimmten Rasse an und weist bestimmte Merkmale und Verhaltensweisen auf. Nach den Mendel'schen Gesetzen rühren Eigenschaften zumindest zu einem Teil von den Eltern her, der Hund hat sie geerbt. Trotzdem handelt es sich um ein ganz eigenständiges neues Wesen, das neben ererbten Eigenschaften auch andere aufweisen kann. Insgesamt läßt sich erkennen, daß Objekte in unserer realen Welt nach bestimmten Schemata geordnet sind und die Eigenschaften eines Objektes von denen anderer abstammen können. Objekte stehen also untereinander in ganz bestimmten Beziehungen.

3.4.2   Programmierung

Wenden wir uns nun der Programmierung zu und klären, was der obige Ausflug in die Tierwelt damit zu tun hat. Damit der Chip in der Waschmaschine, in Ihrem PC oder im Rechner des Kraftwerks etwas tut, muß er durch geeignete Befehle gesteuert werden. Faßt man Befehle zusammen, die gemeinsam einen bestimmten Zweck erfüllen, so wird dies als Programm bezeichnet. Der Oberbegriff für Programme ist Software, d.h. die Software eines Rechners umfaßt die Menge der darauf installierten Programme. Um zum einzelnen Programm zurückzukommen, so kann es z. B. der Berechnung des größten gemeinsamen Teilers zweier Zahlen dienen oder von anderen Programmen Informationen über Temperaturen im Kraftwerk erhalten und anhand vorgegebener Bedingungen überprüfen, ob eine kritische Situation vorliegt (in diesem Fall muß es natürlich das Bedienpersonal geeignet warnen).

Wenn ein Programm in einem Rechner ablaufen soll, so muß es erst in den Speicher geladen werden, bevor es vom Prozessor ausgeführt werden kann. In den Anfängen der Programmierung war es aufgrund der damals noch recht geringen Rechnerleistung erforderlich, die Programme so zu gestalten, daß sie einerseits die verfügbare Speicherkapazität nicht überschritten, andererseits noch einigermaßen schnell abliefen. Aus diesem Grund konnten damals nur relativ kleine Programme eingesetzt werden, die in systemnahen Programmiersprachen formuliert waren. Wenn man bedenkt, daß Maschinen letztes Endes nur eine Folge von Nullen und Einsen verstehen, kann man sich leicht vorstellen, daß die so entstandenen Programme nur für absolute Spezialisten verständlich waren, während der Rest der Menschheit nichts damit anfangen konnte.

Im Laufe der Zeit wurden die Rechner immer leistungsfähiger und die Speicherkapazität immer größer. Demzufolge konnte man auch die eingesetzten Programme mit mehr Funktionalität ausstatten. Überdies entfiel die Notwendigkeit einer systemnahen Programmierung zur optimalen Speicherausnutzung, so daß man das Augenmerk mehr auf eine der menschlichen Betrachtungsweise angemessene Programmierform richten konnte. Daß die Programmierung dadurch komfortabler wurde, trug wiederum dazu bei, immer komplexere Problemstellungen wie z. B. die bereits erwähnte Steuerung von Kraftwerken anzugehen und sie von geeigneten Programmen durchführen zu lassen.

In dieser Phase wurde jedoch teilweise noch fröhlich aufs Geratewohl losprogrammiert, ohne sich allzu große Gedanken um das Ganze und irgendwelche Beziehungen zwischen den einzelnen Programmen zu machen (man sprach von »hacken«, die entstehenden Programme wurden aufgrund des fehlenden Zusammenhangs als Spaghetti-Programme bezeichnet). Auf diese Weise entstanden Effekte, deren Ursachen schwer oder gar nicht nachzuvollziehen waren. Verschärfend kam hinzu, daß manche Programmierer sich als Künstler verstanden und die raffiniertesten Programmiertricks entwickelten. Wenn dann andere Programmierer sich wegen einer Erweiterung oder Fehlerbehebungsmaßnahme mit den Programmen eines Hackers oder Künstlers beschäftigen mußten, dauerte es oft ewig, bis sie die diversen Versäumnisse und Tricks durchschaut hatten (sofern sie dies überhaupt schafften).

Aus allen diesen Gründen tauchte Ende der 60er Jahre der Begriff der **Software-Krise** auf. Die Komplexität und das Zusammenspiel der von vielen verschiedenen Personen produzierten Programme konnten nicht mehr beherrscht werden und es traten sehr viele Fehler auf. Abgesehen davon, daß Anwender von Software sich generell nicht über Fehler freuen, gibt es auch jede Menge Fälle, in denen fehlerhafte Software sich absolut verhängnisvoll auswirkt (denken Sie nur wieder an das Beispiel des Kraftwerks). Einen Weg aus dieser Krise suchte man auf der einen Seite durch eine bessere Planung der Softwareprojekte, wie es in Abbildung 3.5 über das **Software Engineering** genauer behandelt wird. Andererseits wurde der Ruf nach Programmiersprachen laut, die selbst ein planvolleres Vorgehen bei der Programmerstellung unterstützen.

3.4.3   Objektorientierte Programmierung

Diese Forderung führte zur objektorientierten Programmierung. Hier orientiert man sich so weit wie möglich an der Realität und modelliert die an einer Problemstellung beteiligten Elemente als Objekte, die in genau definierter Weise zusammenarbeiten. Nehmen wir als Beispiel an, für eine Bank sollte die Möglichkeit des Home-Banking eingerichtet werden. Die Kunden der Bank sollen also über ein Rechnernetz direkt Kontostände abrufen und Überweisungen tätigen können. Um die dafür benötigte Software zu erstellen, sind sowohl die Dinge zu betrachten, mit denen auf einer Bank gearbeitet wird, als auch die Beziehungen zwischen diesen Dingen.

Ein wichtiges Element einer Bank sind sicherlich die Konten. Je nach Funktion kann man Konten in Girokonto, Sparkonto, Darlehenskonto usw. einteilen. Analog zu der oben erwähnten Einteilung der Säugetiere spricht man in der Programmierung von **Klassifizierung**. Den Oberbegriff »Konto« bezeichnet man als **Oberklasse**, die speziellen Konten (z.B. Girokonten) als **Unterklassen**. Alle Konten haben bestimmte Eigenschaften wie z.B. Kontonummer und Kontoinhaber. Diese Eigenschaften bezeichnet man als **Attribute**. Es gibt sowohl Attribute, die während der Existenz eines Objektes fest bleiben, und andere, die sich ändern können und den Objektzustand definieren. Beim Konto ergibt sich der Zustand durch die darauf verfügbare Summe an Geld, d.h. durch den Kontostand.

Wie beim Tamagotchi können auch auf einem Konto Aktionen durchgeführt werden. Beispiele dafür sind:

- Tätigen von Buchungen,
- Geld abheben,
- Abfrage des Kontostandes.

Derartige Aktionen werden als **Methoden** bezeichnet. Wie die Beispiele zeigen, können Methoden den Zustand verändern oder ihn unverändert lassen. Wenn Sie Ihr Konto plündern, befindet es sich im Zustand »kein Geld vorhanden« und die Bank wird Ihnen weitere Abbuchungen untersagen. Nur wenn sich Ihr Konto im Zustand »Geld vorhanden« befindet, werden Sie Geld abheben können. Die Abfrage des Kontostandes ist jedoch unabhängig vom Zustand Ihres Kontos. Alle Methoden zusammen ergeben das Verhalten des Objektes.

Wenn Sie nun auf der Bank ein Konto anlegen, so wählen Sie die zugehörige Klasse, also z.B. ein Girokonto. Das von Ihnen angelegte Girokonto ist dann ein **Objekt** aus der Klasse der Girokonten. Den Vorgang des Kontoanlegens bezeichnet man als **Instanziierung** (Erzeugen eines konkreten Objektes). Allgemein sagt man in der Programmierung dazu auch, daß jedes Objekt eine konkrete **Identität** hat und damit die Klasse kennt, zu der es gehört, (beim Anlegen Ihres Kontos wird festgelegt, daß es sich um ein Girokonto handelt, d.h. daß das Konto zur Klasse der Girokonten gehört). Jedes dieser einzelnen Girokonten weist gleich gestaltete Attribute und das gleiche Verhalten auf, die Attribute der einzelnen Girokonten haben lediglich einen anderen Inhalt. Verschiedene Girokonten stehen untereinander in Beziehung, weil sie zur gleichen Klasse gehören (im mathematischen Sinn handelt es sich um eine Äquivalenzrelation).

Aber auch dann, wenn Attribute und Verhalten von Objekten nicht vollständig übereinstimmen, können noch Beziehungen zwischen ihnen bestehen. Um dies genauer zu erläutern, erinnern Sie sich daran, daß es Girokonten mit oder ohne Verzinsung geben kann. Ein Girokonto mit Verzinsung erbt die Eigenschaften von allgemeinen Girokonten und die von Sparkonten. Dies ergibt die sogenannte **Vererbungsrelation** zwischen Objekten. Sie besagt, daß ein Objekt zwar die gleichen Eigenschaften wie ein anderes aufweist, diese aber erweitert oder modifiziert. Je nachdem, ob ein Objekt von einem oder mehreren erbt, spricht man von einfacher oder von Mehrfachvererbung (letzteres entspricht der Vererbung, wie man sie bei der geschlechtlichen Vermehrung aus dem Tierreich und beim Menschen kennt).

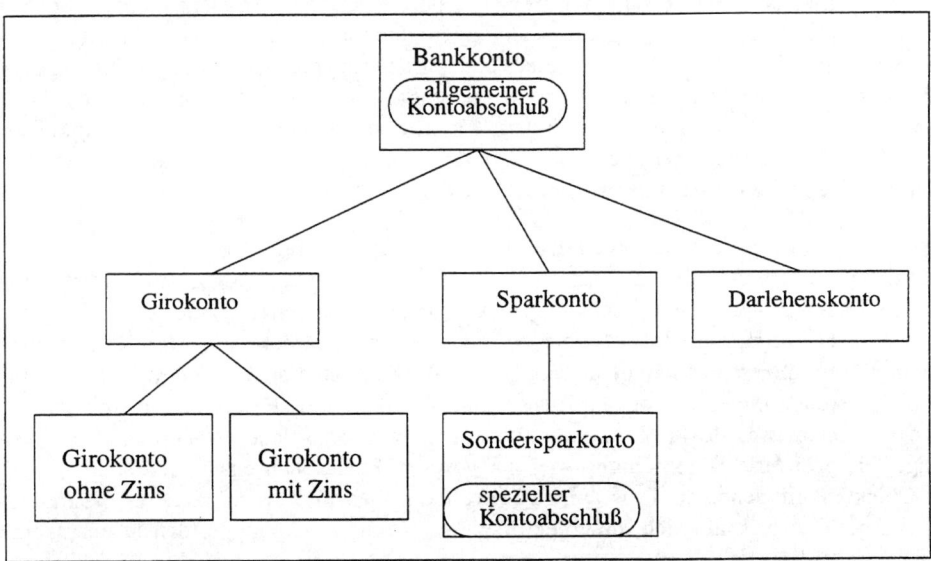

Bild 28: Klassenhierarchie und Vererbungsrelation bei Bankkonten

Durch die Vererbung wird auch eine **Klassenhierarchie** festgelegt. Dies entspricht einer Verfeinerung von Klassen durch Hinzufügen von Unterklassen. So kann man z.B. zur Klasse der Sparkonten eine Klasse Sondersparkonto mit einmaligem Sonderzins hinzufügen. Diese Unterklassen übernehmen (erben) automatisch die Eigenschaften und Methoden ihrer Oberklasse, d.h. die Sondersparkonten sind Sparkonten, auf denen man alle Buchungen eines normalen Sparkontos tätigen kann. Zusätzlich wird es für die Buchung des einmaligen Sonderzinses aber eine neue Buchungsmethode geben, die es für andere Sparkonten nicht gibt. Allgemein sagt man, daß jede Unterklasse zusätzlich zu den Klassenattributen und -methoden eigene Attribute und Methoden hinzufügen kann. Nun wird es beim Buchungsabschluß eines Sparkontos mit Sonderzins natürlich nötig sein, den Sonderzins beim Kontoabschluß extra zu beachten. D.h. die Methode »Kontoabschluß durchführen« kann von diesen speziellen Sparkonten nicht unverändert übernommen werden.

Für solche speziellen Konten wird man demzufolge spezielle Kontoabschlußmethoden brauchen. In der Programmierung sagt man dazu auch, daß jede Unterklasse bestimmte Methoden der Oberklasse neu implementieren kann. Die Entscheidung, welche Methode tatsächlich ausgeführt wird, geschieht zur Laufzeit anhand der konkreten Identität des Objektes. Diesen Vorgang nennt man **Überladen** (Overloading). Die Methoden nennt man **polymorphe** Methoden. Das heißt für unser Bank-Beispiel: Wird ein genereller Kontoabschluß durchgeführt, so wird für die Sondersparkonten natürlich die spezielle Kontoabschlußmethode aufgerufen, für alle anderen Konten die allgemeine Kontoabschlußmethode.

Worin liegen nun die Vorteile des objektorientierten Programmieransatzes bei der Programmentwicklung und -pflege? Dazu sollte man sich noch einmal klarmachen, wie das Vorgehen ohne diesen Ansatz aussah. In den früheren Programmiersprachen müssen die Dinge (Objekte), mit denen das Programm arbeitet, von Anfang an festgelegt werden. Spätere Änderungen sind immer mit Programmänderungen verbunden, was einen enorm hohen Pflegeaufwand bedeutet. Die objektorientierten Programmiersprachen ermöglichen dagegen durch das System der Klassen eine flexible Änderungsmöglichkeit. Es können also auch an bereits bestehende Programme jederzeit neue Klassen mit neuen Methoden hinzugefügt werden, OHNE daß das bestehende Programm dafür geändert werden muß. Dies bedeutet eine erhebliche Reduzierung der Pflegekosten.

Zusätzlich gibt es in objektorientierten Programmiersprachen die Möglichkeit, interne Programmierdetails nach außen hin zu verbergen. Dies nennt man **Kapselung** (Information Hiding). Durch die Kapselung bleiben spätere Programmänderungen ohne Auswirkung auf die restlichen Programmteile, was solche Änderungen wesentlich erleichtert. Dies war in älteren Programmiersprachen nicht möglich. Das bedeutet, daß bei jeder späteren Programmänderung immer eventuelle Auswirkungen auf andere Programmteile mitbedacht werden mußten, was de facto eine deutliche Erschwerung solcher Änderungen mit sich bringt. Die geänderte Blickrichtung weg nur von den Funktionen eines Programms hin zu den Objekten, mit denen ein Programm arbeitet, hat insgesamt zu einer besseren Programmstruktur geführt, weshalb sich die objektorientierte Programmierung in den letzten Jahren sehr verbreitet hat.

3.4.4   Objektorientierte Programmiersprachen

Programmiersprachen liefern den Wortschatz sowie zugehörige Regeln zur Formulierung von Programmen. Sie unterscheiden sich hinsichtlich der von ihnen unterstützten Programmierkonzepte und damit in ihrer Eignung für spezielle Problemstellungen. Sprachen, die die oben geschilderten Konzepte der Objektorientierung wie Attribute und Methoden der Objekte, Kommunikation über Methodenaufruf, Klassen und Vererbungsrelation unterstützen, werden dementsprechend als objektorientierte Programmiersprachen bezeichnet. Für einige der bereits bestehenden Sprachen wie z. B. die Sprachen C, Ada und Modula wurde eine objektorientierte Erweiterung vorgenommen (bei C wurde diese objektorientierte Erweiterung C++ genannt). Eine Sprache, die von Anfang an objektorientiert konzipiert wurde, ist **Java**. Java hat sich deshalb sehr schnell verbreitet, weil es in WWW-Seiten integriert und auf beliebigen Rechnern ausgeführt werden kann (write once, run everywhere), worauf noch genauer eingegangen wird. Benutzer haben also die Möglichkeit, Java-Programme (sogenannte Applets) direkt aus einer WWW-Seite heraus aufzurufen.

Um einen ersten Einblick in Java zu geben (eine tiefergehende Behandlung erfolgt in den Übungen in Abschnitt 4.9 bis 4.10, programmieren wir das am Anfang erwähnte Tamagotchi-Beispiel. Der Programmtext, auch Code genannt, könnte im Überblick folgendermaßen aussehen:

```
public class Tamagotchi_Hund {

    public char Geschlecht; // m= männlich, w=weiblich
    public int Alter;

    public void Hund_fuettern {...};
    public void Haeufchen_wegkehren {...};
    public void Mit_Hund_spielen {...};

}

Tamagotchi_Hund Mein_Tamagotchi_Hund = new Tamagotchi_Hund(w,0);
```

Was bedeuten nun diese Zeilen? Zunächst wird mit der Anweisung:

```
public class Tamagotchi_Hund
```

eine Klasse mit dem Namen »Tamagotchi_Hund« definiert, zu der eine Reihe von Eigenschaften und Methoden angegeben werden. Die Eigenschaften(Attribute) dieser Klasse werden durch das Geschlecht (`public char Geschlecht`) und das Alter (`public int Alter`) festgelegt. Da ein Tamagotchi-Hund während seines ganzen »Lebens« das gleiche Geschlecht hat, ist die Geschlechtsangabe ein statisches Attribut im Gegensatz zum dynamischen Attribut Alter, das sich ja laufend ändert und den Zustand definiert. Mit einem Tamagotchi_Hund kann man über seine Methoden Kontakt aufnehmen: Man kann ihn füttern (`public void Hund_fuettern`), sein Häufchen beseitigen (`public void Haeufchen_wegkehren`) oder mit ihm spielen (`public void Mit_Hund_spielen`). Es würde an dieser Stelle zu weit gehen, den Code dieser Methoden anzugeben, er wurde daher durch `{...}` symbolisiert. Alle eben geschilderten Merkmale (Klassenname, Attribute, Methoden) bilden zusammen die Klasse Tamagotchi_Hund.

Wenn Sie nun ein Tamagotchi starten, so bekommen Sie Ihren eigenen Tamagotchi-Hund, den Sie Mein_Tamagotchi_Hund nennen könnten. Dies wird ausgedrückt durch die Zeile:

```
Tamagotchi_Hund Mein_Tamagotchi_Hund = new Tamagotchi_Hund(w,0);
```

In diesem Moment haben Sie also einen weiblichen (Geschlecht=w) Tamagotchi-Hund, der gerade geboren ist (Alter=0). Dieses Exemplar können Sie füttern, sein Häufchen beseitigen und mit ihm spielen, da die Klasse »Tamagotchi_Hund« diese Methoden zur Verfügung stellt und Ihr spezieller Tamagotchi-Hund sie von seiner Oberklasse erbt.

Nehmen wir nun an, Ihre Freundin Tina hat sich ein spezielles Tamagotchi für Dalmatiner gekauft. Da Dalmatiner auch Hunde sind, braucht man nur eine Unterklasse der Klasse »Tamagotchi_Hund« einzuführen, wozu in Java das Schlüsselwort extends zur Verfügung steht. Im Tamagotchi Ihrer Freundin läuft also ein Programm mit folgendem Code:

```
public class Dalmatiner_Tamagotchi extends Tamagotchi_Hund {

    public int Anz_Flecken;

}
```

```
Dalmatiner_Tamagotchi Tinas_Hund =
    new Dalmatiner_Tamagotchi(m,0,30);
```
Wie Sie sehen, hat dieses Dalmatiner-Tamagotchi die zusätzliche Eigenschaft, daß sein Fell eine bestimmte Anzahl Flecken aufweist, was durch die Zeile

```
    public int Anz_Flecken;
```
beschrieben wird. Wenn Ihre Freundin ihr Tamagotchi startet, wird die Programmzeile

```
Dalmatiner_Tamagotchi Tinas_Hund =
    new Dalmatiner_Tamagotchi(m,0,30);
```
ausgeführt, durch die sie einen männlichen (Geschlecht=m) Dalmatiner bekommt, der natürlich ebenfalls mit dem Alter 0 geboren wird und 30 Flecken auf seinem Fell hat. Auch Tina kann Ihren Dalmatiner füttern, sein Häufchen beseitigen und mit ihm spielen. Aber er hat zusätzlich noch die Eigenschaft, Flecken zu haben, die Ihr Tamagotchi-Hund nicht hat. Außerdem könnte es sein, daß das Dalmatiner-Tamagotchi eine spezielle Spielmethode hat, beispielsweise das Spielen mit einem Stöckchen. Die allgemeine Spielmethode der Klasse Tamagotchi-Hund wäre dann also bei Dalmatiner-Tamagotchis ersetzt durch die Methode zum Spielen mit Stöckchen.

3.4.5   Übersetzung von Programmen

Die oben aufgelisteten Programmtextbeispiele in Java sind zwar für Menschen, die die Programmiersprache verstehen, gut lesbar, ein Rechner, der Informationen nur als Folge von Bits (Nullen und Einsen) verarbeiten kann, kann sie jedoch noch nicht direkt ausführen. Überdies interpretiert jeder Rechnertyp Bitfolgen auf verschiedene Art und Weise, was als **Maschinensprache** bezeichnet wird.

Damit nun das in einer für den Menschen verständlichen Sprache wie z. B. Java geschriebene Programm (Quellprogramm) auf einem Rechner ausgeführt werden kann, muß es zuvor in die spezielle Maschinensprache dieses Rechners (Zielprogramm) übersetzt werden. Man benötigt also quasi einen Dolmetscher. Während das Dolmetschen zwischen natürlichen Sprachen wie z. B. englisch und französisch recht schwierig ist, da häufig unterschiedliche Deutungen möglich sind, gibt es bei Programmier- und Maschinensprachen keine derartigen Probleme. Daher kann der Vorgang des Übersetzens von Programmiersprachen relativ leicht

automatisiert werden, es gibt also Programme, die Quell- in Zielcode übersetzen können.
Dabei unterscheidet man prinzipiell zwei Vorgehensweisen:

Interpreter
Ein Interpreter ist ein Programm, das jede Anweisung eines Quellprogramms liest, übersetzt
und sofort ausführt. Beispiele von Sprachen, die interpretiert werden sind Basic, Lisp oder
Smalltalk.

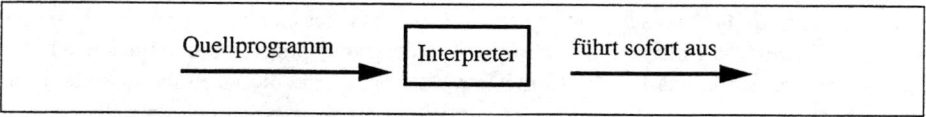

Bild 29: Der Interpreter

Das Interpretieren eines Programms hat den Vorteil, daß man neue Programme schnell testen
kann und auch nachträglich eingefügte Änderungen sofort ausprobieren kann. Der Nachteil
dabei ist allerdings, daß der Interpreter für jede Ausführung des Quellprogramms gebraucht
wird. Das bedeutet zum einen, daß das Programm dadurch relativ langsam abläuft, zum
anderen aber auch, daß das Quellprogramm nicht einfach auf einem anderen Rechner ausgeführt werden kann, wenn dort der Interpreter nicht vorhanden ist.

Compiler
Ein Compiler ist ein Programm, daß das gesamte Quellprogramm auf Richtigkeit überprüft
und in Maschinencode übersetzt. Erst das vom Compiler erzeugte Zielprogramm kann auf
dem Rechner ausgeführt werden. Diese zweite Art der Programmübersetzung hat sich gegenüber dem Interpretieren stärker verbreitet, da der Vorgang des Compilierens nur einmal
durchgeführt werden muß. Ist ein Programm einmal compiliert, so ist es jederzeit ohne weiteren Compileraufruf ausführbar. Beispiele für compilierte Sprachen sind FORTRAN, Pas-
cal, C und C++.

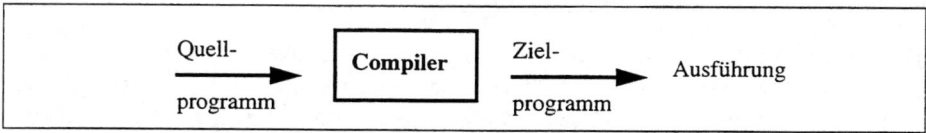

Bild 30: Der Compiler

Ein compiliertes Programm kann gegenüber einem interpretierten Programm wesentlich
schneller ausgeführt werden, da der Übersetzungsvorgang bereits erledigt ist und nicht mehr
während der Ausführung erfolgt. Bei Fehlerkorrekturen oder Erweiterungen muß allerdings
stets das gesamte Quellprogramm neu compiliert werden, bevor es getestet werden kann.
Auch ein Compiler erzeugt Maschinencode für genau einen Rechnertyp. Soll also ein Quellprogramm auf einen anderen Rechnertyp übertragen werden, so muß auch für diesen Rechnertyp ein Compiler zur Verfügung stehen.

3.4.6 Besonderheiten der Programmiersprache Java

Die Tatsache, daß Programme für jeden Rechnertyp neu übersetzt werden müssen und dazu immer Compiler und Quellprogramm notwendig sind, stellt ein großes Problem aller Programmiersprachen dar. Dies gilt in ganz besonderer Weise im Internet, das ja viele unterschiedliche Rechner miteinander verknüpft. Wie bereits kurz erwähnt, bietet die Programmiersprache Java eine Lösung für dieses Problem der Heterogenität von Rechnern.

Ursprünglich wurde Java erdacht zur Steuerung elektronischer Geräte wie z.B. Mikrowellenherde oder Toaster. Dort mußten die notwendigen Steuerungsprogramme bei jedem Modellwechsel umgeschrieben werden. Bei Sun Microsystems wurde dieses Problem erkannt und daraufhin die Programmiersprache Java entwickelt, von der man schnell feststellte, daß sie auch für die Heterogenitätsproblematik im Internet geeignet ist.

Wie Abbildung 31 zeigt, wird Java dadurch rechnerunabhängig, daß ein zusätzlicher Schritt beim Übersetzen eingefügt wird, in dem rechnerunabhängiger Zwischencode, der sogenannte **Byte-Code** erzeugt wird. Während der ursprüngliche Programmtext einen Namen mit der Erweiterung `.java` hat, z.B. `xxx.java`, erhält der Byte-Code die Erweiterung `.class`, im Beispiel `xxx.class`. Dieser Zwischencode wird vom Byte-Code-Interpreter ausgeführt. Der Byte-Code-Interpreter ist dementsprechend der einzige rechnerabhängige Teil.

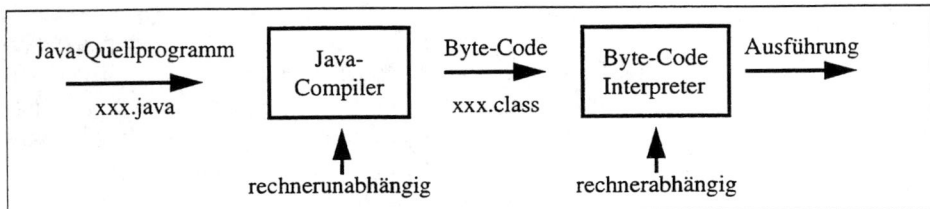

Bild 31: Übersetzung und Ausführung eines Java-Programms

Neben Java-Programmen, die wie andere Programme direkt aufgerufen werden und selbständig ohne weitere Hilfsmittel ablaufen, spielt eine weitere Klasse von Java-Objekten eine große Rolle. Dabei handelt es sich um Java-Applets, die nur in einer ganz bestimmten Umgebung, nämlich dem WWW-Kontext, ausgeführt werden können. Durch eine spezielle HTML-Anweisung, das sogenannte Applet-Tag, können sie aus WWW-Seiten heraus aufgerufen werden. Die Steuerung eines Applets übernimmt der Browser (z.B. Netscape).

In Abbildung 32 ist dargestellt, wie ein Java-Applet zunächst mit dem Java-Compiler in Byte-Code übersetzt wird. Trifft man nun mit dem Browser beim Anschauen einer WWW-Seite auf ein Applet-Tag, so lädt der Browser automatisch über das Internet den zugehörigen Java-Byte-Code (d.h. die Datei namens xxx.class) auf den eigenen Rechner und startet dort den Byte-Code-Interpreter, der den Code verifiziert und ausführt. Der Anwender merkt von diesem Vorgang nichts.

Spielen wir dies am Fall des oben beschriebenen Tamagotchi-Hundes einmal durch. Abbildung 33 zeigt, wie ein Tamagotchi-Hund-Applet auf dem Bildschirm dargestellt werden

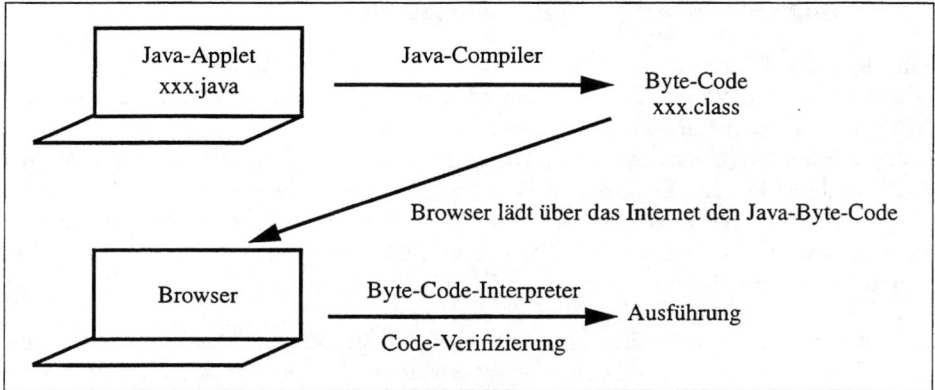

Bild 32: Übersetzung und Ausführung eines Java-Applets

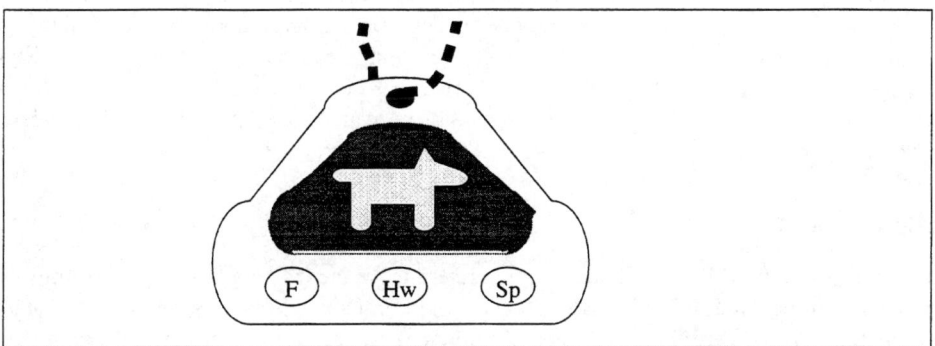

Bild 33: Tamagotchi-Hund-Applet

könnte. Sie sehen drei Knöpfe, »F« für Füttern, »Hw« für Häufchen wegkehren und »Sp« für Spielen. Jeden dieser drei Knöpfe kann man mit der Maus anklicken, was den beim normalen Tamagotchi benötigten Druck auf eine Taste ersetzt. Anhand von Tabelle 1 läßt sich ablesen, wann welche Methode des Applets aufgerufen wird. Erwähnt werden muß in diesem Zusammenhang, daß ein Applet immer eine Methode init enthalten muß, die direkt beim Start aufgerufen wird und in unserem Fall beispielsweise für die anfängliche Darstellung eines neugeborenen Tamagotchi-Hundes sorgen könnte.

Benutzeraktivität	Browseraktivität
Start einer WWW-Seite mit Java-Applet	Laden der Seite und Aufruf der Methode „init" im Applet
Auswahl des F-Knopfes mit der Maus	Aufruf der Methode „Hund_fuettern" im Applet
Auswahl des Hw-Knopfes mit der Maus	Aufruf der Methode „Haeufchen_wegkehren" im Applet
Auswahl des Sp-Knopfes mit der Maus	Aufruf der Methode „Mit_Hund_spielen" im Applet

Tabelle 1: Korrespondenz von Benutzer- und Browseraktivität beim Tamagotchi-Hund-Applet

3.4.7   Sicherheitsaspekte bei Java-Applets

Vielleicht haben Sie schon einmal von Computer-Viren gehört, bei denen es sich um kleine Programme handelt, die viel Unheil anrichten können. Beispielsweise können sie darauf ausgelegt sein, alle Daten auf Ihrem Rechner zu löschen oder die ganze Rechenzeit des Prozessors für sich in Anspruch zu nehmen und damit den Betrieb völlig lahmzulegen. Auch Trojanische Pferde, die Information ausspähen und nach draußen geben, sind bei Benutzern von Rechnern verständlicherweise sehr unbeliebt. Wie kann man aber garantieren, daß das wunderschöne Applet, das Sie gerade im WWW entdeckt haben, keine derartigen Bösartigkeiten auf Ihrem Rechner ablädt?

Zunächst werden bereits vom Browser einige Sicherheitsmaßnahmen durchgeführt, indem er den Java-Byte-Code vor Ausführung auf seine Korrektheit und unerlaubte Zugriffe testet (verifiziert). Außerdem ist die Ausführungsumgebung eines Applets immer beschränkt. So erhält ein Applet nur einen ganz bestimmten Teil der Rechnerressourcen (Speicher, Prozessor) und darf keinen Zugriff auf Platten oder andere Geräte durchführen, wodurch die dort befindlichen Daten geschützt sind. Zusätzlich kann ein sogenannter Firewall gebildet werden, der den Zugriff von außen auf die Ressourcen des eigenen Rechners weiter einschränken kann. Es sollte jedoch beachtet werden, daß diese Maßnahmen allein KEINEN hundertprozentigen Schutz bieten!

3.4.8   Fazit

Sie haben nun einige Probleme der Programmierung kennengelernt sowie die Lösungsansätze aus dem Bereich der objektorientierten Programmierung. Am Beispiel von JAVA läßt sich zeigen, wie Softwaresysteme entstehen können, die aus vielen einzelnen Programmen bestehen und sich über mehrere Rechner hinweg erstrecken. Denken Sie nur an den elektronischen Markt, in dem jede Verkaufsstelle über spezielle Programme im Internet vertreten ist und auch Sie über dazu passende Software verfügen müssen, um einen elektronischen Einkaufsbummel machen zu können. Es wurde bereits angesprochen, daß bei der Entwicklung großer Softwaresysteme nicht aufs Geratewohl losprogrammiert werden darf, sondern eine systematische Planung und Durchführung der Projekte notwendig ist. Darauf wird im nächsten Abschnitt genauer eingegangen.

3.5   Software Engineering
Dipl.-Inform. Patricia Mandl-Striegnitz

Dieser Abschnitt gibt einen Überblick über das Themengebiet des Software Engineering. Nachdem einführend einige Basisbegriffe erklärt werden, wird die Entstehung dieses Lehrgebiets motiviert. Anschließend werden verschiedene Aspekte des Software Engineering vorgestellt. Zunächst wird die Einteilung des Software-Entwicklungsprozesses in verschiedene Phasen beschrieben, anschließend werden die einzelnen Phasen erläutert. Hierzu zählen die Planung eines Softwareprojekts, die Phase der Analyse und Spezifikation, der Systementwurf, der Modulentwurf sowie dieCodierung und abschließend der Programm- und Systemtest. Am Ende wird auf die phasenübergreifenden Aktivitäten Dokumentation und Qualitätssicherung eingegangen.

3.5.1   Basisbegriffe

Definition: Die **Software** umfaßt neben Computerprogrammen auch alle mit ihnen verbundenenDokumente, sowie Daten, die für den Betrieb des Computersystems benötigt werden. Wird lediglich der lauffähige Code betrachtet, spricht man von einem Software-System.

Im Gegensatz zu anderen technischen Produkten weist Software einige besondere Eigenschaften auf, die sie von Produkten anderer Ingenieurdisziplinen abgrenzt. Das führt dazu, daß in der Softwareentwicklung häufig eine andere Vorgehensweise gewählt wird.

Besondere Eigenschaften der Software

- Software ist immateriell:
  - An Software ist nichts natürlich, sie besitzt keinerlei materielle Eigenschaften. Aus diesem Grund lassen sich Erfahrungen aus der natürlichen Welt nicht übertragen.
  - Kopie und Original sind identisch.
  - Software verschleißt nicht. Die aus der natürlichen Welt bekannte läßt sich folglich nicht auf Software übertragen. Im Falle von Software stellt Wartung nicht den alten Zustand wieder her, sondern schafft einen neuen Zustand.

- Ein Programm realisiert keine stetige Funktion:
  Die Funktionalität eines Software-Systems läßt sich durch Tests nicht überprüfen. Anders als bei materiellen Dingen treten Fehler sprunghaft auf. So läßt sich zum Beispiel die Funktionalität einer Brücke überprüfen, indem getestet wird, ob die Brücke einem Kilogramm und einer Tonne Gewicht standhält. Ist dies der Fall, hält die Brücke auch bei einer Belastung zwischen 1 und 1000 kg. Im Gegensatz dazu läßt sich aus der Tatsache, daß ein Programm für die Werte 1 und 1000 korrekte Ergebnisse liefert, nicht folgern, daß auch bei Eingabe aller dazwischenliegenden Werte das Resultat korrekt ist.

- Software-Systeme sind sehr komplex:
  gemessen an der Zahl der darin enthaltenen Entscheidungen. Software läßt sich somit durchaus mit einem komplexen System wie z.B. einer Verwaltung vergleichen. Entsprechend teuer ist die Entwicklung guter Software.

- Software-Systeme müssen autonom funktionieren:
  Die hohe Ausführungsgeschwindigkeit der Software-Systeme schließt korrigierende Eingriffe, die in anderen künstlich geschaffenen Systemen häufig notwendig sind, aus. So läuft ein Software-System beispielsweise Milliarden Operationen ohne Fehler, jedoch tritt alle zwei Wochen ein Fehler auf. An welcher Stelle ist ein korrigierender Eingriff vorzunehmen?

- Die "Werkstoffe" der Software sind amorph und universell:
  Sprachen als Werkstoff der Software sind amorph, die Lösungsstruktur ist (fast) unabhängig von der verwendeten Programmiersprache, sie ist nicht durch die Werkstoffe vorgezeichnet.

Aber: Trotz dieser Besonderheiten sollte Software als technisches Produkt betrachtet werden, das von Informatiker(innen) systematisch entwickelt werden kann und durch feststellbare Eigenschaften (Funktionalität, Qualität) gekennzeichnet ist. Die Besonderheit der Software sollte nicht ständig betont werden.

Ein wesentliches **Ziel des Software Engineering** besteht darin, die Sonderrolle der Arbeit an und mit Software so weit wie möglich zu beseitigen. Viele Prinzipien herkömmlicher Ingenieurwissenschaften sind auch auf Software-Entwicklungsprodukte anwendbar. Hierzu zählen besonders die systematische Planung und Durchführung der Software-Entwicklungsprojekte.

3.5.2   Die Entstehung des Software Engineering

Aufgrund des Mangels an Erfahrung auf dem Gebiet der Softwareentwicklung sowie der Besonderheit der Software waren Software-Projekte häufig von folgender Problematik betroffen:

1. Doppelter Aufwand führt nicht zu doppelter Leistung.

2. Schätzen von Kosten und Terminen erfolgt ohne rationale Grundlage (wenig Kostendenken). Daten und Erfahrungswerte (objektive Kriterien) fehlen. Sowohl Termine als auch Kosten werden somit häufig überschritten.

3. Regeln und Normen sind nicht existent, nicht bekannt oder werden ignoriert. Im Gegensatz dazu sind einheitliche Schnittstellen wichtige Merkmale einer Ingenieurdisziplin (z.B. DIN-Norm).

4. Programmierer bauen ihre Persönlichkeit ein. Sie sind damit kaum kritikfähig, ihre Programme sind häufig schwer verständlich. Anders als bei den Ingenieurwissenschaften bleibt der Urheber nicht anonym.

5. Programmtests liefern nur schwache Aussagen über die Funktionalität.

6. In der Software-Entwicklung ist ein geringes Qualitätsbewußtsein anzutreffen.

Folge dieser Problematik war die sogenannte Software-Krise Ende der 60er Jahre. In manchen Projekten kommt man selbst mit gigantischem Aufwand nicht zu einem befriedigenden Ergebnis. Die Termin- und Kostenüberschreitungen sind erheblich, die Resultate weisen nur eine geringe Qualität auf.

Definition: Software Engineering ist die Entdeckung und Anwendung solider Ingenieur-Prinzipien auch in der Informatik mit dem Ziel, auf wirtschaftliche Art Software zu bekommen, die zuverlässig ist und auf realen Rechnern läuft.

Das Hauptziel besteht darin, die Projekte erfolgreich durchzuführen, d.h. sie mit den vorgegebenen Mitteln, in der vorgegebenen Zeit und mit Resultaten der geforderten Qualität abzuschließen.

Erste Beiträge dieses Gebiets bestanden in folgenden Aktionen:

1. Einteilung des Software-Entwicklungsprozesses in verschiedene Phasen (Software-Lebenszyklus). Die Aufteilung hat den Vorteil, daß die Vielzahl der Tätigkeiten innerhalb eines Software-Entwicklungsprozesses auf verschiedene Phasen verteilt werden, so daß die zu leistenden Aktivitäten somit früher bekannt sind.

2. Datensammlung. Das Sammeln von Daten liefert die für die Planung wichtige Datenbasis und Erfahrungswerte.

3. Definition und Anwendung von Methoden.

4. Bereitstellung und Verwendung von Werkzeugen. Methoden und Werkzeuge tragen gemeinsam zu einer Leistungssteigerung bei.

3.5.3   Der Software-Lebenszyklus

Definition: Der **Software-Lebenszyklus** ist der Zeitabschnitt, der beginnt, wenn jemand sich die Software ausdenkt, und der endet, wenn die Software nicht mehr verfügbar ist.

Der Software-Lebenszyklus enthält typischerweise eine Konzeptionsphase, eine Anforderungsphase, eine Entwurfsphase, eine Implementierungsphase, eine Installationsphase und eine Phase des Betriebs und der .

3.5.3.1   Das Wasserfallmodell

Die Einteilung des Prozesses in mehrere Phasen führte zur Entwicklung sogenannter Prozeßmodelle. Im Rahmen dieses Abschnitts wird das **Wasserfall-** oder **Dokumentenmodell** vorgestellt. Dabei gestaltet sich die Software-Entwicklung als Folge von Aktivitäten, gekoppelt durch Teilergebnisse (Dokumente). Diese Aktivitäten können auch gleichzeitig oder iterativ stattfinden. Die Reihenfolge der Aktivitäten ist jedoch fest definiert.

Interpretiert man das Wasserfallmodelll als Standard-Phasenmodell, so werden die Aktivitäten an der Zeitachse geordnet, Iterationen sind ausgeschlossen. Je Phase steht häufig ein eigenes Budget bereit. Jede Phase ist durch eine Hauptaktivität und verschiedene Nebentätigkeiten gekennzeichnet. Am Ende einer Phase ist ein Teilziel auf dem Weg zum Projekterfolg erreicht. Solche Teilziele bezeichnet man als Meilensteine. Jeder Meilenstein definiert sich aus inhaltlichen Kriterien und unterliegt einer Prüfung.

Abbildung 34 zeigt das Wasserfallmodell. Analog zu Hardware wird auch Software in mehreren Schritten hergestellt. Zu Beginn steht der Wunsch, der konkretisiert werden muß (**Systemanalyse, Systemspezifikation**). Anschließend wird die Struktur festgelegt (**Systementwurf**). Nachdem die Detailstruktur der Teile bestimmt ist (**Modulspezifikation und -entwurf**), wird das Produkt angefertigt (**Codierung**). Teile des Produkts werden zunächst einzeln geprüft (**Modultest**), anschließend montiert (**Integration**) und als Ganzes erneut geprüft (**Systemtest**). Abschließend wird das Produkt dem Kunden übergeben, der es in

Betrieb nimmt (**Einsatz**). Im Laufe des Betriebs kommt es zur Beseitigung von Mängeln und
Erweiterungen (**Wartung**).

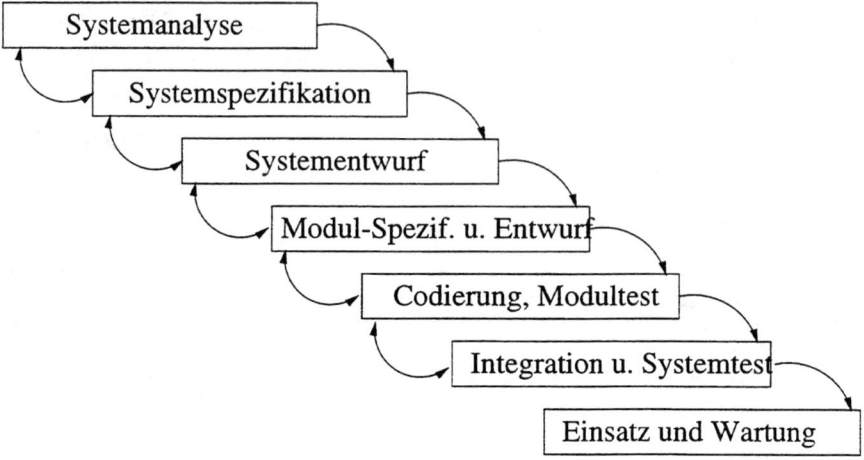

Bild 34: Wasserfallmodell

3.5.3.2   Aufwandsverteilung auf die Phasen der Software-Entwicklung

Abbildung 35 zeigt die Kostenverteilung auf die verschiedenen Phasen der Software-Entwicklung. Wird die nicht mitberücksichtigt, ergeben sich 40% Aufwand für Analyse und
Entwurf, 20% für die Codierung und 40% für die Phasen nach der Codierung (Modultest,
Integration und Systemtest). Bei modernem Vorgehen ergibt sich eine Aufwandsverteilung
von 65–15–20 (Aufwand *vor, für* und *nach* der Codierung).

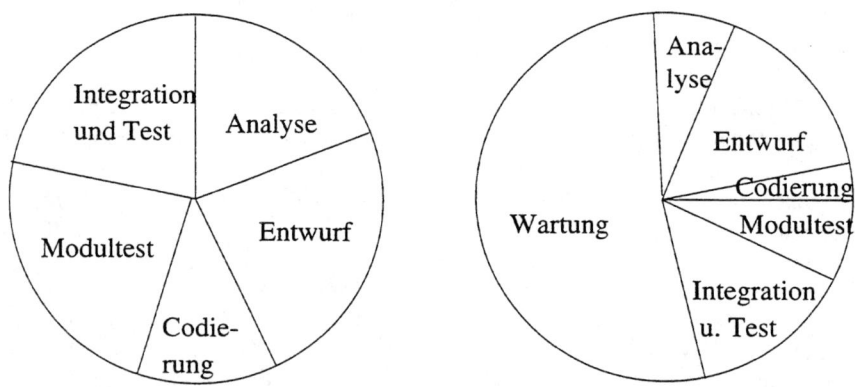

Bild 35: Kostenverteilung – ohne und mit Berücksichtigung der „Wartung" (nach Boehm)

Berücksichtigt man zusätzlich den Aufwand für die Wartung, belaufen sich die Kosten für
die Wartung auf das Zweifache der Entwicklungskosten. Ein Problem stellt dabei die "War-
tungsunfreundlichkeit" der Programme dar. Weil Entwickler und Warter häufig verschiedene

Personen sind, ändert sich wenig am Verhalten der Entwickler in diesem Punkt. Probleme bei der Wartung sind außerdem darauf zurückzuführen, daß Maßnahmen zur Qualitätssicherung unterschätzt werden.

3.5.3.3   Zusammenhang zwischen Fehlerentstehung und -entdeckung

Die Software-Entwicklung läuft bis zur Codierung **Top-Down**, d.h. vom Allgemeinen, der Aufgabe, zum Speziellen, dem Code. Nach der Codierung läuft die Entwicklung umgekehrt, d.h. **Bottom-Up**, von der einzelnen Codezeile zum Gesamtsystem. Diese Vorgehensweise ist in Abbildung 36 dargestellt. Diese Badewannenkurve zeigt zudem den Zusammenhang zwischen Fehlerentstehung und -entdeckung.

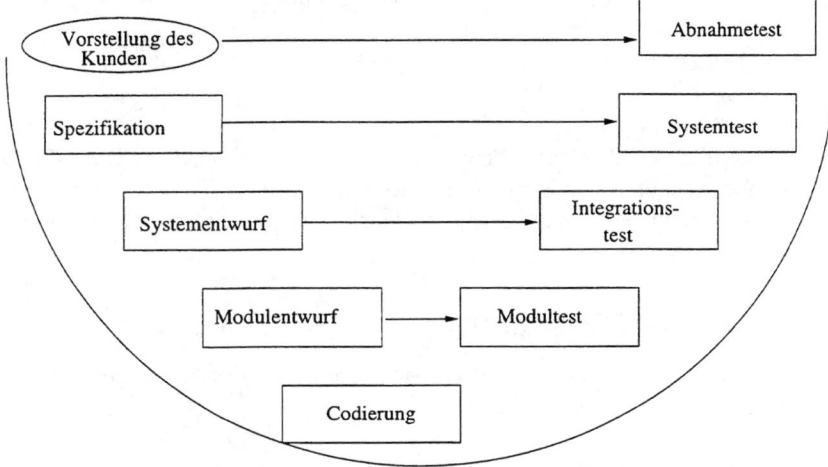

Bild 36: Die Badewannenkurve

Fehler werden typisch auf der Ebene entdeckt, auf der sie begangen wurden. Beispielsweise zeigt sich ein Spezifikationsfehler in einer fehlenden Anforderung. Das Fehlen dieser Anforderung, die der Kunde an das System gestellt hat, zeigt sich jedoch erst beim Systemtest. Fehlerkosten steigen damit mit der **Latenzzeit**, d.h. der Zeit, in der sie unentdeckt bleiben, exponentiell an. Ein Spezifika-tionsfehler kostet somit das Hundertfache, wenn er erst nach der Auslieferung und nicht direkt in der Spezifikationsphase entdeckt wird.

3.5.4   Planung eines Software-Projekts

Der **Projektplan** muß eine Aussage zu folgenden sechs w-Punkten enthalten:

1. warum,
2. *was* getan wird,
3. für *wieviel* Geld,
4. von *wem*,
5. *wann* und
6. *womit*, d.h. unter Einsatz welcher Hilfsmittel und Techniken.

Der Projektplan gibt einen Überblick über das Projekt und erklärt die Motivation des Projekts. Er beschreibt den Liefer- und Arbeitsumfang, präzisiert die Aufgaben und teilt die Aufgaben in Arbeitspakete auf. Die Abnahmeprozedur muß festgelegt werden, um Ärger und falschen Erwartungshaltungen vorzubeugen. Das für das Projekt zur Verfügung stehende Budget wird aufgeführt. Der Projektplan enthält zusätzlich Angaben zu den Auftraggebern, den externen Lieferanten, den Projektmitarbeitern und der Organisation während des Projekts. Neben dem Terminplan werden die zu verwendenden Entwicklungs- und Management-Hilfsmittel sowie Richtlinienfestgelegt.

Der Projektplan muß als absolutes Minimum genau beschreiben:

- die **Resultate** des Projekts (Arbeits- und Lieferumfang),
- die **Zuständigkeiten** der Projektbeteiligten und
- die **Maßnahmen** zur Sicherstellung des Projekterfolgs (Maßnahmen zur Qualitätssicherung).

Der Projektplan dient als Ausführungsplan für das Projekt. Er bildet die Basis für die Planung und Fortschrittskontrolle. Folglich muß der Plan aktuell gehalten werden hinsichtlich der Aufwands-, Termin- und Einsatzplanung. Quantitative und überprüfbare Aussagen sind jeder anderen Form vorzuziehen.

3.5.5   Analyse und Spezifikation

Der Spezifikation kommt eine erhebliche Bedeutung zu. Sie bildet den Angelpunkt der Software-Entwicklung und ist erforderlich für

- die Abstimmung mit dem Kunden,
- den Entwurf,
- das Benutzerhandbuch,
- die Testvorbereitung,
- die Abnahme und
- die Wiederverwendung und Reimplementierung.

In der Spezifikation werden die Begriffe geklärt, sowie die wesentlichen Anforderungen an eine Software und ihre Schnittstellen dokumentiert. Bei den Anforderungen handelt es sich dabei um die Minimalanforderungen an die Qualität und die Funktionalität des Systems. Die Definition der Funktionen und der Qualität muß möglichst in meßbaren Einheiten angegeben werde. Die Angabe "Das Antwortzeitverhalten des Systems sollte gut sein" ist wertlos. Eine Angabe "Auf alle Eingaben sollte die Antwortzeit maximal eine Sekunde betragen" hingegen ist überprüfbar. Neben den Leistungsanforderungen an das System wird das Verhalten des Systems bei Auftreten von Fehler- und Sonderfällen spezifiziert. Hierzu zählen mögliche Fehlbedienungen, Fehleingaben, Stromausfall, etc. Aufgrund ihrer Bedeutung müssen die Angaben in der Spezifikation präzise, vollständig und überprüfbar sein.

Trotz ihrer Bedeutung wird häufig keine Spezifikation angefertigt. Die Effekte ihres Fehlens sind erheblich:

- Die Anforderungen bleiben ungeklärt. Wünsche des Kunden bleiben unberücksichtigt.
- Die Entwerfer haben keine Vorgabe. Es besteht folglich die Gefahr, daß sie ihre eigenen Vorstellungen in den Entwurf einbauen und diese nicht mit denen der Kunden übereinstimmen.
- Die Basis für das Benutzerhandbuch fehlt. Es wird in diesem Fall häufig auf der Implementierung aufgebaut. Eigentlich sollte es jedoch umgekehrt sein.
- Der Test kann nicht vorbereitet werden. Ein systematischer Test ist nicht möglich. Stattdessen findet lediglich ein vordergründiger Test statt.
- Die Grundlage für Abnahme und Nachforderungen fehlt. Die Korrektheit und Vollständigkeit des Systems unterliegt subjektiven Kriterien. Ein Streit zwischen Kunde und Entwicklern ist unvermeidbar.
- Die Wiederverwendung und Reimplementierung werden stark erschwert. Das System ist kaum durchschaubar. Was leistet das System, und wie verhält es sich?

3.5.6   System- und Modulentwurf, Codierung

Dem Systementwurf kommt folgende Bedeutung zu: Im wesentlichen dient er der Festlegung der Lösungsstruktur. Der Systementwurf schafft die Struktur des Software-Systems und damit dessen Architektur. Die Struktur ist später kaum noch zu ändern. Insofern ist in dieser Phase große Umsicht notwendig. Analog zur natürlichen Welt ist die Struktur stabil, das Konkrete hingegen vergänglich (Bsp. Fossilien). Der Entwurf ist folglich als eine zentrale Tätigkeit der Software-Entwicklung anzusehen.

Der **Entwurf** gliedert das zu entwickelnde System in überschaubare Einheiten. Die Anzahl und Größe der Einheiten ist abhängig von der Ausrüstung und den eigenen Fähigkeiten und Erfahrungen. Je mehr Erfahrung jemand beispielsweise in der Entwicklung vergleichbarer Anwendungen besitzt, desto eher kann er auch komplexere Einheiten verstehen. Eine sinnvolle Gliederung schafft die Möglichkeit zur Abstraktion. Nur durch sie sind wir in der Lage, erfolgreich mit sehr komplexen Modellen umzugehen. Der Entwurf trägt damit zum angestrebten Verständnis bei.

Der **Modulentwurf** dient der abstrakten Formulierung der Algorithmen. Bei der Verwendung moderner Programmiersprachen ist der Modulentwurf häufig in dieCodierung integriert. Er wird lediglich für komplexe Algorithmen oder bei Verwendung einer seltenen oder schlecht lesbaren Zielsprache angewendet.

Bei der **Codierung** sollte das Prinzip des **ego-less-programming** befolgt werden. Hierbei handelt es sich um einen Programmierstil, der verhindern soll, daß das entstandene Software-System mehr den Programmierer als Künstler darstellt, als daß es sich um ein normgerechtes Ingenieurprodukt handelt. Dieser Programmierstil ermöglicht jedem Leser ein schnelles Verständnis des Programms.

In der Regel sind **Richtlinien** vorgegeben, nach denen die Programmierung erfolgen soll. Diese Richtlinien regeln das Layout, das Format der Bezeichner sowie Schranken wie z.B. maximale Anzahl der Zeilen je Modul.

Während der Codierung sollten Werkzeuge, die beispielsweise die Richtlinien überwachen, eingesetzt werden.

3.5.7   Test

Definition: Testen ist die Ausführung eines Programms unter Bedingungen, für die das korrekte Ergebnis bekannt ist und mit dem des Programms verglichen werden kann; stimmen beide nicht überein, so liegt ein Fehler vor.

Der Zweck des Test liegt darin, einen Fehler zu entdecken. Ein Test ist gut, wenn er hohe Chancen hat einen Fehler anzuzeigen. Tritt dieser Fall ein, so war der Test erfolgreich. Idealerweise kann von einem erfolglosen Test auf einen erfolgreichen Einsatz geschlossen werden. Zu beachten ist, daß man im Falle eines erfolgreichen Tests von einem erfolglosen Programmierer spricht.

Vorteile des Programmtests:
- Testen ist ein natürliches Prüfverfahren. Wir probieren alles aus, um es zu begreifen.
- Der Test ist reproduzierbar (und damit objektiv).
- Der investierte Aufwand ist mehrfach nutzbar. Nach Änderungen am Programm kann der Test wiederholt werden.
- Die Zielumgebung wird mitgeprüft. Beim Test wird z.B. die Maschine mitgeprüft, auf der die Software zum Einsatz kommt.

Nachteile des Programmtests:
- Die Ergebnisse werden überschätzt. Eine Korrektheitsaussage ist unmöglich.
- Der Test prüft nicht alle Programmeigenschaften. Beispielsweise werden Eigenschaften wie Lesbarkeit und Bedienbarkeit beim Programmtest nicht überprüft.
- Der Test zeigt die Fehlerursache nicht. Die Suche nach dem Fehler erfolgt anschließend.

3.5.8   Qualitätssicherung und Dokumentation

Sowohl die **Qualitätssicherung** als auch die **Dokumentation** sind phasenübergreifende Aktivitäten.

Als Verfahren zur Qualitätssicherung unterscheiden wir:

- Schreibtischtest,
- Stellungnahme und
- technisches Review

Der Schreibtischtest ist ein informelles Prüfverfahren, bei dem der Entwickler abseits von Tastatur und Bildschirm über ein Resultat nachdenkt. Die Stellungnahme ist ebenfalls ein informelles Verfahren, bei dem die Meinung anderer Entwickler eingeholt wird. Das technische **Review** hingegen ist ein geregeltes, dokumentiertes Verfahren zur Bewertung eines Werks. Es findet eine inhaltliche und formale Prüfung des entstandenen Dokuments (Prüfling) statt.

Bei der Dokumentation unterscheidet man die integrierte und die separate Dokumentation. Die **integrierte Dokumentation** umfaßt alle im Programm enthaltenen Kommentare. Unter **separater Dokumentation** versteht man alle Software, die nicht in den Programmen enthalten ist. Hierzu zählen z.b. die Spezifikation, das Benutzerhandbuch oder eine ausführliche Beschreibung des Programms.

3.5.9 Fazit

In diesem Kapitel haben Sie einen Überblick über die Aktivitäten erhalten, die bei der Softwareentwicklung durchgeführt werden müssen, um ein Projekt erfolgreich abschließen zu können. Das konkrete Vorgehen wird bei der Projektplanung festgelegt. Auf der Basis des Plans kann der Projektleiter die Projektdurchführung kontrollieren und steuern. Geeignete Werkzeuge können ihn dabei automatisch unterstützen.

Im Software Engineering wird besonders betont, daß der Erfolg eines Projekts nicht nur von technischen Aspekten (z.b. Wahl der Programmiersprache), sondern vor allem auch von Aspekten wie z.b. Kommunikation, Fähigkeit zur Teamarbeit, systematische Planung, Qualitätssicherung etc. abhängen. Das Gebiet Software Engineering bietet folglich viele verschiedene Einsatzmöglichkeiten für Informatiker und Informatikerinnen.

3.6 Asynchrone und synchrone Telekooperation
Dipl.-Inform. Kerstin Schneider

Die effiziente Zusammenarbeit von Menschen in weitverteilten Umgebungen wird immer notwendiger. Denken Sie beispielsweise an das verteilte Regieren in Berlin und Bonn oder in Europa. Multinationale und internationale Unternehmen sind weitere Beispiele für Strukturen, in denen viele Menschen an gemeinsamen Aufgaben zusammenarbeiten und sich gleichzeitig an voneinander entfernten Orten aufhalten. Auch Wissenschaftler und Wissenschaftlerinnen arbeiten an jeweils gleichen Forschungsgebieten weltweit verstreut über die Universitäten in verschiedenen Städten. Persönliche Treffen der beteiligten Personen sind mit häufigen und weiten Reisen verbunden und nicht immer möglich. Telefonate erlauben es nicht, gleichzeitig Dokumente oder Werkstücke zu betrachten, und das Versenden der Dokumente auf dem Postweg ist sehr zeitaufwendig. Schon in räumlich nicht weit verteilten Umgebungen sind die Transportwege und Liegezeiten für Dokumente und Produkte problematisch. Zur Unterstützung der Arbeitsformen in verteilten Umgebungen sind computerbasierte Technologien auf der Basis von Rechnernetzen unbedingt erforderlich.

Die Forschungsrichtung, die sich mit dieser Problematik befaßt, wird mit **Computer Supported Cooperative Work (CSCW)** bezeichnet. Das Ziel ist, Technologien, speziell Computer-Technologien, zu entwickeln und bereitzustellen, um die Zusammenarbeit von Gruppen von Menschen zu unterstützen. Zur Lösung dieser komplexen Fragestellungen wird das

Wissen von Expert(innen) aus unterschiedlichen Fachrichtungen, insbesondere der Sozialwissenschaft und der Informatik, benötigt. Die resultierenden computerbasierten Systeme werden mit **Groupware** bezeichnet. Es sind Systeme die Gruppen von Menschen mit einer gemeinsamen Aufgabe bzw. einem gemeinsamen Ziel unterstützen und die dazu Benutzungsschnittstellen zu einer gemeinsamen Systemumgebung bereitstellen.

Zwei wichtige Merkmale zur Klassifikation von Gruppenarbeit bzw. Groupware-Anwendungen sind Raum und Zeit, d.h. befinden sich die beteiligten Personen am gleichen Ort oder an verschiedenen Orten und sind sie zur gleichen Zeit oder sind sie zu unterschiedlichen Zeiten anwesend. Die Abbildung 37 zeigt die daraus folgende Zeit/Raum-Matrix für Groupware-Anwendungen. Telekooperation ist gegeben, wenn die Beteiligten sich an unterschiedlichen Orten aufhalten und ihre Zusammenarbeit über Netze stattfindet.

	gleiche Zeit	**unterschiedliche Zeit**
gleicher Ort	*face-to-face* persönliches Treffen ...	*asynchrone Interaktion* Schwarzes Brett ...
unterschiedlicher Ort	*synchrone verteilte Interaktion* Telefon WYSIWIS, Application-Sharing Shared-Editing Telekonferenz (text, audio, video, desktop) ... **synchrone Telekooperation**	*asynchrone verteilte Interaktion* E-Mail, News, Bulletin-Board-System Teleteaching Workflow-Management-System ... **asynchrone Telekooperation**

Bild 37: Die Zeit/Raum-Matrix von Groupware-Anwendungen

Die folgenden Abschnitte geben einen Eindruck über die synchrone und asynchrone Telekooperation. Es werden Beispiele typischer Werkzeuge beschrieben, bevor auf eine wichtige Form der asynchronen Telekooperation, das Workflow-Management, näher eingegangen wird.

3.6.1   Synchrone Telekooperation

Die Zusammenarbeit von Personen an verschiedenen Rechnerarbeitsplätzen kann durch **Application-Sharing** ermöglicht werden. Eine beliebige Anwendung, z.B. Netscape oder xterm, wird gleichzeitig auf den Bildschirmen aller Beteiligten angezeigt. Alle Änderungen werden jeweils auf allen Bildschirmen dargestellt. Das Prinzip der Darstellung der gleichen Informationen auf verschiedenen Bildschirmen wird mit dem Akronym WYSIWIS, d.h. What you see is what I see, bezeichnet. Die Berechtigung Eingaben durchzuführen, kann, wenn dies gewünscht wird, zwischen den Beteiligten wechseln. Application-Sharing wird genutzt, um gemeinsam Dokumente oder Pläne zu erstellen oder zu bearbeiten. Wichtige Anwendungsbereiche sind unter anderem das gemeinsame Entwerfen von Autos oder Flugzeugen (CAD) oder das Erstellen der Baupläne, die für die Planung und den Bau eines Gebäudekomplexes angefertigt werden. Zeitsparend und bequem können Fragen zu einer

Anwendung oder ein fehlerhaftes Verhalten des Systems mit dem Application-Sharing einer Systemadministratorin oder Expertin in einem anderen Stockwerk oder einem entfernten Ort auf dem Bildschirm demonstriert werden.

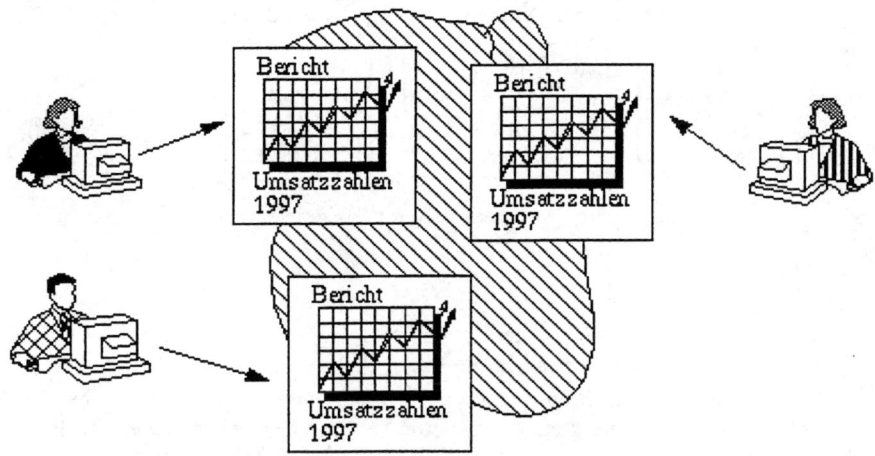

Bild 38: Das gemeinsame Erstellen eines Berichtes mit Hilfe von Application-Sharing

Die Werkzeuge beim **Shared-Editing** sind speziell auf das gemeinsame Editieren von Textdateien zugeschnitten. Das System unterstützt hier die Kooperation der Beteiligten, indem es das unerwünschte und unbewußte gegenseitige Überschreiben von Textabschnitten oder Änderungen durch Meldungen oder Sperren den Beteiligten sichtbar macht oder verhindert.

Zur Synchronisation der Zugriffe auf die gemeinsamen Daten und Dokumente sind Kooperationsprotokolle notwendig. Diese definieren die Reihenfolge und die Art und Weise der erlaubten und möglichen Zugriffe auf die Daten. Es existiert eine Reihe von unterschiedlichen Kooperationsprotokollen, die den jeweils aktuellen Anwendungsbereich optimal unterstützen.

Eine **Telekonferenz** ist eine Sitzung, an der Personen zur gleichen Zeit an verschiedenen Rechnerarbeitsplätzen miteinander kommunizieren um zu kooperieren (vgl. Abschnitt 3.1). Je nach den genutzten Medien werden sie als Textkonferenzen, Audiokonferenzen, Videokonferenzen sowie als Desktop-Konferenzen bezeichnet. Während Textkonferenzen werden lediglich Texte und Dokumente übertragen bzw. allen Konferenzteilnehmerinnen an ihren Arbeitsplätzen zur Verfügung gestellt. Ein Beispiel einer Textkonferenz (talk) wurde in Abschnitt 3.3.4 gegeben.

Während einer Audiokonferenz werden Toninformationen übertragen. Wesentlich hierfür ist die Ausstattung der Rechner mit Mikrofonen und Lautsprechern. Bei Videokonferenzen werden Bildinformationen übertragen. Eine Kamera muß an den Rechnerarbeitsplätzen angebracht sein. In einer Videokonferenz wird jeder Teilnehmerin zunächst ein Fenster mit den aktuellen Aufnahmen der Kamera am eigenen Arbeitsplatz angezeigt. So kann sie die Aufnahme überprüfen und korrigieren. Sie entscheidet auch, wem diese Aufnahmen übertragen werden. Auf den Bildschirmen der ausgewählten Personen erscheint daraufhin ein Fenster mit diesen Aufnahmen.

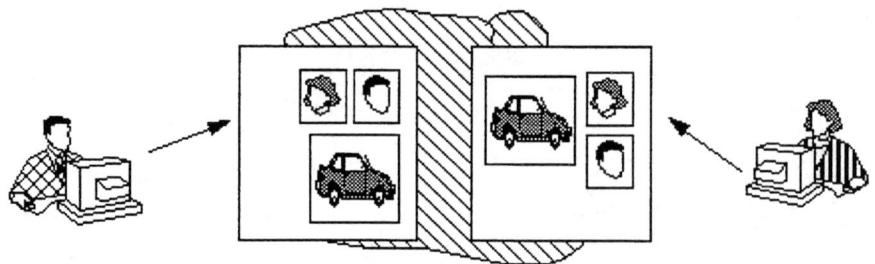

Bild 39: Eine Desktop-Konferenz

Während einer Videokonferenz könnten Dokumente vor die Kamera gehalten werden, die Qualität dieser Übertragungen ist jedoch nicht ausreichend. Sinnvoller ist es, Text-, Audio- und Videokonferenzen zu Desktop-Konferenzen zu kombinieren. Während einer Desktop-Konferenz können Dokumente gemeinsam betrachtet und bearbeitet werden, während man sich sieht und miteinander spricht. Zusätzlich zum Mauszeiger gibt es einen Telepointer, mit dem jeder die anderen Teilnehmenden auf bestimmte Stellen hinweisen kann. Telekonferenzen unterstützen nicht nur Bildschirmarbeitsplätze, sondern übertragen auch Informationen auf Leinwände für eine größere Anzahl von Zuschauern z.B. in Sitzungen oder Vorlesungen.

Bei den bisher genannten Werkzeugen zur synchronen Telekooperation ist die gleichzeitige Anwesenheit aller Personen zu einem bestimmten Zeitpunkt erforderlich. Es ist jedoch häufig sehr schwer bzw. nicht immer sofort möglich, gemeinsame Termine zu finden. Angestellte haben zum Teil unterschiedliche Arbeitszeiten. Denken Sie auch an die Zeitverschiebungen, beispielsweise zwischen den USA und Deutschland (siehe Abbildung 40). Die gleichzeitige Anwesenheit der Personen zur Lösung bestimmter Aufgaben ist jedoch nicht immer notwendig.

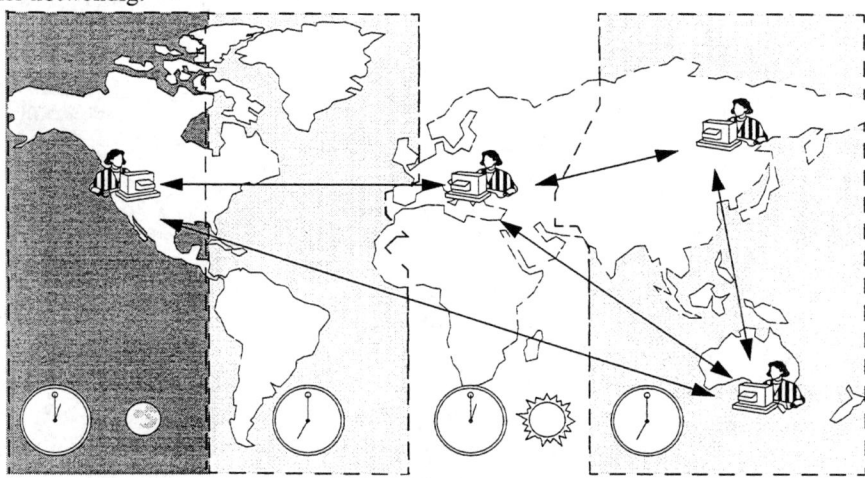

Bild 40: Weltweite Zusammenarbeit bei Tag und Nacht!

3.6.2 Asynchrone Telekooperation

Eine weit verbreitete und häufig genutzte Form der asynchronen Telekooperation ist die **elektronische Mail** (vgl. Kapitel 3.3). Diese Kommunikationsform hat den Vorteil, die Kommunikationspartner nicht in ihrer Arbeit zu unterbrechen und sie nicht zu stören. Jede Person bestimmt selbst den Zeitpunkt, an dem sie die erhaltene Nachricht oder Anfrage liest. Die Übertragung der Nachrichten, Anfragen oder Dokumente ist sehr schnell und unkompliziert.

Eine andere Kooperationsform sind Diskussionsforen bzw. Wissensdatenbanken zu ausgewählten Themen. Der Internet-Dienst „News" aus Kapitel 3.3 gehört zu den bekannten **Bulletin-Board-Systemen.** Unternehmen können durch die Verwendung dieser Systeme ihren Angestellten die Gelegenheit geben und sie dazu anregen, ihr Wissen zum gemeinsamen Wissenspool des Unternehmens hinzuzufügen. Zum Beispiel ist der Vertrieb dadurch in der Lage, sich sehr schnell die wichtigsten und aktuellsten Informationen zu jedem Produkt zu verschaffen. Das Wissen ist nicht mehr an einzelne Personen gebunden, sondern an das Unternehmen und steht allen jederzeit zur Verfügung. Das führt zu neuen Erwartungshaltungen des Unternehmens gegenüber den Angestellten. Der Erfolg der Angestellten ist nun abhängig von ihren Fähigkeiten, Wissen zum Erfahrungspool des Unternehmens beizusteuern und nicht wie bisher allein von ihrem persönlichen Wissensvorsprung.

Auch an Universitäten werden in Zukunft diese modernen Technologien und Systeme immer stärker eingesetzt werden. Die Forschungsrichtung, die sich mit dem Lehren und Lernen mit multimedialen Mitteln über zeitliche und örtliche Distanz befaßt, wird mit **CSCL** (Computer Supported Cooperative Learning) oder **Teleteaching** bezeichnet. Es können Filme, Klänge oder hypertextbasierte Repräsentationen in Vorlesungen verwendet werden. Die Vorlesungen können zur späteren Ansicht aufgezeichnet werden (asynchron) oder auch für entfernte Hörerinnen über Konferenzsysteme zugänglich sein (synchron). Es können zusätzlich interaktive Lernsysteme für die Studierenden zur Verfügung stehen, die gleichzeitig Techniken zur Lernerfolgskontrolle bereitstellen. Aus der Sicht der Studierenden wird eine Universität bei der vollen Nutzung der Möglichkeiten schließlich eine virtuelle Universität sein. Studierende werden weitestgehend unabhängig von Ort und Zeit sein und sich selbständig die notwendigen Informationen und ihr gewünschtes Lehrangebot mit den Lehrerenden ihrer Wahl zusammenstellen können. Das heißt jedoch nicht, daß persönliche Treffen zwischen Lehrenden und Lernenden nicht mehr stattfinden. Eine virtuelle Universität kann die zukünftigen Anforderungen, die durch den aktuellen Wandel vom Lernen als Lebensabschnitt zum lebenslangen Lernen sowie vom angebotsorientierten zum nachfrageorientierten Lernen entstehen, optimal unterstützen.

Eine weitere sehr wichtige Anwendung von asynchroner Telekooperation sind **Workflow-Management-Systeme.** Unternehmen nutzen Workflow-Management-Systeme zur besonders effizienten Durchführung ihrer Geschäftsprozesse sowie zur Unterstützung deren ständiger Verbesserung und Optimierung. Eine hochgradig effiziente Abwicklung der Geschäftsprozesse sowie deren schnelle Anpaßbarkeit an sich ändernde Bedingungen ist für Unternehmen heutzutage überlebenswichtig, da sie durch die zunehmende Globalisierung der Märkte einem sich ständig ändernden Marktgeschehen sowie einer größer werdenden Konkurrenz gegenüberstehen.

3.6.3   Workflow-Management-Systeme

In Unternehmen oder Verwaltungen arbeiten viele Menschen gemeinsam an der Lösung spezieller Aufgaben. Hierzu einige Beispiele:

* Das Marketing für eine neue Produktreihe,
* die Bearbeitung einer Bestellung,
* die Ausstellung eines Personalausweises,
* die Buchung einer Reise,
* die Planung und den Bau eines neuen Gebäudes,
* die Entwicklung eines neuen Autos,
* die Berechnung und Auszahlung der Gehälter der Angestellten.

In einer festgelegten Reihenfolge werden Teilaufgaben von verschiedenen Personen durchgeführt. Dokumente und andere Daten werden von einer Bearbeiterin zur nächsten geschickt. Die Abwicklung einer solchen Aufgabe ist ein Geschäftsprozeß. Wird ein Geschäftsprozeß computerunterstützt ausgeführt, heißt er Workflow.

Definitionen:

* Ein **Geschäftsprozeß** ist eine strukturierte Menge von Aktivitäten, um eine bestimmte Aufgabe zu erfüllen. Dazu zählen die Ausführungsreihenfolge, der Datenfluß zwischen den Aktivitäten, die verwendeten Ressourcen (beispielsweise Werkzeuge) sowie die Menschen oder Maschinen, welche die Aktivitäten ausführen.
* Ein **Workflow** ist ein computergestützt administrierbarer, organisierbarer und steuerbarer Prozeß.

Handelt es sich bei der zu erledigenden Aufgabe um die Entwicklung und Wartung von Software, spricht man stattdessen von einem Softwareprozeß. Im Abschnitt 3.5 wurde das Wasserfallmodell beschrieben. Das ist ein Beispiel für ein übergeordnetes Prozeßmodell, welches die grobe Struktur (Vorgehensweise) eines spezifischen Softwareprozesses festlegt. Beispiele für Softwareprozesse sind:

* Die Entwicklung eines neuen Betriebssystems für PCs,
* die Entwicklung eines Workflow-Management-Systems.

Softwareprozesse können auf die gleiche Art und Weise wie Geschäftsprozesse durch Computer unterstützt werden. Die verwendeten Systeme werden dann auch Software-Engineering-Umgebungen genannt. Die folgenden Abschnitte beziehen sich auf Workflow-Management-Systeme (WFMS).

Eine computergestützte Ausführung von Workflows

Die Informationen über die zu bearbeitenden Teilaufgaben werden den Angestellten automatisch auf ihren Bildschirmen vom WFMS in ihrem elektronischen Eingangskorb bereitgestellt, unabhängig davon an welchem Bildschirmarbeitsplatz sie sich gerade befinden. Wählen sie eine der anstehenden Teilaufgaben zur Bearbeitung aus, liefert ihnen das WFMS alle dazugehörenden Werkzeuge, Dokumente und Informationen. Sobald eine Teilaufgabe dem WFMS als erledigt gemeldet wird, prüft das System vorgegebene Bedingungen und übernimmt alle vom Bearbeiter erzeugten Daten und Dokumente. Erst bei Erfüllung der Bedingungen wird die Teilaufgabe als erfolgreich abgeschlossen behandelt. Das WFMS wählt daraufhin die nächsten anstehenden Teilaufgaben aus, solange bis der Workflow beendet ist. In einem Workflow können auch parallel ausführbare Teilaufgaben enthalten sein (siehe Abbildung 41).

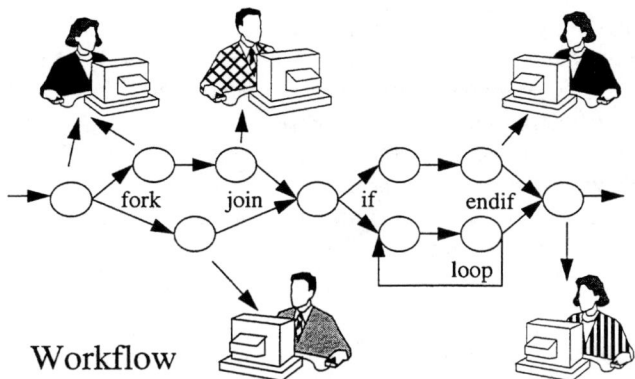

Bild 41: Ein Workflow

Eine Teilaufgabe kann entweder von einem Menschen an einem Bildschirmarbeitsplatz oder von einem Rechner ausgeführt werden. Zu jeder Teilaufgabe ist definiert wer diese Teilaufgabe auszuführen hat. Es kann auch eine Gruppe von Menschen oder Rechnern angegeben sein. Es gibt verschiedene Strategien, die ein WFMS in diesem Fall verfolgen kann. Das WFMS kann eine Person oder einen Rechner aus der Gruppe bestimmen oder es kann eine Teilaufgabe allen Personen einer Gruppe anbieten. Wer dann mit der Bearbeitung zuerst beginnt, darf die Teilaufgabe ausführen. Gleichzeitig werden die Informationen zur Teilaufgabe von den Bildschirmen der anderen der Gruppe wieder entfernt.

Die im elektronischen Eingangskorb ankommenden und zu erledigenden Teilaufgaben können aus den unterschiedlichsten Workflows stammen. Ein WFMS koordiniert viele Workflows gleichzeitig und synchronisiert sie miteinander. Es stellt sicher, daß keine widersprüchlichen Änderungen von verschiedenen Bearbeiterinnen oder Rechnern auf gleichen Dokumenten oder anderen Daten getätigt werden. Zwischenergebnisse werden geschützt. Lediglich abgeschlossene und freigegebene Ergebnisse werden für andere sichtbar. Auch einzuhaltende Termine werden vom WFMS überwacht. Während der Ausführung kann der Ablauf zur Analyse beobachtet (Monitoring) und relevante Daten des Ablaufs können auf Bildschirmen visualisiert werden. Protokollierte Daten können zur Verbesserung der Prozesse analysiert werden. Die Protokollierung relevanter Daten ist sehr wesentlich, um die Zuverlässigkeit der Ausführung auch beim Auftreten von Rechnerausfällen garantieren zu können.

Die Voraussetzung für die beschriebene Ausführung von Workflows ist die Vernetzung der Rechnerarbeitsplätze (vgl Abschnitt 3.1), die genaue formale (computerlesbare) Beschreibung der auszuführenden Geschäftsprozesse und ein Workflow-Management-System zur Koordination der Geschäftsprozesse auf der Grundlage der Interpretation dieser formalen Beschreibungen.

Modellierung von Workflows

Bevor ein Workflow formalisiert und modelliert werden kann, ist die genaue Kenntnis des Geschäftsprozesses unabdingbar. Wissen über die Abläufe liegt in Unternehmen häufig verstreut in den Köpfen der Angestellten vor. Jede einzelne Bearbeiterin weiß, wer welche Aktivität nach ihr durchführt und wohin sie bestimmte Dokumente schicken muß. Diese Geschäftsprozesse müssen vollständig identifiziert und exakt beschrieben (modelliert) werden. Die Modellierung der Geschäftsprozesse ist für ein Unternehmen sehr vorteilhaft. Schwachpunkte und Ineffizienzen der Abläufe in Unternehmen werden dadurch häufig erst erkannt und WFMS können eingesetzt werden.

Definitionen:

*   Ein **Modell** ist eine abstrakte Repräsentation, die sich auf die relevanten Aspekte konzentriert.
*   Ein **Geschäftsprozeßmodell** ist eine abstrakte Repräsentation eines Geschäftsprozesses.
*   Eine **Workflow-Beschreibung** oder **Workflow-Definition** ist eine abstrakte Repräsentation eines Geschäftsprozesses, die formal genug (computerlesbar) ist, um von einem WFMS interpretiert werden zu können.

Ein Geschäftsprozeßmodell, das von einem Computersystem interpretiert und ausgeführt werden kann, ist eine Workflow-Definition. Eine Workflow-Definition ist ein Programm, das die Koordination und Durchführung des Geschäftsprozesses (Workflow) spezifiziert. Da jedoch die einzelnen Aktivitäten innerhalb dieses Programms von Menschen oder Maschinen ausgeführt werden und durch herkömmliche Programme repräsentiert sind, welche die automatische Ausführung der Aktivität ermöglichen oder die Benutzungsoberfläche erzeugen und die Kommunikation mit dem Menschen bei der Durchführung der einzelnen Aktivitäten regeln, spricht man hier auch von **programming-in-the-large**.

Ein Workflow-Definition bestimmt, welche einzelnen Programme in welcher Reihenfolge und auf welchen Rechnern und Arbeitsplätzen und mit welchen Ein- und Ausgabedaten ausgeführt werden sollen. Sie muß alle relevanten Aspekte des Geschäftsprozesses exakt beschreiben, damit sie vom WFMS korrekt interpretierbar und ausführbar ist.

Welche Aspekte sind bei der Modellierung von Workflows zu beachten?

Funktionaler Aspekt:	Was soll ausgeführt werden? Welche Aktivitäten müssen ausgeführt werden?
Operationaler Aspekt:	Wie soll eine Aktivität ausgeführt werden?
Verhaltensbezogener Aspekt:	Wann soll eine Aktivität ausgeführt werden? In welcher Reihenfolge müssen die Aktivitäten ausgeführt werden?

Informationsbezogener Aspekt:	Welche Daten werden jeweils konsumiert und produziert?
Organisatorischer Aspekt:	Wer soll eine Aktivität ausführen?
Kausalitätsaspekt:	Soll ein Workflow automatisch gestartet werden und wenn ja, wann und in welchen Fällen?
Autonomieaspekt:	Darf eine Aktivität oder ein Teilvorgang autonom ausgeführt werden? Darf eine Aktivität auf einem Laptop durchgeführt und die Ergebnisse anschließend ins System eingespielt werden?
Sicherheitsaspekt:	Wer darf welchen Workflow starten? Welche Aktivität darf von wem und zu welcher Zeit an welchem Ort (Bildschirm) ausgeführt werden?
Konsistenzaspekt:	Welche Zusicherungen an die Korrektheit und Konsistenz müssen vom System gewährleistet werden? Welche Bedingungen soll das System überprüfen und gewährleisten?
Protokollaspekt:	Was muß protokolliert werden?

Ist eine Workflow-Beschreibung für den Geschäftsprozeß definiert, so kann dieser Workflow jederzeit gestartet und von dem WFMS ausgeführt und koordiniert werden.

Vorteile von Workflow-Management

Die automatische Steuerung der Geschäftprozesse durch Workflow-Management-Systeme hat große Vorteile. Die Informationen über die nächste durchzuführende Aktivität und die notwendigen Daten werden schneller und zuverlässiger an die richtige Bearbeiterin gesandt. Dokumente und Daten werden direkt über die Rechnernetze übertragen. Die Transport- und Liegezeiten der Dokumente werden deutlich verringert. Ist eine Mitarbeiterin im Urlaub, können die Informationen vom System automatisch an ihren Stellvertreter versendet werden. Die Angestellten des Unternehmens sind nicht mehr an spezielle Schreibtische gebunden. Das System stellt ihnen die notwendigen Informationen automatisch an den Arbeitsplätzen bereit, an denen sie sich gerade befinden. Die Benutzungsoberflächen für jede Teilaufgabe werden optimal an die Bedürfnisse der Bearbeitenden angepaßt. Bei Unklarheiten können frühere Bearbeiterinnen über Telekonferenzen befragt werden.

Die Geschäftsprozesse müssen analysiert und optimiert werden (Business Process Reengineering). Sie können verändert und effizienter gestaltet werden, indem zum Beispiel erkannt wird, daß eine Aktivität schon sehr viel früher begonnen und durchgeführt werden kann als bisher. WFMS stellen dazu wichtige Informationen über die Durchführung der Geschäftprozesse bereit. Engpässe im Ablauf oder ungleiche Arbeitsbelastungen einzelner Mitarbeiterinnen können schnell und übersichtlich erkannt werden. Es ist unkompliziert die Änderungen der Prozesse im Unternehmen bekannt zu machen, da die geänderten Geschäftsprozesse bzw. die geänderten Workflow-Definitionen vom WFMS entsprechend den Änderungen interpretiert und ausgeführt werden.

Die Benutzungsschnittstellen eines Workflow-Systems

Zur Interaktion von Menschen mit dem Workflow-Management-System sind eine Reihe von Benutzungsoberflächen erforderlich. Diese beziehen sich auf die folgenden Aufgabenbereiche:

- Modellierung der Workflows
- •Administration des Workflow-Systems
- Steuerung und Kontrolle von Workflows
- Verwaltung der Aktivitäten für eine Benutzerin (elektronischer Eingangskorb)
- Bearbeitung der Aktivitäten

Die Modellierung von Workflows

WFMS bieten Benutzungsoberflächen zur Eingabe der Workflow-Beschreibungen an. Bestehende Beschreibungen von Workflows können kopiert und verändert bzw. verbessert werden. Definitionen von Teilvorgängen stehen zur Wiederverwendung bereit. Das Modellierungswerkzeug präsentiert die Beschreibung der Workflows in einer für den Menschen geeigneten Form. Die Eingabe der zu definierenden Aspekte ist auf den Menschen zugeschnitten und wird komfortabel weitestgehend in graphischer Form durchgeführt. Ist die Modellierung abgeschlossen, wird die Workflow-Definition in ein Format transformiert, welches die Ausführungsmaschine des WFMS zu interpretieren in der Lage ist.

Die Administration des Workflow-Management-Systems

Alle Werkzeuge, Personen und Arbeitsplätze (usw.) müssen dem WFMS bekannt sein, damit es die Koordination der Aufgaben durchführen kann. Da häufig neue Mitarbeiterinnen, Arbeitsplätze usw. in die Systemumgebung aufgenommen (registriert) oder aus ihr entfernt werden müssen, muß eine Benutzungsschnittstelle zur Administration des Systems vorhanden sein.

Die Steuerung und Kontrolle von Workflows (Monitoring)

Damit das WFMS einen Workflow ausführt, muß er zunächst gestartet werden. Da eine Workflow-Definition eine formale computerlesbare Beschreibung eines Workflows ist, kann man diese beliebig häufig vom WFMS ausführen lassen. Für jede Ausführung wird eine eigene spezifische Instanz der Definition erzeugt und gestartet. Die Monitoring-Oberfläche erlaubt

- das Starten eines Workflows,
- das Unterbrechen und
- das Fortsetzen der Ausführung eines Workflows nach einer Unterbrechung,
- das Stornieren eines Workflows.

Die Auswertung, die Beobachtung oder die Visualisierung des Ablaufs wird durch die Monitoring-Benutzungsoberfläche ermöglicht.

Der elektronische Eingangskorb

Die Aktivitäten, die eine Bearbeiterin durchführen soll, werden ihr in ihrem elektronischen Eingangskorb (vgl. Abbildung 42) auf ihrem aktuellen Bildschirm bereitgestellt und verwaltet. Der elektronische Eingangskorb erlaubt

*   das Zurückweisen einer Teilaufgabe,
*   das Beginnen einer Teilaufgabe,
*   das Unterbrechen und Fortsetzen der Bearbeitung einer Aktivität,
*   die Delegation von Teilaufgaben an andere Personen,
*   sowie das Beenden der Teilaufgabe.

Abbildung 42 zeigt das Beispiel eines elektronischen Eingangskorbs (Tasklist).

Kerstin Schneider	Eingang	Status	Anmerkung
Statusbericht für EU-Projekt: ALI	13. Mai	in Bearbeitung	eilt
Korrektur der Briefvorlage	12. Mai	unterbrochen	-
Projektantrag BESTFLOW: Teil D	12. Mai	nicht begonnen	bis 20. Mai
...	...	...	...

Bild 42: Ein Beispiel einer einfachen Tasklist

Die Bearbeitung der Aktivitäten

Wird eine Aktivität zur Bearbeitung ausgewählt, so werden die spezifizierten Benutzungsoberflächen, Werkzeuge und Informationen zur Bearbeitung der Aktivität auf dem Bildschirm bereitgestellt. Die spezielle Arbeitsumgebung kann sich je nach Person, Aktivität und Arbeitsplatz unterscheiden.

Standardisierung von Workflow-Management-Systemen

Workflow-Management-Systeme sind sehr umfangreiche Systeme, die die Arbeit vieler Menschen an einer großen Zahl von unterschiedlichen Arbeitsplätzen koordinieren. Stellen Sie sich ein System für 10.000 Arbeitsplätze mit allen dazugehörigen Werkzeugen und Benutzungsoberflächen vor.

Der Kauf und die Einführung eines solchen Systems bedeutet eine sehr große Investition für ein Unternehmen. Es ist deshalb nicht ohne weiteres möglich, das installierte Workflow-Management-System gegen ein neues System eines anderen Herstellers auszutauschen, wenn sich beispielsweise die Modellierungsoberfläche des anderen Systems als besser geeignet erweist. Stattdessen muß es möglich sein, lediglich das Modellierungswerkzeug zu kaufen, und dieses dann in das vorhandene System zu integrieren. Zudem ist es notwendig, Geschäftprozesse bzw. Workflows über Unternehmensgrenzen hinweg bearbeiten zu können, auch wenn die beteiligten Unternehmen unterschiedliche Workflow-Management-Systeme einsetzen, d.h. die Workflow-Management-Systeme unterschiedlicher Hersteller sollten interoperabel sein. Um diese Anforderungen an Workflow-Management-Systeme zu erfüllen, hat sich 1993 die Workflow Management Coalition (WfMC) gebildet. Es ist ein Zusammenschluß der (führenden) Hersteller von WFMS, von Forschungseinrichtungen sowie von Kunden, die gemeinsam eine Standardisierung der Systeme bzw. der wesentlichen Schnittstellen durchführen. zeigt das Workflow-Referenz-Modell der WfMC mit den standardisierten Schnittstellen der WfMC.

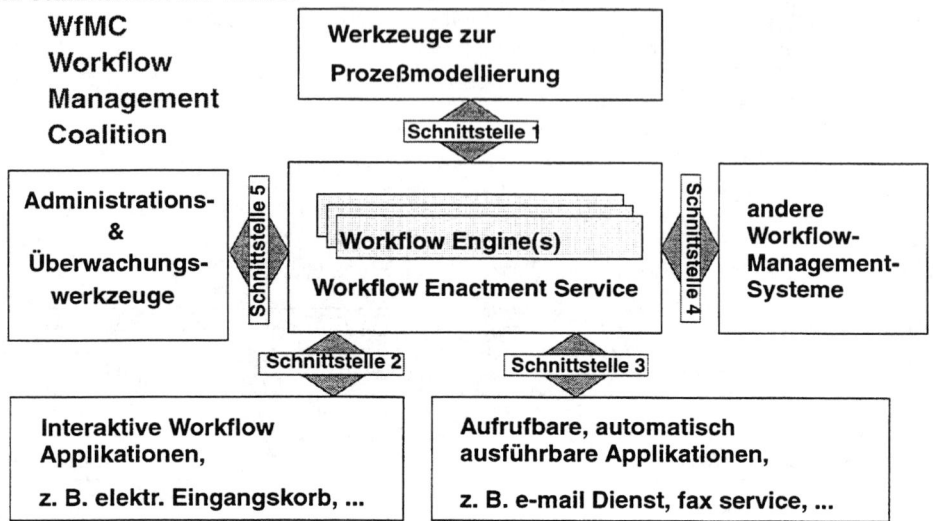

Bild 43: Das Workflow-Referenz-Modell der WfMC

3.6.4   Fazit

Der Bereich der Computer Supported Cooperative Work (CSCW) ist ein wichtiger Bereich der Informatik. Die Informatik hat hier eine große gesellschaftliche Verantwortung, da die Einführung dieser Technologien einen starken Einfluß auf die gesellschaftlichen Prozesse, wie zum Beispiel die Gestaltung der Arbeit, hat. Die vorgestellten Werkzeuge und Techniken werden kombiniert und zu komplexen Anwendungen verbunden. Stellen Sie sich vor Sie kaufen über das WWW ein, indem sie in Katalogen blättern und eine Bestellung tätigen. Dadurch starten sie einen Workflow in dem jeweiligen Unternehmen, in dessen Verlauf die Bestellung bearbeitet wird, Ihnen dann das Produkt gesendet und der entsprechende Betrag in Rechnung gestellt wird. Diesen können Sie mit elektronischem Geld bezahlen, welches Sie mit Hilfe des Home Banking von ihrem Konto abheben. Sie können Reisen buchen, an einem Englisch-Kurs teilnehmen und vieles mehr.

Gleichzeitig stellen diese komplexen und weitverteilten Systeme enorme Anforderungen an die Informatik bezüglich der benötigten Konzepte, Verfahren und Techniken, die diese Technologien überhaupt erst ermöglichen und zudem ihre Handhabbarkeit, Skalierbarkeit, Sicherheit, Zuverlässigkeit oder Verfügbarkeit garantieren. Es besteht weiterhin ein erheblicher Forschungsbedarf in diesen Bereichen. Es etablieren sich viele neue Forschungsgebiete. Dies gilt nicht nur für die „Kern-Informatik", sondern gerade auch an den Berührungspunkten und Schnittstellen zu anderen Wissenschaften. Es ist äußerst wichtig, daß sich neben den Männern auch die Frauen an der Entwicklung und Bestimmung der zukünftigen Technologien und deren spezifischen Ausprägungen beteiligen, damit Strukturen entstehen, in denen Männer **und** Frauen gerne leben.

4 Die Aufgaben

Dieses Kapitel zeigt die Aufgaben, die während der Informatik AG an den Rechnern bearbeitet wurden. Da dieses Buch einen Überblick über die Veranstaltung geben soll, werden die Aufgaben in der Form präsentiert, in der sie im Laufe der ersten Informatik AG gestellt und verteilt wurden. Daher werden in den Abschnitten dieses Kapitels die Teilnehmerinnen der Informatik AG direkt angesprochen.

Um den Schülerinnen zu ermöglichen, sich schon zu Hause auf ihre nächste Übungsstunde und Arbeit an den Rechnern vorzubereiten, wurden notwendige Erklärungen direkt in die Aufgabenbeschreibung integriert. Dies macht es möglich, die Lösungen direkt aus den Aufgaben zu ermitteln. Die Aufgaben wurden zwar im Rahmen der Informatik AG grundsätzlich in den betreuten Übungsstunden, die den praktischen Arbeiten an den Rechnern vorausgingen, besprochen und erklärt. Das heißt, die Fragen der Schülerinnen konnten in den Übungen beantwortet sowie zusätzliche Informationen gegeben werden, und dies ist auch beim Lesen des vorliegenden Kapitels zu berücksichtigen. Jedoch eignen sich die Aufgaben in diesem Kapitel in der vorliegenden Form auch ohne diese zusätzlichen Erklärungen sehr gut, um tiefere Einblicke in die vorgestellten praktischen Aspekte zu geben.

Jede Aufgabe befaßt sich lediglich mit einem Ausschnitt der jeweils behandelten Thematik. In der kurzen Zeit war es nicht möglich, die vorgestellten Themen erschöpfend zu behandeln, aber dies war auch nicht das Ziel der Informatik AG. Die Aufgaben sollten den Schülerinnen Einblicke in die Zusammenhänge geben sowie ein allgemeines Verständnis der in den Vorträgen vorgestellten Themen fördern (vgl. Kapitel 1). Jede Aufgabe kann beliebig intensiv bearbeitet werden. Die Aufgaben wurden so konzipiert, daß sie mit individueller Geschwindigkeit durchgeführt werden können. Die Reihenfolge der Aufgaben kann in einigen Fällen geändert werden (siehe Abschnitt 1.2).

Die Aufgaben erstellten: Dipl.-Math. Hiltrud Betz, Dr. Cora Burger, Dipl.-Inform. Anke Drappa, Dipl.-Math. Angela Georgescu, cand. inform. Nicola Hönle, cand. inform. Daniela Nicklas, Dipl.-Inform. Patricia Sagmeister sowie Dipl.-Inform. Kerstin Schneider

4.1 Login und Logout

Dieser Abschnitt gibt eine Einführung in die Rechnerumgebung[1]. Lesen Sie die Erklärungen genau durch, und lösen Sie dann die am Ende angegebenen Aufgaben.

Das System

Den Studierenden stellt die Fakultät Informatik Rechnersysteme bereit. Für das Grundstudium steht eine eigene Gruppe von Rechnern zur Verfügung. An diesen Rechnern können auch Sie als Teilnehmerin der Informatik AG arbeiten.

Die Rechner und die Arbeitsplätze (X-Terminals) befinden sich in unterschiedlichen Räumen. Alle Rechner sind untereinander und mit den X-Terminals vernetzt. Dadurch ist es

---

1. Es werden lediglich diejenigen Dinge behandelt, die im weiteren Verlauf der Informatik AG benötigt werden.

möglich, von jedem Platz aus auf jedem dieser Rechner zu arbeiten. Jede Benutzerin erhält auf den Rechnern einen eigenen Speicher- bzw. Arbeitsbereich. zugeteilt. Der Zugang zu diesem Bereich wird durch das Anmelden im System mit einem persönlichen Paßwort geregelt. Innerhalb ihres eigenen Bereiches kann eine Benutzerin durch Setzen von Zugriffsrechten entscheiden, welche Gruppe von Personen Zugang zu ihren Daten erhalten soll.

An der Universität Stuttgart heißen die Rechner für das Grundstudium Informatik zur Zeit **tick**, **trick** und **track**. Der Raum, in dem sich die Arbeitsplätze befinden wird **Disneypool** genannt. Eine Darstellung des Grundstudiumspools zeigt Abbildung 44. Im Disneypool stehen 60 X-Terminals sowie ein Drucker namens **duesentrieb**.

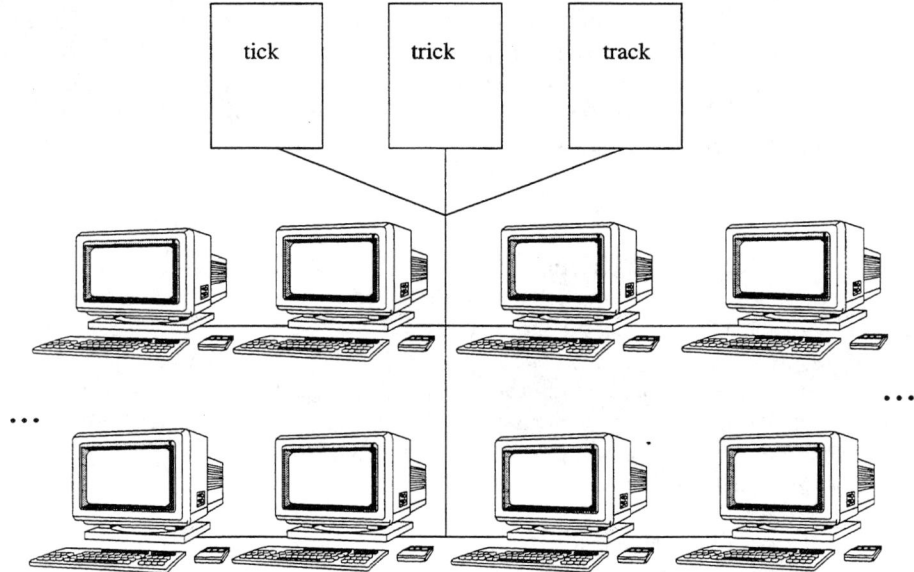

Bild 44: Der Grundstudiumspool

Systemsicherheit

Zur Systemsicherheit erhält jede Benutzerin ihren eigenen 'username' zusammen mit einem initialen **Paßwort**. Beim Anmelden im System, auch 'login' genannt, geben Sie sich dem System zu erkennen und erhalten Zugang zu Ihrem Rechnerbereich. Das initiale Paßwort muß von Ihnen beim ersten 'login' in ein neues, nur Ihnen bekanntes Paßwort geändert werden. Das gewählte Paßwort sollte nicht zu einfach zu erraten oder zu berechnen sein, und es sollte mindestens 2 Sonderzeichen wie beispielsweise # oder - oder . enthalten. Das Paßwort darf nur Ihnen bekannt sein und muß regelmäßig geändert werden zum Beispiel alle 4 Wochen. Der **username** zusammen mit dem **Paßwort** erlaubt es einer Benutzerin sich beim System anzumelden, d.h. sich **"einzuloggen"**. Zunächst muß dazu der gewünschte Rechner ausgewählt werden. Für die Informatik AG kommen die Rechner **tick**, **trick** und **track** in Frage. Das System erwartet daraufhin die Eingabe eines **username** und des zugehörigen **Paßwort**. Das **Paßwort** wird überprüft. Ist es korrekt, wird der Zugang zum Rechner eröffnet.

Der Arbeitsplatz

An jedem Arbeitsplatz im Disneypool befindet sich ein **X-Terminal**, das aus einem Monitor, einer Tastatur, einer Maus sowie einem kleinen Kasten, der in der Form und der Größe einer Pizzaschachtel ähnelt, besteht. Dieser Kasten enthält den kleinen Rechner, der für die Steuerung des Terminals zuständig ist. In Abbildung 45 ist ein Beispiel eines X-Terminal dargestellt.

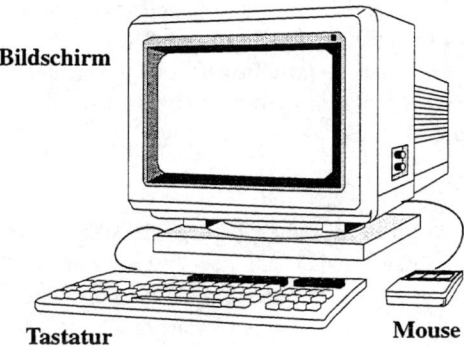

Bild 45: Der Arbeitsplatz

Ein X-Terminal hat einen großen Monitor und kann auch ein wenig rechnen. Aber im Grunde ist es seine einzige Aufgabe, der Benutzerin anzuzeigen, was auf den großen Rechnern (siehe Abbildung 44) geschieht. Eine Benutzerin kann mit Hilfe des X-Terminals mit dem Betriebssystem der Rechner und den Anwendungen, die auf den Rechnern ausgeführt werden, kommunizieren bzw. interagieren. Eine Benutzerin kann Eingaben in das System mit der Maus oder über die Tastatur durchführen. Die Ausgaben des Systems werden über den Bildschirm (engl. screen) oder Monitor dargestellt.

Der Monitor

Es gibt Schwarzweiß- und Farbmonitore im Disneypool. An jedem Monitor befinden sich zwei Regler zur Einstellung der Helligkeit sowie des Kontrastes. Das wichtigste, was Sie jedoch über den Monitor wissen müssen, ist, daß er einen Schalter zum Ein- und Ausschalten hat. Ein X-Terminal wird nie vollständig ausgeschaltet, lediglich sein Monitor. Wenn Sie den Arbeitsplatz verlassen und sich vom System abgemeldet haben, dann sollten Sie den Monitor ausschalten. Ist der Monitor ausgeschaltet, erlischt das kleine grüne Licht an der rechten unteren Ecke.

Es kann vorkommen, daß der Monitor angeschaltet ist, d.h. das grüne Licht leuchtet, aber der Bildschirm trotzdem dunkel ist. In diesem Fall ist der **Bildschirmschoner** aktiv. Bekommt ein X-Terminal eine gewisse Zeit keine Eingaben, dann schaltet es den Monitor ab, um dessen Haltbarkeit zu verlängern. Wird die Maus bewegt oder wird eine Taste gedrückt, wird der Bildschirm sofort wieder aktiv.

Auf dem eingeschalteten Monitor werden die Ausgaben des Rechners dargestellt. Diese werden im Zusammenhang mit dem Fenstersystem genauer besprochen. Einzelne Teile oder auch die gesamte Ausgabe werden als Objekte bezeichnet.

Die Tastatur

Die Tastatur hat verschiedene Tasten. Die Buchstabentasten erzeugen Kleinbuchstaben. In Verbindung mit der Shift-Taste erzeugen sie Großbuchstaben. Sollten Sie einmal nur Großbuchstaben schreiben, ist vermutlich die CapsLock-Taste gedrückt und ein grünes Licht leuchtet über dem Nummernblock rechts. Erneutes Drücken der CapsLock-Taste beendet diesen Zustand. Eine Reihe von Tasten ist mit zwei Zeichen beschriftet. In Verbindung mit der Shift-Taste gilt das obere Zeichen.

Die Maus

Die **Maus** (engl. mouse) ist ein sogenanntes Zeigegerät. Wenn sie auf ihrer Unterlage, dem Mousepad, bewegt wird, so bewegt sich entsprechend auf dem Bildschirm der Mauszeiger oder auch **Cursor**. Der **Cursor** kann eine unterschiedliche Form und Funktion haben, je nachdem wo er sich gerade befindet. Jede Maus im Disneypool hat eine linke, eine mittlere und eine rechte Taste. Eine Maus kann jedoch auch lediglich zwei Tasten besitzen

Das Drücken auf eine der Tasten der Maus wird mit "Click" oder "Klick" bezeichnet. Ein schnelles doppeltes Drücken einer Taste wird "Doppelklick" genannt. Wenn Sie ein Objekt auf dem Bildschirm mit dem Cursor anfahren und schließlich, wenn sich der Cursor auf dem Objekt befindet, eine Maustaste drücken und sie danach wieder loslassen, wird dies mit "anklicken" des Objektes bezeichnet. Ein Objekt anklicken, dabei die Maustaste jedoch gedrückt halten und die Maus bewegen, heißt "das Objekt ziehen". Läßt man das Objekt dann an einer anderen Stelle auf dem Bildschirm wieder los, fällt dies unter den Begriff "drag and drop".

Das Fenstersystem

Die X-Terminals erlauben den Benutzerinnen die Interaktion mit dem System, beispielsweise das Starten eines bestimmten Programms auf einem ausgewählten Rechner. Zur komfortablen Unterstützung der Interaktionen wird ein Fenstersystem bereitgestellt. Dies kann man sich so vorstellen: Der Bildschirm ist ein Schreibtisch, auf dem verschiedene Dinge herumliegen, beispielsweise ein kleiner Briefkasten, eine Uhr und ein Block Papier. All diese Objekte bzw. Anwendungen sind sogenannte Fenster. In der Abbildung 46 ist ein Ausschnitt der Bildschirmoberfläche zu sehen. Dieser Ausschnitt enthält einige Anwendungen, und zwar einen Briefkasten, der die Ankunft der Post für die Benutzerin anzeigt, eine Uhr sowie ein xterm-Fenster, in dem die Interaktionen mit dem Betriebssystem des Rechners durchgeführt werden.

Die Anwendungen werden in eigenen Fenstern ausgeführt. Jedes Fenster kann in der Größe minimiert werden, wenn es gerade nicht benötigt wird, so daß es auf dem Bildschirm sehr wenig Platz einnimmt. Auf dem Bildschirm wird dann lediglich ein Symbol, das heißt ein Piktogramm (engl. icon), für das Fenster angezeigt. In der Abbildung 46 sehen sie direkt unterhalb der Uhr vier solche Symbole. Wird ein Symbol angeklickt, so erscheint das Fenster wieder in seiner ursprünglichen Größe auf dem Bildschirm. Die Fläche, auf der alle Fenster liegen, nennt sich Hintergrund. Der Hintergrund füllt den gesamten Bildschirm aus.

Bild 46: Ein Ausschnitt der Bildschirmoberfläche

Alle Fenster können beliebig auf dem Hintergrund des Bildschirms verschoben werden. Ein Fenster kann ein anderes Fenster ganz oder teilweise überdecken. Es wird jeweils der Ausschnitt des obersten Fensters dargestellt. Die Reihenfolge in der die Fenster über- bzw. aufeinanderliegen kann beliebig verändert werden.

Wenn Sie mit der Maus an einer Stelle, an der sich gerade kein Fenster befindet, auf den Hintergrund klicken, erscheint ein sogenanntes Hintergrund-Menü. Über dieses Menü können spezielle voreingestellte Anwendungen direkt aufgerufen werden.

Das xterm-Fenster

Das xterm-Fenster bietet die Möglichkeit, mit dem Rechner zu kommunizieren, und so dem Rechner Wünsche bzw. Befehle mitzuteilen. Die Befehle werden textuell eingegeben. Das System unterscheidet Groß- und Kleinschreibung. Im xterm-Fenster "läuft" eine sogenannte **shell**, das bedeutet, die Benutzerin kommuniziert mit dem Betriebssystem des entsprechenden Rechners.

Das Betriebssystem gibt den Programmen die Möglichkeit, auf den Rechner zuzugreifen. Deswegen kann man vom xterm-Fenster auch andere Programme starten. Die **shell** ist selbst auch ein Programm. Befehle werden direkt hinter dem **prompt** eingegeben und ihre Eingabe wird mit der Taste "Return" beendet. Der **prompt** steht am Anfang einer neuen Zeile der shell. Er sieht in der Regel wie folgt aus:

```
danickla@trick ~ >
```

danickla ist dabei der username der Benutzerin, **trick** der Rechner, auf dem sie arbeitet, @ bedeutet "at" (aus dem Englischen übernommen), ~ ist das aktuelle Verzeichnis und das Zeichen > zeigt das Ende des prompt und somit die Stelle an, hinter der die Eingabe erscheinen wird. Der **prompt** sagt also aus: *"Benutzerin danickla ist auf trick eingeloggt. Wir befinden uns zur Zeit im Verzeichnis ~. Ich erwarte ihre Befehle."*

Ein für den Anfang sehr wichtiger Befehl lautet **passwd**. Mit diesem Befehl wird das eigene Paßwort geändert. Wie oben erläutert, sollten Sie Ihr Paßwort regelmäßig ändern, und vor allem dann, wenn Sie sich das erste Mal "eingelegt" haben. In Abbildung 47 sehen Sie ein xterm-Fenster, das die Benutzerin **keschnei** benutzt, um ihr Paßwort zu ändern.

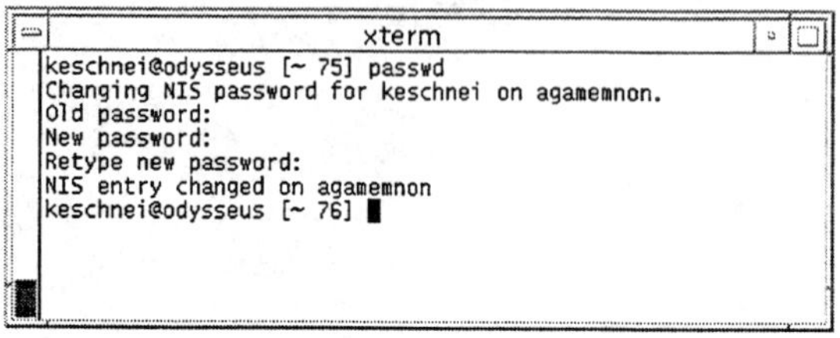

```
xterm
keschnei@odysseus [~ 75] passwd
Changing NIS password for keschnei on agamemnon.
Old password:
New password:
Retype new password:
NIS entry changed on agamemnon
keschnei@odysseus [~ 76] ▮
```

Bild 47: Die Änderung des Paßwortes

Zunächst muß hinter dem **prompt** der Befehl **Passat** eingegeben werden. Das System befragt Sie daraufhin nach Ihrem alten Paßwort. Wenn Sie dieses eingeben, erscheinen keine Buchstaben auf dem Bildschirm, denn niemand soll das Paßwort auf dem Bildschirm lesen können. Denken Sie an einen Geldautomaten, dort wird eine eingegebene Code-Nummer auch nicht auf dem Bildschirm abgebildet. Haben Sie Ihr altes Paßwort erfolgreich eingegeben, muß das System auch Ihr neues Paßwort wissen. Dieses muß allerdings zweimal eingegeben werden. Damit wird ausgeschlossen, daß sich eine Benutzerin aus Versehen vertippt und deshalb nach der Änderung Ihr eigenes Paßwort nicht kennt. Es ist sehr unwahrscheinlich, daß ein Paßwort zweimal auf die gleiche Art und Weise falsch eingegeben wird. Wurde das neue Paßwort zweimal erfolgreich eingegeben, wird das System das Paßwort ändern. Dies kann einige Minuten dauern, innerhalb dieser Zeit bleibt Ihr altes Paßwort gültig. Sie brauchen jedoch nicht auf die Änderung zu warten, sondern können direkt weiterarbeiten. Dies erkennen Sie daran, daß ein neuer **prompt** erscheint. Das System erwartet neue Befehle.

Aufgabe 1.1: Begriffe
Verdeutlichen Sie sich die folgenden Begriffe und deren Unterschiede, Gemeinsamkeiten und Überschneidungen. Wenn Sie einen Begriff nicht verstehen, fragen Sie Ihre Tutorin.

Fenster, Maus, username, Login, Logout, Menü, X-Terminal, Action, Programm, Paßwort

Aufgabe 1.2: Login
Setzen Sie sich vor ein X-Terminal. Überprüfen Sie, ob der Monitor eingeschaltet ist. Melden Sie sich mit Ihrem **username** und Ihrem **Paßwort** an. Wenn das System gestartet ist, verschieben Sie alle Fenster in die linke obere Ecke. Minimieren Sie ein Fenster und stellen Sie daraufhin die Originalgröße wieder her. Wieviele Fenster befinden sich auf der Oberfläche?

Aufgabe 1.3: Paßwort ändern
Öffnen Sie ein xterm-Fenster und ändern Sie Ihr Paßwort.

Aufgabe 1.4: Logout
Melden Sie sich wieder ab, d.h. führen Sie ein Logout durch. Überprüfen Sie, ob Sie auch wirklich "ausgelaugt" sind.

Sollten Sie zu zweit an einem X-Terminal arbeiten, lassen Sie auch Ihre Partnerin die Aufgaben 1.2, 1.3 und 1.4 durchführen.

.4.2   Emacs

Das Dateisystem

Rechner verarbeiten binäre Daten (Nullen und Einsen). Diese Daten müssen strukturiert gespeichert werden. Dies geschieht folgendermaßen:

Eine Einheit von Daten nennt sich **Datei** oder **file**. In einer Datei ist eine Menge von gleichartigen Daten gespeichert. Beispiele sind ein Text, ein durch den Rechner ausführbares Programm oder ein Bild. Jede Datei hat einen Namen. Dieser besteht meist aus einer möglichst sinnigen Zeichenfolge, gefolgt von einem Punkt und der Endung (**extension**), beispielsweise **Brief.txt, MeinBild.fig** oder **homepage.html**. Die Endung kennzeichnet den Typ der Daten in der Datei. Die Datei **MeinBild.fig** enthält dementsprechend Bilddaten, da sie die Extension **.fig** trägt. Wir beschäftigen uns jedoch zunächst mit Textdateien, die lesbare Zeichen, also Buchstaben, Zahlen und ein paar Sonder- oder Satzzeichen enthalten. Textdateien können verschiedene Formate haben, die wiederum durch die Endungen gekennzeichnet sind. Eine Datei die reinen Text enthält, trägt häufig die Endung **.txt**, während Programmcode nach der Sprache gekennzeichnet ist, in der er geschrieben wurde. Zum Beispiel haben Dateien, die in der Sprache HTML geschrieben sind, mit der man Seiten im WWW programmiert, die Endung **.html** oder **.htm** und Java-Programme enden auf **.java**.

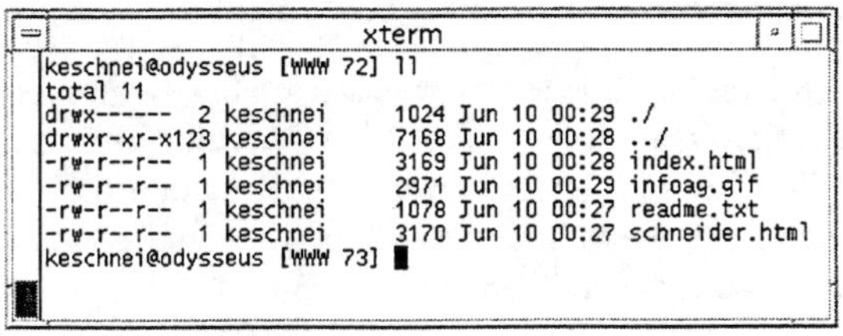

```
 ═                              xterm                        ▫ ▢
 ┌─────────────────────────────────────────────────────────────┐
 │keschnei@odysseus [WWW 72] ll                                  │
 │total 11                                                       │
 │drwx------   2 keschnei       1024 Jun 10 00:29 ./            │
 │drwxr-xr-x123 keschnei        7168 Jun 10 00:28 ../           │
 │-rw-r--r--   1 keschnei       3169 Jun 10 00:28 index.html    │
 │-rw-r--r--   1 keschnei       2971 Jun 10 00:29 infoag.gif    │
 │-rw-r--r--   1 keschnei       1078 Jun 10 00:27 readme.txt    │
 │-rw-r--r--   1 keschnei       3170 Jun 10 00:27 schneider.html│
 │keschnei@odysseus [WWW 73] █                                   │
 │                                                               │
 └─────────────────────────────────────────────────────────────┘
```

Bild 48: Informationen über Dateien

Das System verwaltet noch eine Reihe weiterer Informationen über Dateien. Wie die Abbildung 48 zeigt, fallen darunter die folgenden Informationen:

- Die Zugriffsrechte,
- die Besitzerin der Datei, (zur Erinnerung: Es arbeiten viele Personen auf den gleichen Rechnern),
- die Größe der Datei,
- der Zeitpunkt der letzten Änderung der Datei,
- und vieles mehr.

Jede Benutzerin kann die gewünschten Informationen über ihre eigenen Dateien und je nach den Zugriffsrechten auch über die Dateien anderer abfragen. Bei der großen Anzahl von Dateien, die in einer Rechnerumgebung existieren, ist es notwendig, diese in bestimmter Art und Weise zu ordnen. Ähnlich wie im Falle von Aktenordnern, die in verschiedenen Regalen in unterschiedlichen Räumen stehen können, werden in einem Rechnersystem zur Aufbewahrung von Dateien **Verzeichnisse (directories)** verwendet. Jedes Verzeichnis kann eine Menge von Dateien und Unterverzeichnissen enthalten. Diese Unterverzeichnisse können wiederum Dateien oder Unterverzeichnisse enthalten. Jede Datei und jedes Verzeichnis hat einen Namen.

Jeder Rechner besitzt ein Hauptverzeichnis. Dieses wird Wurzelverzeichnis bzw. **root** genannt. Der Name des Wurzelverzeichnis im System ist: **/** . Zur Verdeutlichung wird in Abbildung 49 eine mögliche Verzeichnisstruktur dargestellt.

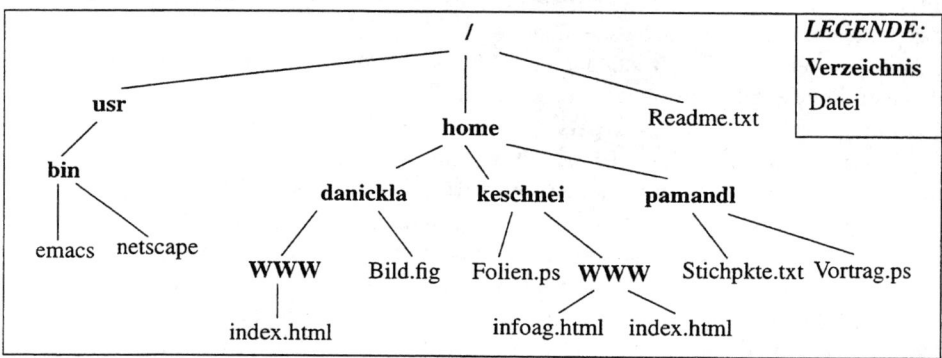

Bild 49: Eine Verzeichnisstruktur

Wie in Abschnitt 4.1 schon beschrieben wurde, wird jeder Benutzerin ein eigener Bereich zugeordnet. Dieser Bereich ist ihr sogenannte Home-Verzeichnis, das mit dem **username** der Benutzerin benannt wird. In dieses Home-Verzeichnis kann eine Benutzerin ihre eigenen Verzeichnisse und Dateien ablegen. In der Abbildung 49 sind drei solcher Home-Verzeichnisse zu sehen: **danickla, keschnei** und **pamandl**.

Jede Benutzerin kann in die verschiedenen Verzeichnisse wechseln, ähnlich wie sie in die verschiedenen Räume zu unterschiedlichen Regalen gehen könnte. Eine Benutzerin kann Dateien und Verzeichnisse unter anderem erzeugen, kopieren, ändern bzw. umbenennen und löschen, wenn sie die entsprechenden Zugriffsrechte besitzt.

Damit das System eine gewünschte Datei oder ein gewünschtes Verzeichnis findet, muß zusätzlich zu dem Namen auch der Ort der Datei bzw. des Verzeichnisses angegeben werden. Es gibt grundsätzlich zwei Möglichkeiten: Der Ort wird relativ zum Wurzelverzeichnis angegeben oder relativ zu dem Verzeichnis, in dem sich die Benutzerin gerade befindet. Wenn beispielsweise die Datei **Vortrag.ps** in der Abbildung 49 angesprochen werden soll, und die Benutzerin sich im Verzeichnis **pamandl** befindet, so sind **/home/pamandl/Vortrag.ps** und **Vortrag.ps** zwei Alternativen. Es gibt weitere wichtige Bezeichnungen:

* Die Abkürzung für das Home-Verzeichnis einer Benutzerin: **~danickla**
* Die Abkürzung für das eigene Home-Verzeichnis: **~**

- Die Bezeichnung für das Verzeichnis, das eine Ebene näher an der Wurzel liegt als das aktuelle Verzeichnis, d.h. als das Verzeichnis, in dem sie sich gerade befindet: ..
- Das aktuelle Verzeichnis: .

Das heißt die Benutzerin **pamandl** hat, wenn sie sich in dem Verzeichnis **pamandl** befindet, die folgenden Möglichkeiten, die Datei **Vortrag.ps** zu bezeichnen:

- /home/pamandl/Vortrag.ps
- Vortrag.ps
- ../pamandl/Vortrag.ps
- ../../home/pamandl/Vortrag.ps
- ~/Vortrag.ps
- ~pamandl/Vortrag.ps
- ./Vortrag.ps

Die **shell** der xterm-Fenster erlaubt eine sehr sinnvolle Abkürzung beim Eingeben dieser Dateinamen oder den Verzeichnisnamen, die Sie sich merken bzw. anwenden sollten. Häufig ist es möglich schon durch einige Anfangsbuchstaben den Namen eindeutig zu bestimmen, weil keine andere Datei (Verzeichnis) in dem gleichen Verzeichnis existiert, deren Namen mit den gleichen Buchstaben beginnt. In diesen Fällen wird durch das Drücken der Tabulator-Taste der Name automatisch vervollständigt. In jedem Fall wird der Name durch das Drücken der Tabulator-Taste soweit es geht verlängert, d.h. solange die Buchstaben eindeutig sind. Im Beispiel von oben reicht es schon aus, wenn die Benutzerin **pamandl**

- V "Tabulator-Taste"

eingibt. Daraus wird dann automatisch: Vortrag.ps

Emacs, ein Editor

Eine Anwendung, mit der Textdateien bearbeitet werden können, wird Editor[1] genannt. Die wichtigste Funktionalität, die jeder Editor beherrscht, ist folgende:

- **Dateien laden.**
  Um eine Datei zu bearbeiten, muß man sie zunächst in den Editor laden. Dazu muß man den Namen und den Ort der Datei kennen. Lediglich Dateien, die in den Editor geladen worden sind, können dort bearbeitet werden. Diese Funktion heißt auch "**Öffnen**", "**Find**" oder "**Open**".
- **Dateien bearbeiten.**
  Es gibt eine Reihe von Möglichkeiten eine Datei zu bearbeiten. Einzelne Zeichen bzw. komplette Textbereiche können eingefügt, kopiert, verschoben oder gelöscht werden. Die entsprechenden Textstellen können dazu markiert werden. Von zentraler Bedeutung ist dabei der Cursor. Dieser zeigt auf die Stelle, an der die nächste Eingabe erfolgen

---

1. Der Unterschied zu einem Textverarbeitungssystem, wie beispielsweise Word oder Framemaker liegt darin, daß ein Editor keine Steuerzeichen einfügt, also nach dem Bearbeiten eine reine Textdatei übrig bleibt. Ein Editor bietet dementsprechend keine Funktionalität zum Layout eines Textes.

wird. Der Cursor hat in diesem Fall häufig die Form eines Rechtecks oder eines senk-
rechten Strichs.

- **Dateien sichern.**
Damit die Änderungen nicht verloren sind, wenn der Editor verlassen wird, müssen sie
gespeichert, d.h auf der Festplatte gesichert werden. Wird dabei ein neuer Name für die
Datei angegeben, so wird eine neue Datei erzeugt. Dies wird mit "**Sichern als**" oder
"**Save As**" bezeichnet, im Gegensatz zu "**Sichern**" oder "**Save**". Beim Speichern unter
einem neuen Namen bleibt die Originaldatei unverändert erhalten. Sie ist weiterhin in
dem Zustand, in dem sie als letztes gespeichert wurde.

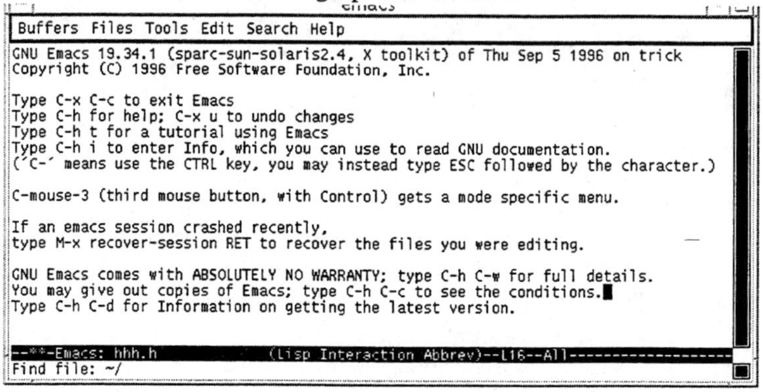

```
                                                emacs
 Buffers  Files  Tools  Edit  Search  Help
 GNU Emacs 19.34.1 (sparc-sun-solaris2.4, X toolkit) of Thu Sep 5 1996 on trick
 Copyright (C) 1996 Free Software Foundation, Inc.

 Type C-x C-c to exit Emacs
 Type C-h for help; C-x u to undo changes
 Type C-h t for a tutorial using Emacs
 Type C-h i to enter Info, which you can use to read GNU documentation.
 (`C-´ means use the CTRL key, you may instead type ESC followed by the character.)

 C-mouse-3 (third mouse button, with Control) gets a mode specific menu.

 If an emacs session crashed recently,
 type M-x recover-session RET to recover the files you were editing.

 GNU Emacs comes with ABSOLUTELY NO WARRANTY; type C-h C-w for full details.
 You may give out copies of Emacs; type C-h C-c to see the conditions.
 Type C-h C-d for Information on getting the latest version.


 --**-Emacs: hhh.h          (Lisp Interaction Abbrev)--L16--All------------------
 Find file: ~/
```

Bild 50: Der Emacs

Der Editor, der während der Informatik AG verwendet wird, heißt **emacs**. In Abbildung 50
sehen Sie das initiale Fenster des **emacs**, das nach dem Aufrufen erscheint. Der **emacs** verfügt über eine Menüzeile, die die wichtigsten Funktionen bereithält. Zusätzlich lassen sich
eine große Anzahl weiterer Befehle in der Kommandozeile an seinem unteren Rand eingeben. Erfahrene Benutzerinnen können Makros definieren bzw. weitere eigene Befehle programmieren. Der emacs bietet für die unterschiedliche Dateitypen jeweils sehr komfortable
Unterstützung an. Dazu können unterschiedliche **modes** voreingestellt werden. Beispielsweise fügt er beim Öffnen einer neuen HTML-Datei automatisch die Textstellen ein, die in
keiner HTML-Datei fehlen dürfen. Im oberen Bereich der Abbildung 51 sind die automatisch erzeugten Textstellen einer neuen HTML-Datei zu sehen.

Der **emacs** bietet außerdem die Möglichkeit, gleichzeitig mehrere Dateien zu laden und parallel zu bearbeiten. Dazu stellt er sogenannte **Buffer** bereit. Jede Datei wird in einen eigenen
Buffer geladen und bearbeitet. In der Abbildung 51 ist das Fenster des **emacs** zu sehen, in
dem gleichzeitig zwei **Buffer** geöffnet sind. Im oberen **Buffer** wird eine HTML-Datei bearbeitet und im unteren **Buffer** ein Text geschrieben.

Laden von Dateien mit emacs

Der **emacs** besitzt in der obersten Zeile ein Menü. Wenn man einen der Begriffe anklickt und
geklickt hält, erscheint eine Auswahl an Unter-Menüs. Zum Laden einer Datei existiert im
Menü "Files" das Unter-Menü "Open Files". Die Abbildung 52 zeigt dieses Menü. In der
Kommandozeile am unteren Rand erwartet der **emacs** den Namen der zu öffnenden Datei.

Auch die Kommandozeile ermöglicht die schon beschriebene Abkürzung der Eingabe mit der Tabulator-Taste. Zudem werden im Falle, daß der Namensteil noch nicht eindeutig auf einen Namen hinweist, alle passenden, der vorhandenen Namen angezeigt. Sollten Sie gar nicht mehr wissen, wie die Datei heißt, die sie laden wollen, können Sie ein "Fragezeichen" eingeben. Alle in dem aktuellen Verzeichnis existierenden Dateien und Verzeichnisse werden Ihnen daraufhin angezeigt.

Bild 51: Buffer des emacs

Drucken von Dateien

Häufig ist es sinnvoll, geschriebene Texte auszudrucken, um sie beispielsweise Korrektur zu lesen oder mit nach Hause zu nehmen. Im Disneypool steht ein Nadeldrucker, der es erlaubt, die Textdateien auszudrucken. Sein Name ist **"duesentrieb"**. Er ist als Standarddrucker vor-eingestellt, das bedeutet, daß zum Ausdrucken auf dem Drucker **duesentrieb** der Drucker-name nicht explizit angegeben werden muß. Sie können die Datei über einen Befehl im xterm-Fenster ausdrucken oder direkt den aktuellen Inhalt des Buffer mit dem Menü **Print Buffer** des emacs. Um eine Textdatei über einen Befehl in dem xterm-Fenster auszudrucken, muß sie auf der Festplatte gespeichert sein. Wenn sie zuvor mit **emacs** Änderungen in dem Buffer des emacs eingegeben haben, müssen Sie darauf achten, diese Änderungen vor dem Drucken abzuspeichern, da sich die Änderungen sonst noch nicht in der Datei befinden. Das heißt die ungeänderte Datei wird gedruckt.

Der Befehl zum Drucken über das xterm-Fenster lautet **rlp <filename>**. Um zum Beispiel die Datei **security.txt** auszudrucken, die sich im Unterverzeichnis **txt** des aktuellen Verzeichnisses befindet, lautet die Eingabe hinter dem **prompt: rlp txt/security.txt**.

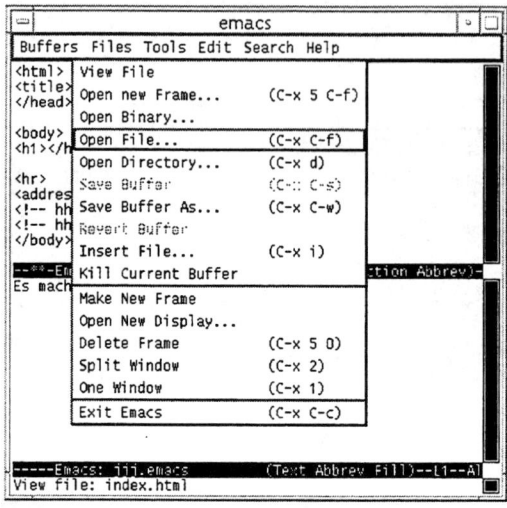

Bild 52: Menüs des emacs

Aufgabe 2.1: Begriffe

Verdeutlichen Sie sich die folgenden Begriffe und deren Unterschiede, Gemeinsamkeiten sowie Überschneidungen. Bei Unklarheiten fragen Sie Ihre Tutorin.

Editor, Buffer, Datei, File, Verzeichnis, Programm, xterm, Cursor, Menü, Laden einer Datei, Speichern einer Datei, Verlassen des emacs.

Aufgabe 2.2: Aufruf

Starten Sie **emacs** aus dem Hintergrund-Menü heraus. Sehen Sie sich sein Fenster an und identifizieren Sie die Menüzeile, die Statuszeile und das Textfenster.

Aufgabe 2.3: Text erstellen

Schreiben Sie einen kurzen Text (etwa 10 Zeilen) über Ihre Eindrücke beim Umgang mit den Rechnern an der Fakultät Informatik. Verwenden Sie möglichst viele Befehle der "Emacs-Packungsbeilage". Sichern Sie Ihren Text im Verzeichnis ~/txt/ und geben Sie ihm einen sinnvollen Namen. Drucken Sie die Datei aus.

Aufgabe 2.4: Text ändern

Laden Sie die Datei ~/txt/security.txt, die wir für Sie vorbereitet haben, und entfernen Sie alle Rechtschreibfehler. Speichern Sie die Datei unter einem anderen Namen ab. Was ist jetzt mit der Originaldatei geschehen?

Aufgabe 2.5: Verlassen

Verlassen Sie den **emacs**.

4.3   Netscape

Internet und WWW

Das Internet ist ein Zusammenschluß vieler Rechner und Netze auf der ganzen Welt. Durch die Verbindung so vieler Computer ergeben sich viele Möglichkeiten für Dienste und Anwendungen wie die Speicherung, Verarbeitung und Übertragung von Daten aller Art (Texte, Bilder, Töne, ...), elektronische Post und vieles andere mehr. Viele dieser Dienste sind in das WWW (World Wide Web) integriert. Um sie nutzen zu können, gibt es Anwendungen wie z.B. Netscape oder Internet Explorer, sogenannte Browser. Mit einem Browser kann eine Benutzerin die im WWW gespeicherten Daten abrufen, anschauen und anhören oder einen der anderen Dienste im Internet, beispielsweise die elektronische Post in Anspruch nehmen. In Abschnitt 3.3 wurden die Dienste beschrieben.

Wer Informationen ins WWW stellen möchte und sie damit der ganzen Welt eröffnet, braucht zunächst einen Rechner, der ans Internet angebunden ist, und der sich in diesem Fall WWW-Server nennt. Dort werden die Daten in Form von sogenannten Seiten abgelegt. Eine Seite im WWW besteht aus Text, Graphik und neuerdings auch aus bewegten Elementen und kleinen Programmen oder sogar Audio und Video. Eine Seite kann so lang sein, daß der Bildschirm nicht ausreicht, um sie vollständig anzuzeigen. Mit einem Balken am Rand des Browser-Fenster, der ScrollBar, kann der sichtbare Ausschnitt der Seite nach unten oder oben verschoben werden. Die Datei, die eine solche Seite enthält, trägt meistens die Endung **.html** oder **.htm**.

Damit andere Personen diese Seiten anschauen können, müssen sie die Adresse der Seite kennen. Die Adresse enthält die Information, wo sich die gewünschte Seite befindet:

*   Auf welchem WWW-Server die Seite gespeichert ist
*   und in welchem Verzeichnis des Servers die Seite, d.h. die Datei, abgelegt ist.

Eine Adresse könnte folgendermaßen aussehen:

*   www.informatik.uni-stuttgart.de/fakultaet.html
*   tick.informatik.uni-stuttgart.de/~keschnei/infoag.html
*   tick.informatik.uni-stuttgart.de/

www.informatik.uni-stuttgart.de   oder   **trick.informatik.uni-stuttgart.de** bezeichnet   den WWW-Server. Jeder WWW-Server besitzt spezielle Verzeichnisse, in denen die für die Welt zugänglichen Seiten oder Unterverzeichnisse liegen. Alles, was nach dem ersten Slash (das Zeichen /) folgt, gibt den Ort der Seite in dieser Verzeichnisstruktur an. Im ersten Fall heißt die Seite **fakultaet.html** und befindet sich im Hauptverzeichnis des Servers. Der zweiten Fall heißt die Seite **infoag.html** und befindet sich im WWW-Verzeichnis der Benutzerin mit dem username **keschnei**. Im letzten Fall wird schließlich die Hauptseite des Servers (**Home, Homepage**) angesprochen, da keine andere Seite explizit angegeben wurde. Um die unterschiedlichen Arten der WWW-Nutzung zu unterscheiden, werden unterschiedliche Protokolle verwendet. Unter einem Protokoll versteht man dabei die definierte Art und Weise, wie der Server und der Browser miteinander kommunizieren (vgl. Verwendung der Protokolle in der Diplomatie). Das Protokoll für den Abruf von WWW-Seiten wird mit **http** (hypertext transfer protocol) bezeichnet. Um ein Protokoll zu nutzen wird die Kennzeichnung des Protokolls mit der Adresse des gewünschten Objekts verknüpft. Die Adresse einer WWW-Seite wird in unserem Beispiel deshalb zusammen mit der Bezeichnung des Protokolls, d.h. also **http**, angegeben:

- http://www.informatik.uni-stuttgart.de/fakultaet.html
- http://tick.informatik.uni-stuttgart.de/~keschnei/infoag.html
- http://tick.informatik.uni-stuttgart.de/

Weitere Beispiele für Protokolle sind **mailto** für die elektronische Post und **ftp** (file transfer protocol) für die Dateiübertragung. Die Zusammensetzung von Protokoll und Adresse einer Seite wird als URL bezeichnet.

Netscape

Auch Netscape kann aus dem Hintergrund-Menü gestartet werden. Nach dem Start des Netscape wird zunächst automatisch die Hauptseite der Fakultät Informatik geladen (siehe Abbildung 53)

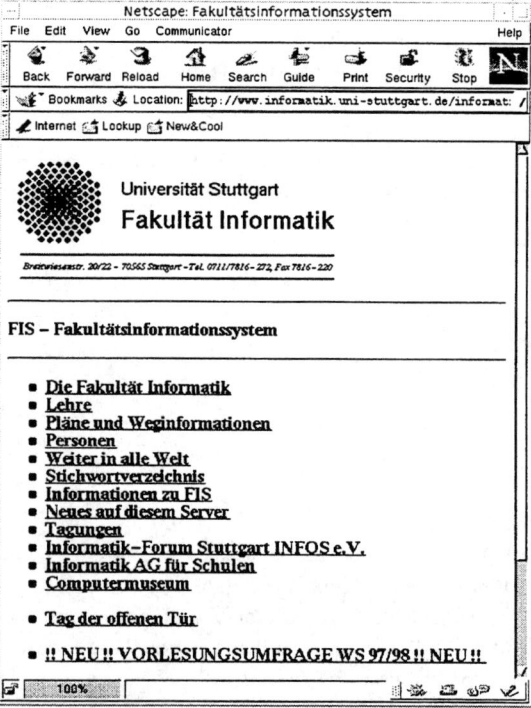

Bild 53: Netscape

Netscape stellt eine Reihe von Menüs bereit. Am oberen Rand befindet sich eine Menüleiste (**File, Edit, View, ...**), darunter eine Reihe **Button** (**Back, Forward, Home, ...**). Unterhalb der **Button** wird die Adresse der aktuellen Seite angegeben (**Location: ...**). Schließlich befinden sich darunter eine Reihe weiterer **Button** (**What's New? What's Cool? ...**). Befindet sich der Cursor über einem Button, erscheint entweder direkt daneben oder in der untersten Zeile des Fensters eine Information darüber, welche Aktion der **Button** beim Anklicken auslöst. Die meisten Funktionen finden sich zusätzlich im Menü versteckt, sind aber über einen Button leichter zu erreichen.

Die Seiten, die ein Browser anzeigt, sind in HTML programmiert. Den zugehörigen Quelltext können Sie sich über das Menü **View Source** ansehen. Mehr dazu auf dem nächsten Übungsblatt (siehe Abschnitt 4.4).

Hyperlinks

Die besondere Eigenschaft des WWW besteht darin, daß auf einer Seite die Adresse der nächsten Seite hinter einem Text oder Bild versteckt werden kann. Beim Anklicken des entsprechenden Textes oder Bildes wird automatisch die Seite geladen, die durch die Adresse beschrieben ist, und die in der Regel weitere Informationen zu dem Text oder Bild enthält. Dadurch werden beliebige Seiten bzw. Informationen untereinander vernetzt. In Abschnitt 54 wird dies beispielhaft dargestellt. Es ist daher sehr komfortabel möglich von Seite zu Seite, d.h. von Information zu Information zu wandern. Dieses Hangeln von Seite zu Seite nennt sich **surfen**.

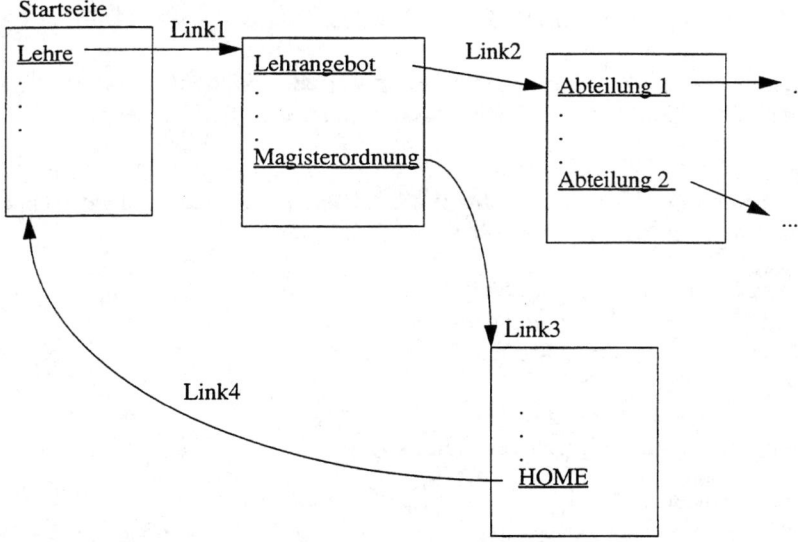

Bild 54: Vernetzte Seiten

Links oder Hyperlinks sind in der Regel daran zu erkennen, daß das entsprechende Wort unterstrichen oder farbig hervorgehoben ist. Wenn Sie den Cursor über die Seite bewegen, werden Sie feststellen, daß er seine Form verändert, wenn er sich über einem Link befindet

Aufgabe 3.1: Begriffe
Verdeutlichen Sie sich die folgenden Begriffen sowie ihre Unterschiede, Gemeinsamkeiten und Überschneidungen. Bei Unklarheiten fragen Sie Ihre Tutorin.

WWW, Netscape, Browser, Seite im WWW, URL, Link, Homepage

Aufgabe 3.2: Aufruf
Starten Sie Netscape über das Hintergrund-Menü. Haben Sie etwas Geduld. Es kann eine Weile dauern bis das Netscape-Fenster erscheint.

Beim ersten Aufruf von Netscape werden Ihnen Lizenzbestimmungen angezeigt. Klicken Sie auf Accept, um sie zu akzeptieren. Nach einer Weile erscheint die Homepage der Fakultät Informatik.

Aufgabe 3.3: Verfolgen von Links
Klicken Sie ein unterstrichenes Wort an (ein "Hyperlink"). Finden Sie heraus was geschieht, wenn Sie den Button **Back** (oben links) anklicken? Was geschieht beim Anklicken des Button **Forward**? Finden Sie die folgenden Informationen und beantworten Sie die folgenden Fragen:

• Wo befindet sich der Hörsaal V20.02 und wieviele Personen passen hinein?
• In welcher Abteilung forscht Kerstin Schneider?
• Welche Telefonnummer hat Cora Burger?
• Wann wurde der Modellstudiengang Softwaretechnik in Stuttgart eingerichtet?
• Wie heißen die Vögel von Daniela Nicklas und welche Farbe haben sie?

Aufgabe 3.4: Direkter Aufruf einer Seite
Mit dem Button **Open** können Sie direkt die Adresse einer Seite (URL) eingeben, die Sie sehen möchten. Führen Sie dies mit den folgenden Seiten aus:

• http://rail.rz.uni-karlsruhe.de/rail/
• http://www.komplex.net/tss/index.htm
• http://www.stgt.com/flohmarkt/
• http://www.oetker.de/
• http://www.baden-wuerttemberg.de/
• http://www.dino-online.de/seiten.html

Aufgabe 3.5: Surfin' WWW
Wenn Sie jetzt noch Zeit haben, dann surfen Sie auf eigene Faust durch das WWW. Es gibt unheimlich viel zu entdecken. Viel Spaß!

4.4   HTML

Sie haben nun einige Seiten im WWW gesehen. In den folgenden Aufgaben werden Sie Schritt für Schritt lernen, Ihre eigenen Seiten für das WWW zu erstellen. Die Seiten für das WWW werden mit Hilfe der Sprache HTML erstellt.

Was ist HTML?

HTML ist die Abkürzung für HyperText-Markup-Language. HTML erlaubt es, in Textdateien Befehle einzufügen, die Hinweise zum Layout des Textes geben und die von einem Browser interpretiert werden können. Die HTML-Befehle, auch HTML-Tags genannt, werden in und um den eigentlichen Text angeordnet. Textdateien, welche HTML-Befehle enthalten, werden als HTML-Dateien bezeichnet. Öffnet der Browser eine HTML-Datei, interpretiert er die enthaltenen HTML-Befehle, und stellt den Text entsprechend dar. Die HTML-Befehle markieren beispielsweise Überschriften oder Listen. Auch Bilder können mit Hilfe von HTML-Befehlen in eine Seite eingefügt werden. Informationen über den Namen der Bilddatei und den Ort innerhalb der Verzeichnisstruktur, an dem diese sich befindet, werden mit HTML-Befehlen zusammen mit den Informationen an welcher Stelle, auf welche Art und in welcher Größe das Bild in die Seite eingefügt werden soll in die Textdatei eingefügt. Das Layout einer Seite wird so grundsätzlich festgelegt, es kann jedoch trotzdem je nach dem verwendeten Browser ein wenig variieren. So sehen beispielsweise die Überschriften von Browser zu Browser verschieden groß aus.

Wie arbeite ich mit HTML?

Die HTML-Befehle und der eigentliche Text werden mit einem Editor in eine Datei geschrieben. Die entstandene HTML-Datei kann daraufhin mit einem Browser betrachtet werden. Wir verwenden emacs als Editor und Netscape als Browser. Ihre eigene Seite sollte in einer Datei mit dem Namen **index.html** in dem Unterverzeichnis WWW in ihrem Home-Verzeichnis abgespeichert werden, da der WWW-Server im Disneypool darauf direkten Zugriff hat. Der WWW-Server des Disneypools ist entsprechend voreingestellt. Er findet lediglich die Dateien in den WWW-Verzeichnissen.

Wir haben eine Seite, die alle Namen der Teilnehmerinnen der Informatik AG enthält, angelegt. Diese enthält für jede Teilnehmerin einen Link auf die Datei mit dem Namen **index.html** in ihrem **WWW**-Verzeichnissen. Wenn Sie die Datei **index.html** in ihrem **WWW**-Verzeichnis erzeugt haben, können Sie über den Link auf dieser Seite ihre eigene Seite aufrufen. Auch wenn Sie einen anderen Dateinamen wählen, müssen Ihre HTML-Dateien innerhalb Ihres WWW-Verzeichnisses abgespeichert werden.

Die Seite, welche die Namen aller Teilnehmerinnen der Informatik AG sowie die Links zu deren Hauptseiten (siehe Abbildung 55) enthält, finden sie unter der Adresse:

- http://tick.informatik.uni-stuttgart.de/~keschnei/infoag.html

Ihre eigene Seite finden Sie, falls Sie sie index.html genannt haben, unter der folgenden Adresse

- http://tick.informatik.uni-stuttgart.de/~*username*/
  (wobei anstelle von *username* Ihr eigener username stehen muß).

Wenn kein Dateiname angegeben wird, wählt der WWW-Server automatisch index.html. Jede andere HTML-Datei in Ihrem WWW-Verzeichnis oder einem Unterverzeichnis des WWW-Verzeichnisses wird über die folgende Adresse angesprochen:

- http://tick.informatik.uni-stuttgart.de/~*username*/*dateiname*

bzw.

- http://tick.informatik.uni-stuttgart.de/~*username*/*verzeichnisname*/*dateiname*

Vorgehensweise: Sie können emacs und Netscape gleichzeitig aufrufen. Sobald Sie die HTML-Datei im emacs geschrieben haben und sie abspeichern, kann sie in Ihrem Browser als WWW-Seite betrachtet werden, indem Sie die Datei in den Browser laden. Beim erstmaligen Laden der Seite verwenden Sie das Menü **Open Location,** das Sie aus der vorherigen Aufgabe kennen. Ändern Sie nun die HTML-Datei, d.h. speichern Sie eine neue Version der HTML-Datei mit dem emacs ab, so bleibt die frühere Version der Seite solange im Browser bis Sie explizit dafür sorgen, daß die neue Version der HTML-Datei in den Browser geladen wird. Dafür ist der Button **Reload** im Netscape vorhanden.

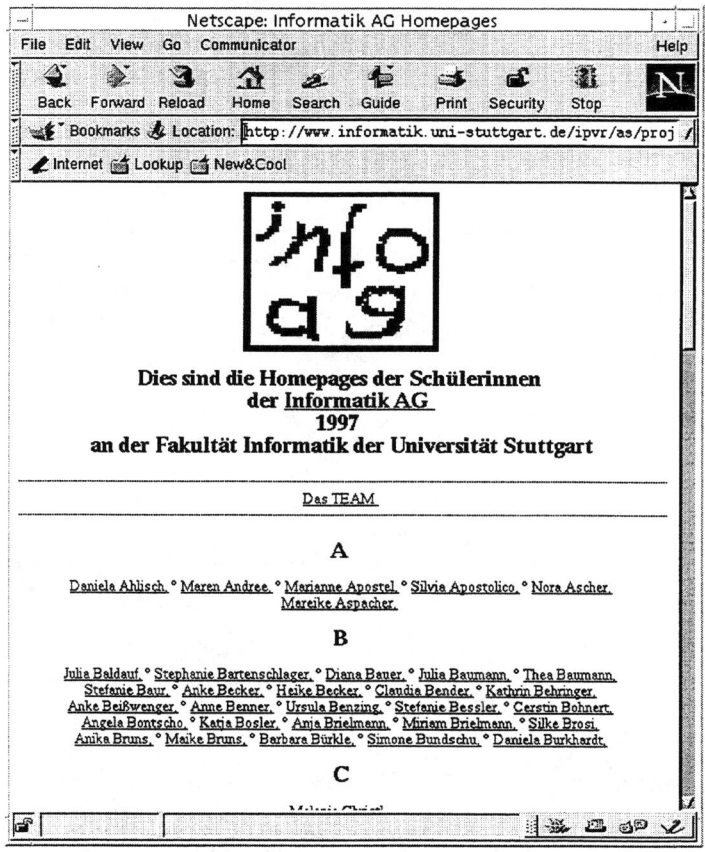

Bild 55: Die Seite der Teilnehmerinnen

Hinweis: Sollte die erzeugte HTML-Datei nicht dem gültigen Format entsprechen, beispielsweise wenn Sie zu einem Anfangsbefehl den Endbefehl vergessen haben, dann wird in der Regel keine Fehlermeldung erzeugt. Sie stellen wahrscheinlich lediglich fest, daß die Seite nicht so aussieht, wie sie sollte. Manche Fehler wirken sich auch gar nicht aus oder werden automatisch vom Browser verbessert. Festzustellen wo sich der Fehler in der Datei befindet, ist häufig nicht so einfach, denn Sie bekommen von dem Browser keinen Hinweis. Sie müssen den Fehler also selbst entdecken indem Sie den Inhalt Ihrer Datei systematisch überprüfen.

Mit dem Browser können Sie zu jeder WWW-Seite die entsprechende HTML-Datei betrachten. Sie müssen dazu im Menü "View" den Punkt "Dokument Source" wählen. Wenn Ihnen eine WWW-Seite besonders gut gefällt, können Sie dadurch herausfinden, wie die zugehörigen HTML-Befehle aussehen. Sind Sie beispielsweise interessiert daran, herauszufinden wie blinkende Schrift erzeugt wird, dann schauen Sie sich die HTML-Datei einer Seite an, in der es blinkende Schrift gibt.

Weitere Informationen finden Sie auf der WWW-Seite:

- http://www.informatik.uni-stuttgart.de/fachschaft/infmisc/infmisc.html

Die wichtigsten HTML-Befehle

Das Grundmuster einer HTML-Seite sieht wie folgt aus:

```
<html>
<head>
<title> Das ist die Titelzeile </title>
</head>
<body>
<h1> Das ist eine Überschrift </h1>
<p> Das ist normaler Text
</body>
</html>
```

Alle **HTML-Befehle** werden mit einem Kleiner- sowie einem Größer-Zeichen eingeklammert. Einige Befehle bestehen aus einem Anfangsbefehl mit dem zugehörigen Endbefehl, da der Browser Informationen darüber benötigt auf welchen Textabschnitt sich die Befehle genau beziehen. Der Endbefehl entspricht dem entsprechenden Anfangsbefehl, er enthält jedoch einen zusätzlichen slash (/). Beispiele sind:

```
<html> ... </html>

<head> ... </head>

<title> ... </title>

<body> ... </body>
```

Es ist unerheblich, ob Sie die Befehle in großen oder kleinen Buchstaben schreiben, d.h. sowohl <html> ... </html>, als auch <HTML> ... </HTML> oder <html> ... </HTML> sind korrekt. Es ist jedoch übersichtlicher, wenn Sie sich für eine Variante entscheiden.

Der Befehl **<html> ... </html>** umrahmt die gesamte Seite. Der Befehl **<head>...</head>** kennzeichnet den Kopfteil. Dieser enthält lediglich die Informationen, die beispielsweise die

Suchmaschinen zum Finden von Seiten benötigen, und wird nicht auf der Seite abgebildet. In den Kopfteil wird lediglich eine Titelzeile geschrieben, die mit dem Befehl <title>...</title> einzurahmen ist. Der Teil, der durch den Befehl **<body>...</body>** umrahmt wird, enthält schließlich die Informationen, welche auf der Seite abgebildet werden. Wenn in Ihrer Seite eine Überschrift angezeigt werden soll, müssen Sie sie also in diesem Teil angeben und z.B. durch <h1> ... </h1> klammern. **Überschriften** können in sechs verschiedenen Größen angegeben werden. Sie werden mit **<h1>...</h1>** für die größte Größe und mit **<h6>...</h6>** für die kleinste Größe umrahmt.

Es gibt zusätzlich auch Befehle, die nicht beendet werden müssen, da sie sich nicht auf einen Textabschnitt beziehen. Beispielsweise erhält man mit **
** einen Zeilenumbruch und mit **<hr>** eine horizontale Linie. Neue Abschnitte im fortlaufenden Text, getrennt durch eine Leerzeile, beginnen mit **<p>**.

Im folgenden werden nun einige Befehle erklärt, die Sie zur Erstellung Ihrer Seite verwenden können.

Listen können numeriert oder nicht numeriert sein. Die nicht numerierten Listen werden mit **<ul>...</ul>** eingerahmt, wobei vor jedem Listenelement der Befehl **<li>** stehen muß. Das sieht dann beispielsweise wie folgt aus:

```
<h6> Hier steht eine kleine Überschrift </h6>
<ul>
<li> Hier steht das 1. Element.
<li> Hier das 2. Element
<li> Hier das 3. Element. Nun ist die Liste zu Ende.
</ul>
```

Ersetzen Sie den Befehl **<ul>...</ul>** durch **<ol>...</ol>**, so erhalten Sie eine Liste ohne Nummern.

Wenn Überschriften **zentriert** werden sollen, muß das im Anfangsbefehl für die Überschrift mitangegeben werden. Beispiel:

```
<h1 align=center> Überschrift </h1>
```

Soll ein Textabschnitt zentriert werden, so wird er mit **<center>...</center>** eingerahmt. Beispiel:

```
<center> hier kommt jetzt der zentrierte Text </center>
```

Außerdem können verschiedene **Schrifttypen** erzeugt werden.

- Fette Schrift: **...**
- Kursive Schrift: **<i>...</i>**
- Eine Art Schreibmaschinenschrift: **<tt>...</tt>**
- Unterstrichener Text: **<u>...</u>**.

Beispiele:

- Hier steht ein Text, in dem ein Wort <b> fett </b> sein soll.
  Wird schließlich zu: Hier steht ein Text, in dem ein Wort **fett** sein soll.

- Hier steht ein Text, in dem ein paar Wörter <i><b> fett und kursiv </b></i> sein
  sollen.
  Wird schließlich zu: Hier steht ein Text, in dem ein paar Wörter *fett und kursiv* sein
  sollen.

Sie finden es sicher erstaunlich, daß im obigen Beispiel das Wort **Wörter** erscheint.
Dies hat eine einfache Erklärung. In Textdateien sind Umlaute wie ä, Ä, ü, Ü, ö oder Ö in der
Regel nicht darstellbar. Deshalb werden sie mit einer Zeichenfolge dargestellt, die der Browser erkennt und als den entsprechenden Umlaut interpretieren kann. Das gleiche gilt für
andere Sonderzeichen. Im folgenden werden die wichtigsten Zeichenketten aufgelistet:

- ä: ä
- Ä: Ä
- ü: ü
- Ü: Ü
- ö: ö
- Ö: Ö
- s: ß

Ihre eigene Seite

Bis auf Teilaufgabe a) können Sie nun beim Gestalten Ihrer eigenen Seite völlig frei vorgehen. Alternativ können Sie mit Hilfe der Teilaufgaben b)-g) eine Seite erstellen, die ähnlich
der beigelegten Beispielseite der Benutzerin hoenlena ist (siehe Abbildung 57). Die zugehörige HTML-Datei ist in der Abbildung 58 zu sehen. Beim Durcharbeiten der Teilaufgaben
können Sie anhand der beiden Abbildungen gut erkennen, welche Auswirkungen die Befehle
in der Datei auf das Aussehen der WWW-Seite haben.

a) Vorarbeit

In Ihrem Home-Verzeichnis ist bereits ein Verzeichnis WWW angelegt. Wechseln Sie in dieses Verzeichnis, indem Sie den Befehl

- **cd WWW**

in einem xterm-Fenster eingeben. Starten Sie von dort aus den emacs mit dem Befehl

- **emacs index.html &**

Wenn die Datei index.html noch nicht existiert, wird sie erzeugt, ansonsten wird sie in den
emacs geladen. Wird die Datei erzeugt, erkennt der emacs an der Endung des Namens der
Datei (index.html), daß es sich um eine HTML-Datei handelt, und schreibt deshalb automatisch alle Befehle, die in jedem Fall in einer HTML-Datei enthalten sein sollten, in die Datei.
Die Abbildung 56 zeigt Ihnen, wie diese Datei nach einem initialen Aufruf aussieht.

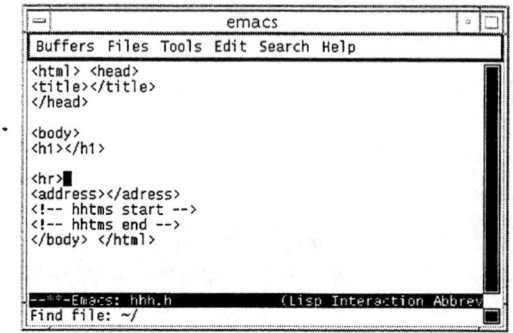

Bild 56: Der emacs mit den initialen HTML-Befehlen einer Datei

Dieses Formular können Sie übernehmen und daran weiterarbeiten. Alle Befehle, die Sie nicht kennen, ignorieren Sie einfach.

Bevor Sie jetzt mit der Gestaltung Ihrer Seite anfangen, sollten Sie jedoch vorher in einem **xterm**-Fenster folgendes eingeben:

cd
chmod a+x . **<RETURN>** (Der Punkt gehört dazu!)
chmod a+x WWW **<RETURN>**
chmod a+r WWW/* **<RETURN>**

Dadurch wird erreicht, daß die Seiten in Ihrem WWW-Verzeichnis auch vom WWW-Server gelesen werden können. Ein Browser bildet lediglich diejenigen Dateien als Seiten ab, die der gesamten Welt Leserechte geben. Andernfalls erscheint eine Fehlermeldung beim Aufruf der entsprechenden Seite aus dem Netscape.

b) Kopfzeile
Die Titelzeile der Seite wird im Kopf, wie schon beschrieben, durch die Befehle **<head><title>...</title></head>** eingerahmt. In der Beispielseite lautet der Titel "Nicola's Homepage"

c) Überschrift
Die Seite hat eine große Überschrift. Sie lautet "Nicolas Seite". Die Überschrift soll auf der Seite zentriert dargestellt werden, daher müssen die folgenden Befehle in die Datei eingetragen werden:

```
<h1 align=center> Nicolas Seite </H1>
```

d) Ich über mich
Hier sollte eigentlich Nicolas Adresse stehen. Da aber diese WWW-Seiten international und vor allem auch für Werbeverteiler zugänglich sind, wurde sie wieder gestrichen. Stattdessen hat Nicola einen kurzen Text über sich geschrieben, insbesondere wer sie ist, und was sie

hier an der Fakultät Informatik macht. Jeder Abschnitt des Textes wird durch den Befehl **\<p>**
begonnen. Dadurch wird der Browser angewiesen die Abschnitte durch eine Lücke voneinander zu trennen. Als Überschrift für diesen Abschnitt wurde "Ich über mich" gewählt. Die
Überschrift soll klein und linksbündig abgebildet werden. Sehen Sie sich dies in Abbildung
57 an.

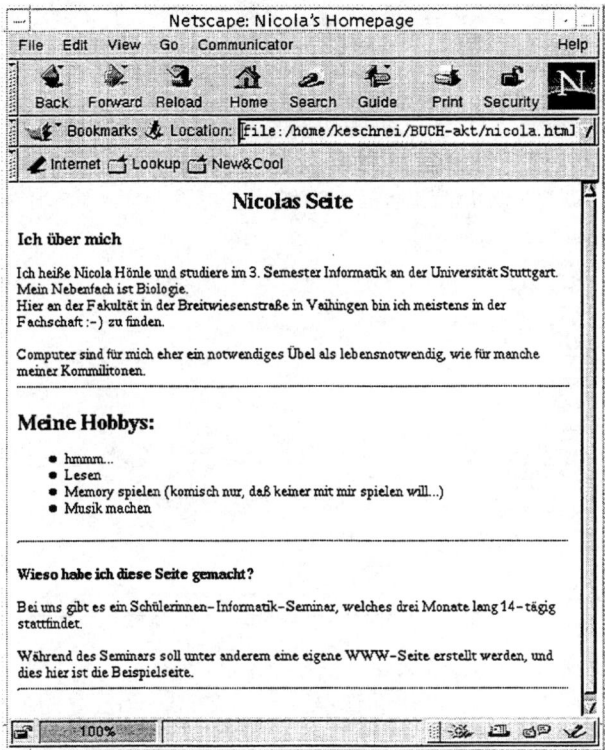

Bild 57: Nicolas Homepage

e) Liste meiner Hobbies
Unter dem Text und nach einer weiteren kleinen Überschrift ("Meine Hobbies") folgt eine
Liste ihrer Hobbies (siehe Abbildung 57). Dazu wurde die Liste mit dem Befehl **\<ul>** eingerahmt und die einzelnen Elemente mit **\<li>** gekennzeichnet. Sie können dies in der Abbildung 58 sehen und mit dem Ergebnis in Abbildung 57 vergleichen.

f) Weiterer Text
Danach wurde beschrieben, wieso diese Seite entstanden ist. Sie haben sicher noch weitere
Einfälle, was Sie schreiben könnten, beispielsweise über Ihre Schule, Ihre Lieblingsmusik
oder Ihre Zukunftspläne.

g) Layout
Mit dem Befehl **\
** wurden noch einige Zeilenumbrüche und mit **\<hr>** waagrechte Striche eingefügt.

Experimentieren Sie beim Erstellen Ihrer Seite mit den Befehlen, die Sie bisher kennengelernt haben, beispielsweise indem Sie die unterschiedlichen Schriftarten oder -größen ausprobieren. Sie werden sehen, die Möglichkeiten sind vielfältig.

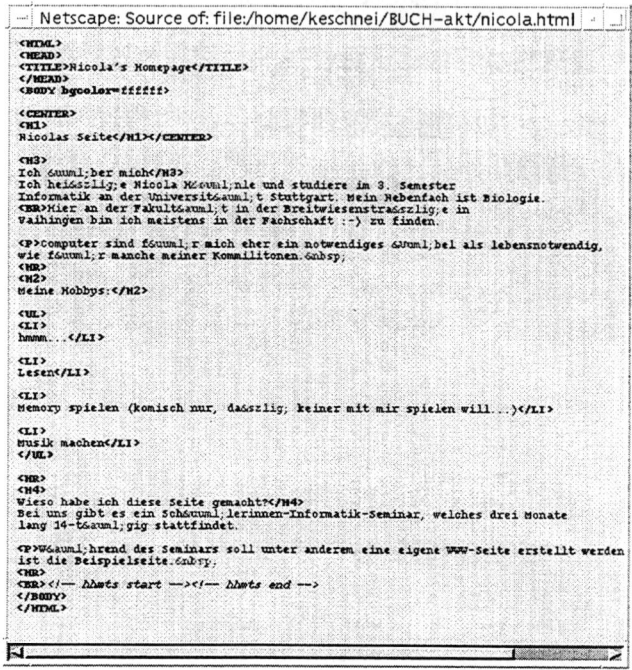

Bild 58: Der Quellcode der Beispielseite

4.5   Bilder

Nachdem Sie nun erfolgreich eine eigene WWW-Seite erstellt haben, können Sie diese nun
weiter verschönern, indem Sie Bilder in die Seite einbinden.

Digitale Bilder

Zusätzlich zum Text können auch Graphiken bzw. Bilder in die WWW-Seiten eingebunden
werden. Die Bilder können entweder direkt im Rechner erstellt werden oder die Bildinformationen werden in den Rechner eingelesen und digitalisiert. Dies kann beispielsweise mit
Hilfe eines Scanner, einer digitalen Kamera oder einer an den Rechner angeschlossenen
Videokamera durchgeführt werden.

Ein Bild ist in einer binären Datei gespeichert. Deshalb kann die Datei nicht mit Hilfe des
emacs gelesen oder verändert werden. Es gibt eigene Anwendungen zur Bearbeitung von
Bilddateien, beispielsweise xv. Die Abbildung 59 zeigt das Hauptfenster der Anwendung xv.

Ein digitales Bild enthält wesentlich mehr Information als ein Text. Es besteht aus einer Menge von Bildpunkten, sogenannten Pixeln. Ein Pixel enthält auch die Farbinformation. Eine Bilddatei ist deutlich größer als eine Textdatei.

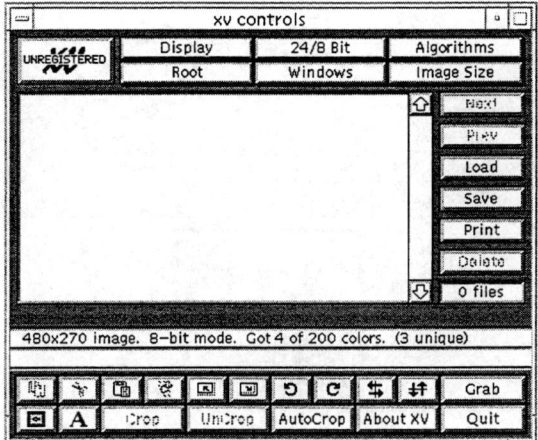

Bild 59: Das Steuerungsfenster des xv

Bilder im Netz

Die Größe von Bilddateien macht sich in der Regel bemerkbar. Das Laden einer WWW-Seite dauert häufig lange, wenn die Seite (viele) Bilder enthält. Deswegen sollten Sie sparsam mit großen Bildern umgehen oder spezielle Techniken zur Unterstützung einsetzen.

Falls Ihnen das Laden einer Seite zu lange dauert und Sie zunächst nicht an den Bildern der Seite interessiert sind, können Sie das Laden der Bilder unterbinden. Schalten Sie dazu im Netscape die Option "Autoload Images" aus dem Menü "Options" aus. Netscape zeigt daraufhin beim Laden einer Seite alle integrierten Bilder lediglich als Piktogramm (icon) an und lädt die entsprechenden Bilder erst dann, wenn Sie die Piktogramme anklicken.

Sie können jedes Bild, das Sie im Netz auf einer beliebigen Seite finden, abspeichern, gegebenfalls verändern und auf Ihrer eigenen Seite verwenden. Dazu müssen Sie das Bild mit der rechten Maustaste anklicken. Es erscheint ein Menü, aus dem Sie "Save Image As..." auswählen. In der Abbildung 60 ist dieses Menü zu sehen. Daraufhin werden Sie gebeten einen Dateinamen für die Bilddatei und ein Verzeichnis anzugeben, in welchem diese Bilddatei gespeichert werden soll. Häufig wird ein Dateiname vom System vorgeschlagen. Wenn Sie das Bild in dem Verzeichnis ~/WWW abspeichern, können Sie es direkt auf Ihrer WWW-Seite verwenden. Wie Bilder in WWW-Seiten eingebunden werden, wird später beschrieben.

Bilder betrachten: xv

Um Bilder zu betrachten und auch zu verändern, können Sie das ausführbare Programm **xv** verwenden. Diese Anwendung läßt sich entweder über das Hintergrund-Menü aufrufen oder durch die Eingabe des Befehls xv in einem xterm-Fenster. Die Anwendung xv stellt eine Reihe von Fenster zur Verfügung, beispielsweise zum Laden, Speichern oder Verändern eines geladenen Bildes. Beim Start von xv erscheint zunächst ein Bildfenster mit Werbung über xv. Wenn Sie mit der rechten Maustaste in das Bildfenster klicken, erscheint das Funktionsfenster auf Ihrem Bildschirm. Ein nochmaliges Klicken entfernt es wieder. In Abbildung 59 können Sie das Funktionsfenster betrachten.

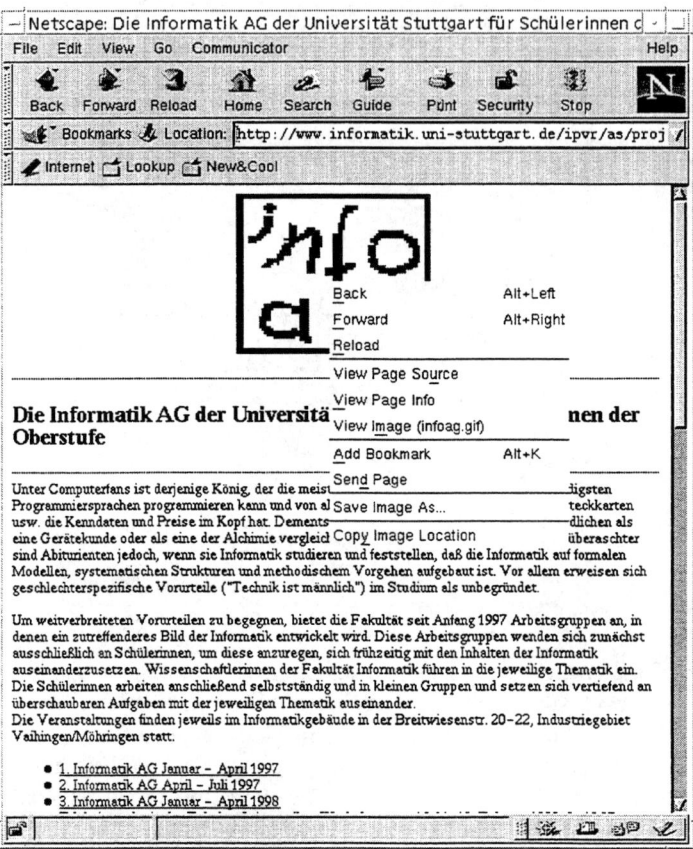

Bild 60: Das Abspeichern von Bildern

Mit dem Button **Load** im Funktionsmenü können Dateien geladen werden. Es werden dazu prinzipiell zwei Möglichkeiten angeboten. Entweder durch die Eingabe des Namens der Datei in der Zeile "Load File:" oder durch ein doppeltes Anklicken der Datei oder des Verzeichnisses, in dem sich die Datei befindet. Das aktuell geladene Bild wird in einem eigenen Fenster angezeigt. Wenn Sie beispielsweise die Datei mit dem Logo der Informatik AG laden, entsteht das in Abbildung 61 gezeigte Fenster.

Bild 61: Das Logo der Informatik AG

Sie können nun die Bilddatei verändern. Beispielsweise können Sie das Bild verkleinern und in einer neuen Datei speichern. Abbildung 62 zeigt das verkleinerte Logo.

Bild 62: Das verkleinerte Logo der Informatik AG

Der Button **Save** erlaubt eine Datei zu speichern. Dies ist beispielsweise notwendig, um Änderungen zu sichern oder den Namen der Datei zu ändern. Soll eine Datei gespeichert werden, so werden einige Informationen abgefragt. Das System muß beispielsweise erfahren, in welchem Bildformat das Bild gespeichert werden soll, d.h. welches Format die Datei haben soll. In Abbildung 63 sehen sie das Fenster, welches beim Abspeichern eines Bildes erscheint.

Im unteren Bereich gibt es in der Mitte zwei Menüs, um die Größe eines Bildes zu ändern. Sie tragen als Symbol ein Rechteck mit einem diagonalen Pfeil. Das Menü, welches durch die runden Pfeile gekennzeichnet ist, ermöglicht es ein Bild zu drehen.

Mit **Quit** wird der xv beendet.

Bilder in HTML

Um ein Bild in eine WWW-Seite einzubinden, gibt es zwei Möglichkeiten: Entweder das Bild wird direkt auf der Seite zwischen dem Text angezeigt, oder es kommt ein Verweis auf das Bild (Link) in die Seite, der nach dem Anklicken das Bild öffnet. Dieser Link kann z.B. auch eine kleine Version des Bildes, also ein Piktogramm sein. Gerade bei großen Bildern ist die zweite Möglichkeit vorzuziehen, da dann die Betrachtenden selbst entscheiden können, ob sie das Bild so interessiert, daß sie die Wartezeit in Kauf nehmen.

Der Befehl, um ein Bild direkt in eine WWW-Seite einzubinden, lautet:

• <IMG SRC="<verzeichnis>/<filename>">
Befinden sich die Bilddatei und die HTML-Datei im selben Verzeichnis, kann die Angabe des Verzeichnisses entfallen.

Als Link wird ein Bild folgendermaßen eingebunden:

- <A HREF="<verzeichnis>/<filename>" Hier kommt das Bild! </A>

Dabei ist "Hier kommt das Bild!" der Link auf das Bild. Ist der Link selbst ein Bild bzw. ein Icon so muß dort stattdessen ein IMG-Befehl stehen. Das sieht dann wie folgt aus:

- <A HREF="<verzeichnis>/<filename>">
  <IMG SRC="<verzeichnis>/<iconname>" ISMAP></A>

<iconname> ist dabei der Name für dasjenige Bild, das beim Anklicken die Bilddatei <filename> lädt.

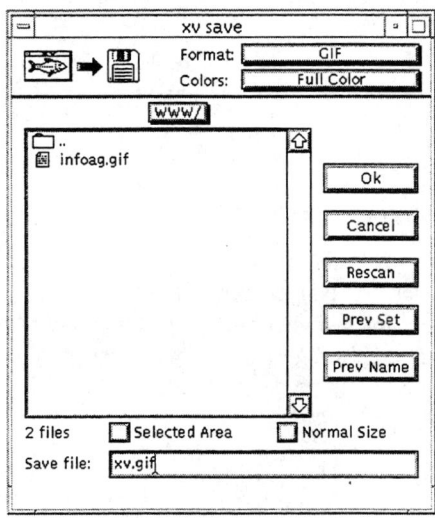

Bild 63: Das Fenster des xv zum Abspeichern von Bildern

Ein Beispiel: In dem Verzeichnis **WWW** befindet sich eine Datei, die ein großes Bild eines Pferdes (pferd.gif), und eine Datei, die ein kleines Bild des Pferdekopfes (pferdekopf.gif) enthält. Durch den folgenden Befehl in der HTML-Datei erscheint auf der WWW-Seite der Pferdekopf, und wenn dieser angeklickt wird, das Pferd.

- <A HREF="Pferd.gif">
  <IMG SRC="Pferdekopf.gif" ISMAP></A>

Aufgabe 1: Einbinden des eigenen Bildes in die WWW-Seite

a) Kopieren der Video-Snapshots in das eigene WWW-Verzeichnis
Die Bilder, die in der letzten Stunde von Ihnen gemacht worden sind, sind digitalisiert worden und befinden sich inzwischen als Bilddateien in Ihren WWW-Verzeichnissen. Der Dateiname besteht jeweils aus Ihrem username mit der Endung gif:

- *username*.gif

Wenn Sie also beispielsweise den username danickla besitzen, hätte die Bilddatei den Namen danickla.gif. Sollten Sie die Datei nicht finden, fragen Sie Ihre Tutorin oder Ihren Tutor. Laden Sie die Datei mit der Anwendung xv und speichern Sie die Datei im Verzeichnis ~/ WWW unter einem anderen sinnvollen Namen ab.

b) Einbinden der Bilder in die WWW-Seite
Starten Sie den emacs. Laden Sie die Datei index.html aus dem WWW-Verzeichnis. Fügen Sie Ihr Bild an die gewünschte Stelle ein und kontrollieren Sie das Ergebnis mit dem Netscape.

Aufgabe 2: Erstellen eines Piktogramms (icons)
Laden Sie Ihr Bild erneut mit xv. Verkleinern Sie es, bis auf die Größe einer Briefmarke und sichern Sie es unter einem anderen Namen. Binden Sie es dann als Piktogramm für Ihr großes Bild in Ihre Seite ein.

Aufgabe 3: Einbinden weiterer Bilder
Suchen Sie im Netz nach interessanten Bildern und binden Sie diese sowohl als Piktogramme als auch direkt in Ihre Seite ein. Ihrer Phantasie sind dabei keine Grenzen gesetzt!

4.6 Integration von Hyperlinks

HTML-Seiten und ihre Darstellung durch den Netscape-Browser haben Sie inzwischen kennengelernt. Doch HTML bietet noch eine weitere, sehr interessante Möglichkeit: Man kann Informationen verschiedener Art sehr einfach miteinander vernetzen.

Dazu setzt man sogenannte Links (deutsch: Querverweise oder Referenzen) auf andere Informationen; die Links werden auf der jeweiligen HTML-Seite unterstrichen angezeigt. Man kann Links auf eine Reihe unterschiedlicher Dateitypen setzen. Wir wollen im Rahmen der Übungsaufgabe jedoch nur zwei Arten besprechen: Links auf (andere) HTML-Seiten und Links auf Dateien.

Die Links vereinfachen den Zugriff auf Informationen in folgendem Sinn:

1. Man kann Links innerhalb derselben HTML-Seite setzen. Dies ist dann sinnvoll, wenn auf einer Seite sehr viele Informationen untergebracht sind und man schnell an eine bestimmte Stelle einer Seite gelangen möchte.

2. Man kann verschiedene HTML-Seiten miteinander verbinden. Beispielsweise könnte Ihre Homepage Links auf andere, interessante HTML-Seiten enthalten.

3. Man kann durch Links schnell andere Arten von Informationen betrachten oder auch transportieren. Diese Informationen müssen nicht notwendig im HTML-Format vorliegen. Beispielsweise könnten Sie Textdateien schreiben und innerhalb Ihrer Homepage darauf verweisen. Der Inhalt der Textdatei wird dann direkt angezeigt.

Beispiel
Auf den folgenden Seiten ist ein Beispiel angegeben worden, anhand dessen die Definition von Hyperlinks illustriert werden soll. Gezeigt wird zunächst das Erscheinungsbild im Netscape-Browser. Dabei handelt es sich bei dem linken und rechten Teil der Abbildung um die gleiche HTML-Seite: Der rechte Teil der Abbildung zeigt die Fortsetzung des linken Teils.

Anschließend wird dazu der Sourcecode angegeben. Bitte beachten Sie, daß die Nummern am Anfang der Zeilen nicht Teil der HTML-Definition sind. Sie sind lediglich eingefügt worden, um die folgenden Erläuterungen zu vereinfachen.

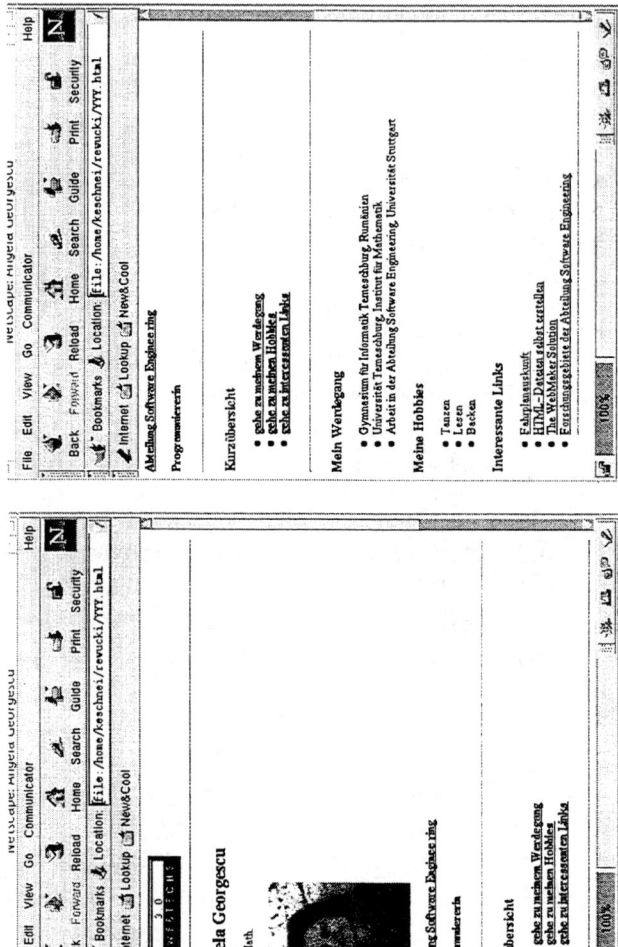

Bild 64: Angelas Homepage

Im folgenden wird dazu der Sourcecode angegeben:

```
<!DOCTYPE HTML PUBLIC "-//IETF//DTD HTML 3.0//EN">
<HTML>
<HEAD>
<TITLE>Angela Georgescu</TITLE>
</HEAD>

<BODY>
```

```
<P> <A HREF="http://www.webtechs.com/html-val-svc/">
<IMG SRC="http://www.webtechs.com/html-val-svc/images/valid_html.3.0.gif"
ALT="WebTechs HTML 3.0 (Beta) Checked!"></A>
<HR>
<H1>Angela Georgescu</H1>
Dipl. Math.<P>
<IMG SRC="http://www.informatik.uni-stuttgart.de/ifi/se/images/angela.gif"><P>
<H4><A HREF="http://www.informatik.uni-stuttgart.de/ifi/se/se.html">Abteilung Software Enginee
ring</A></H4>
<H4>Programmiererin</H4><HR><BR>
<H3>Kurz&uuml;bersicht</H3>
<UL>
<LI><A HREF="#Werdegang"><B>gehe zu meinem Werdegang</B></A>
<LI><A HREF="#Hobbies"><B>gehe zu meinen Hobbies</B></A>
<LI><A HREF="#Links"><B>gehe zu interessanten Links</B></A>
</UL>
<HR>
<A NAME="Werdegang"><H3>Mein Werdegang</H3>
<UL>
<LI>Gymnasium f&uuml;r Informatik Temeschburg, Rum&auml;nien
<LI>Universit&auml;t Temeschburg, Institut f&uuml;r Mathematik
<LI>Arbeit in der Abteilung Software Engineering, Universit&auml;t Stuttgart
</UL>
<A NAME="Hobbies"><H3>Meine Hobbies</H3>
<UL>
<LI>Tanzen
<LI>Lesen
<LI>Backen
</UL>
<A NAME="Links"><H3>Interessante Links</H3>
<UL>
<LI><A HREF="http://www.VRN.de/CGI
efa.anfrage?B_W=B_W">Fahrplanauskunft</A>
<LI><A HREF="http://www.netzwelt.com/selfhtml/">HTML-Dateien selbst erstellen</A>
<LI><A HREF="http://www.harlequin.com/webmaker/info.html#20">The WebMaker Solution</A>
<LI><A HREF="text.txt">Forschungsgebiete der Abteilung Software Engineering</A>
<HR>

</BODY>
</HTML>
```

4.6.1   Springen innerhalb der gleichen Seite (interne Verweise)

Man kann innerhalb ein und derselben HTML-Seite Markierungen setzen und zwischen die-sen hin- und herspringen. Das ist vor allem dann sinnvoll, wenn ein Dokument sehr lang ist und man schnell bestimmte Punkte innerhalb des Dokuments erreichen können soll.

Wenn Sie in der Beispielseite dem Verweis gehe zu meinen Hobbies folgen, wird ein Sprung zu dem Bereich "Meine Hobbies" aus derselben WWW-Seite gemacht. Dieser Bereich wird dann angezeigt. Probieren Sie das aus.

Nun wird erläutert, wie Sie einen solchen Hyperlink einfügen können.

Mit der Anweisung

```
<A NAME="label">...</A>
```

benennen Sie eine Stelle auf Ihrer HTML-Seite, die angesprungen werden kann. Es handelt sich dabei um das **Sprungziel**. Sie etikettieren also den Teilbereich des Dokuments, damit Sprünge zu diesem Bereich gemacht werden können.

Mit der Anweisung

`<A HREF="#label">...</A>`

definieren Sie einen Sprung zu der mit "label" bezeichneten Stelle. Sie setzen also einen Hyperlink zu dem oben definierten Sprungziel (mit "label" bezeichnet). Natürlich muß die Bezeichnung "label" jeweils durch einen konkreten Namen ersetzt werden.Im Sourcecode des oben gezeigten Beispiels finden Sie diese Anweisungen in den folgenden Zeilen:

`<LI><A HREF="#Hobbies"><B>gehe zu meinen Hobbies</B></A>`

`<A NAME="Hobbies"><H3>Meine Hobbies</H3>`

In der letztgenannten Zeile wird das Sprungziel, nämlich "Hobbies" definiert. In der erstgenannten Zeile wird der eigentliche Sprung an diese Stelle definiert (`<A HREF="#Hobbies">"...`).

Aufgabe 1:

1. Finden Sie heraus, ob es in dem Beispiel weitere interne Verweise gibt. Falls ja, geben Sie diese an.

2. Definieren Sie – ähnlich wie in dem Beispiel – eine Liste Ihrer Lieblingsautoren in Ihrer Homepage. Jeder Autorname in dieser Liste soll ein Querverweis auf einen Teilbereich desselben Dokuments sein, in dem die Meisterwerke dieses Autors eingetragen sind.

4.6.2   Adressieren anderer HMTL-Dokumente

Man kann in einem HTML-Dokument Verweise auf andere HTML-Dokumente setzen. Wenn diese Verweise aus dem WWW-Browser angeklickt werden, wird der komplette Inhalt des anderen Dokuments im WWW-Browser angezeigt.

Wenn Sie in der Beispielseite dem Verweis <u>HTML-Dateien selbst erstellen</u> folgen, dann wird ein Sprung zu dem Dokument mit der Adresse "http://www.netzwelt.com/selfhtml/" gemacht. Der Inhalt des Dokuments wird im WWW-Browser angezeigt:

Probieren Sie das aus.

Und so können Sie einen solchen Hyperlink auf ein HTML-Dokument in Ihre eigene Homepage einfügen:

`<A HREF="url">...</A>`

Damit setzen Sie einen Hyperlink zu einem HTML-Dokument mit der Adresse "url". Im Beispiel-Sourcecode finden Sie die Anweisung die auf die WWW-Seite aus Abbildung 65 verweist in der Zeile:

`<LI><A HREF="http://www.netzwelt.com/selfhtml/">HTML-Dateien selbst erstellen</A>`

Auf die gleiche Art wird in der Zeile

`<LI><A HREF="http://www.VRN.de/CGIefa.anfrage?B_W=B_W">Fahrplanauskunft</A>`

oder der Zeile

`<LI><A HREF="http://www.harlequin.com/webmaker/info.html#20">The WebMaker Solution</A>`

ein Verweis auf ein externes HTML-Dokument definiert. Schauen Sie sich dieses Dokument im WWW-Browser an!

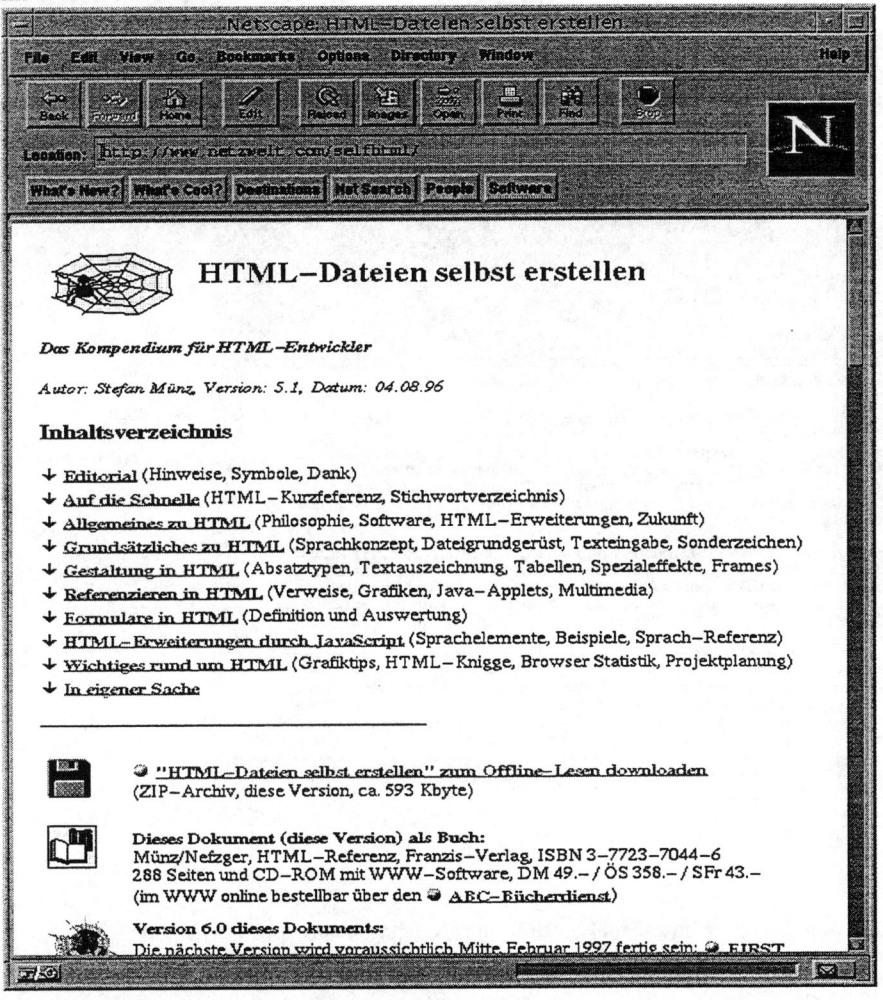

Bild 65: WWW-Seite: HTML-Dateien selbst erstellen

Aufgabe 2: Verweise zu einem externen Dokument

1. Finden Sie heraus, ob es in dem Beispiel weitere Verweise auf HTML-Dokumente gibt. Falls ja, geben Sie diese an.

2. Setzen Sie in Ihrer Homepage einen Link auf die WWW-Seite Ihrer Freundin.

4.6.3   Referenzieren eines Teilbereichs eines externen HTML-Dokuments

Es ist nicht nur möglich, sich andere WWW-Seiten anzeigen zu lassen, sondern es ist auch möglich, sich Teile einer anderen WWW-Seite anzeigen zu lassen. Das ist, so wie Sie vermuten werden, eine Kombination der beiden bisher vorgestellten Möglichkeiten.Wenn Sie in der Beispielseite dem Verweis The WebMaker Solution folgen, dann wird ein Sprung zu dem Bereich "The WebMaker Solution" aus der WWW-Seite mit der Adresse "http://www.harlequin.com/webmaker/info.html" gemacht. Dieser Bereich des Dokuments wird dann im WWW-Browser angezeigt (siehe Abbildung 66)

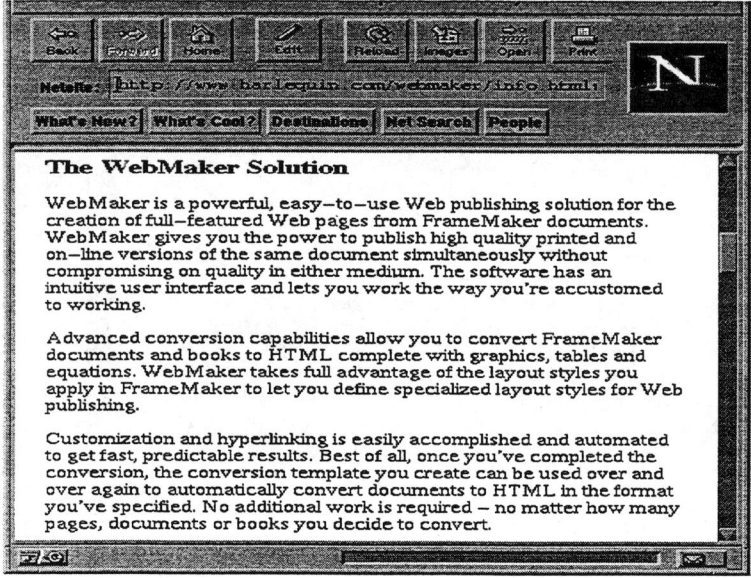

Bild 66: Ausschnitt einer WWW-Seite

Probieren Sie das aus.

Und so können Sie einen solchen Hyperlink in Ihre eigene Homepage einfügen:

`<A HREF="url#label>...</A>`

Damit setzen Sie einen Hyperlink zu einem Bereich des HTML-Dokuments mit der Adresse "url", der mit dem Etikett "label" versehen ist.

In dem HTML-Dokument mit der Adresse "url" muß natürlich ein Eintrag

`<A NAME="label">...</A>`

existieren, damit Sie den Teilbereich des HTML-Dokuments, zu dem der Sprung gemacht werden soll, kennzeichnen.

Im Beispiel-Sourcecode sehen Sie das in Zeile

`<LI><A HREF="http://www.harlequin.com/webmaker/info.html#20">The WebMaker Solution</A>`

wobei "url" "http://www.harlequin.com/webmaker/info.html" und "label" "20" ist.

4.6.4 Referenzieren anderer Dateien

Man kann in einem HTML-Dokument Verweise auf jede Art von Dateien setzen.

Wie Sie wissen, gibt es viele verschiedene Typen von Dateien, beispielsweise reine Textdateien, aber auch Dateien anderer Formate. Den Dateityp erkennt man auch an der Dateiendung (die letzten Zeichen nach dem "." im Dateinamen; z.B. ist in "Dateiname.txt" die Dateiendung "txt"). Wir werden uns hier aber nur mit Textdateien befassen.

Wenn man in einem HTML-Dokument einen Verweis auf eine Textdatei setzt, und wenn diese aus dem WWW-Browser angeklickt wird, wird der komplette Inhalt der Datei im WWW-Browser angezeigt. Wenn Sie in der Beispielseite dem Verweis <u>Forschungsgebiete der Abteilung Software Engineering</u> folgen, dann wird ein Sprung zu dem Dokument "Text.txt" gemacht, und sein Inhalt wird im WWW-Browser angezeigt.
Probieren Sie das aus.

Und so können Sie einen solchen Hyperlink auf eine Datei in Ihre eigene Homepage einfügen:

`<A HREF="url">...</A>`

Damit setzen Sie einen Hyperlink zu einer Datei mit dem Namen (oder der Adresse) "url" setzen.

Im Beispiel-Sourcecode sehen Sie das in der folgenden Zeile:

`<A HREF="text.txt">Forschungsgebiete der Abteilung Software Engineering</A>`

Aufgabe 3: Verweise zu einer Textdatei
Setzen Sie in Ihrer Homepage einen Link auf die Textdatei, die Sie in der ersten Übung erstellt haben.

4.7 Der Umgang mit elektronischer Post

In der Geschäftswelt und an den Universitäten wird die herkömmliche gelbe Post, also das Verschicken von Briefen und Karten, immer stärker durch neue, schnellere Kommunikationsmittel ergänzt. Nicht ganz zu Unrecht wird die gelbe Post inzwischen scherzhaft auch als "snail mail" (deutsch: Schneckenpost) bezeichnet. Ein schnelleres und mittlerweile auch verbreitetes Kommunikationsmedium ist das Senden und Empfangen von Faxen. Faxgeräte nutzen dazu die vorhandenen Telefonleitungen.

Ein weiterer, sehr schneller Kommunikationsweg ist die elektronische Post. Die elektronische Post wird auch als e-mail bezeichnet (eine Abkürzung für "elektronic mail"). Der Umgang mit e-mail soll in dieser Übung schwerpunktmäßig behandelt werden. Bei der e-mail handelt es sich um das Senden und Empfangen von Notizen, Briefen oder Dokumenten auf elektronischen Datenwegen. Beispielsweise kann hierzu das Internet verwendet werden.

Wie bei der gelben Post gibt es bei e-mails Absender, Empfänger und einen Transportweg. Absender ist diejenige Person, die eine Information verschicken möchte, Empfänger können ein oder mehrere – ebenfalls elektronisch erreichbare – Personen sein. Als Transportweg wollen wir den Versand über das Internet unterstellen. Die Möglichkeit zum Verschicken von e-mails besitzt in der Regel jede Person, die auch über einen Zugang zu einem Rechner verfügt, der dem Internet angeschlossen ist.

Struktur von E-Mails

Damit die e-mails ihre Empfänger auch erreichen, besitzen elektronische Briefe einen bestimmten (stets gleichen) Aufbau. Dadurch wird gewährleistet, daß die notwendigen Informationen verfügbar und auch wieder auffindbar sind.

Beispiel

Angela möchte ihre – etwas vergeßliche – Kollegin Anke an eine Sitzung am Mittag erinnern. Dazu schreibt sie ihr eine e-mail.

Subject: Treffen heute um 13.00 Uhr
Date: Mon, 20 Jan 1997 11:41:45 +0100
From: Angela Georgescu <angela@informatik.uni-sttutgart.de>
To: Anke Drappa <drappa@informatik.uni-stuttgart.de>

```
Hallo Anke,

denkst du bitte daran, dass wir heute um 13.00 Uhr eine Sitzung haben?
Bitte bring dazu - wie verabredet - die Unterlagen zum Entwurf mit.

Gruesse, Angela


--
Angela Georgescu                    Tel. (0711) 7816-311
Universitaet Stuttgart              Fax  (0711) 7816-380
Abteilung Software Engineering
```

Jede e-mail besteht grundsätzlich aus einem Kopf (header) und einem Rumpf (body). Im Header sind folgende Informationen enthalten:

Subject: Überschrift der e-mail (Worum geht es in der e-mail?)
Date: Datum und Uhrzeit des Versands (Wann wurde die e-mail abgeschickt?)
From: Name und e-mail-Adresse des Absenders
To: Name und e-mail-Adresse des Empfängers

Der Body enthält dann den eigentlichen Inhalt, also den Brieftext. Dieser muß keinen besonderen Formatvorschriften genügen. Meist wird jedoch die sogenannte Signatur angehängt (im Beispiel nach --). Die Signatur identifiziert den Absender der Mail und enthält meist Name, Anschrift und Telefonnummer. Die Signatur kann auch entfallen; den Absender kann man zumindest dem **From**-Feld im Header entnehmen.

Im Body der e-mail können nicht nur textuelle Informationen, sondern auch komplette elektronisch vorliegende Dokumente verschickt werden. Solche Anlagen werden dann als Attachment bezeichnet.

E-Mail-Adressen

Wie bei der gelben Post sind auch bei der e-mail Adressen erforderlich, die den (oder die) Empfänger der Mail identifizieren. Die Adressen sind nach dem folgenden Schema aufgebaut:

<Username>@<Rechnername>.<Domänenbezeichnung>

Dabei identifiziert die Domäne das lokale Netzwerk, in dem der Benutzer beheimatet ist, der Rechnername den Rechner, für den der Benutzer eine Zugangsberechtigung besitzt, und der Username den eigentlichen Benutzer.

Beispiel

angela@bruessel.informatik.uni-stuttgart.de

Das lokale Netzwerk des Empfängers liegt in Deutschland (.de), genauer handelt es sich um das Netz der Universität Stuttgart (.uni-stuttgart). Darin wird die Fakultät Informatik ausgewählt (.informatik), in der Informatik gibt es wiederum einen Rechner mit dem Namen bruessel. Schließlich kennt die Bruessel einen Benutzer namens angela.

Bei einem Vergleich mit einer herkömmlichen Anschrift ergibt sich etwa folgendes Bild: Zuerst wird das Land identifiziert, dann die Stadt, in der der Empfänger "wohnt", die Straße, das Gebäude und schließlich die "Wohnung" innerhalb des Gebäudes (also der entsprechende Briefkasten).

Nicht immer sind alle Elemente der Adresse gefordert. Versendet man innerhalb des gleichen lokalen Netzes e-mails, genügt bereits die Form <Username>@<Rechnername>, z.B. danickla@trick. Bei den Mitarbeiter(innen) der Fakultät kann der Rechnername entfallen und statt des Usernamen der (Vor- und) Nachname angegeben werden. Dafür werden jeweils besondere Verzeichnisse bereitgestellt. Beispiel: Kerstin.Schneider@informatik.uni-stuttgart.de

Programme zum Verschicken von e-mails – Netscape-Mail

Auch zum Senden, Empfangen und Verwalten von e-mails sind Programme erforderlich. In dieser Übung soll das Netscape-Mail-Programm verwendet werden. Den Netscape-Browser haben Sie bereits kennengelernt. Netscape enthält auch ein Programm für die e-mails. Dies wollen wir uns nun etwas genauer anschauen.

Vorbereitung

Starten Sie Netscape. Wenn Sie einen Browser betrachten, finden Sie in der rechten, unteren Ecke des Fensters ein Briefsymbol. Klicken Sie darauf. Daraufhin öffnet sich ein neues Fenster – das Mailprogramm ist gestartet! (siehe Abschnitt 67)

Mit dem Netscape-Mail-Programm kann man eine Reihe verschiedener Funktionen erfüllen, die nun besprochen werden sollen. Betrachten Sie zuvor das oben abgebildete Fenster, im folgenden als Mail-Fenster bezeichnet. Unterhalb der Menüleiste (File, Edit, ...) erkennen Sie eine Reihe von Buttons. Wenn Sie mit der linken Maustaste auf diese Buttons drücken, können Sie die wichtigsten Funktionen von Netscape aufrufen. Zu den Grundfunktionen gehören Get Mail (das Holen neuer Mails), Delete (das Löschen von Mails) oder To: Mail (das

Verschicken neuer Mails). Die Bedienung ist recht einfach und wird jeweils vor den folgenden Aufgabenteilen erläutert.

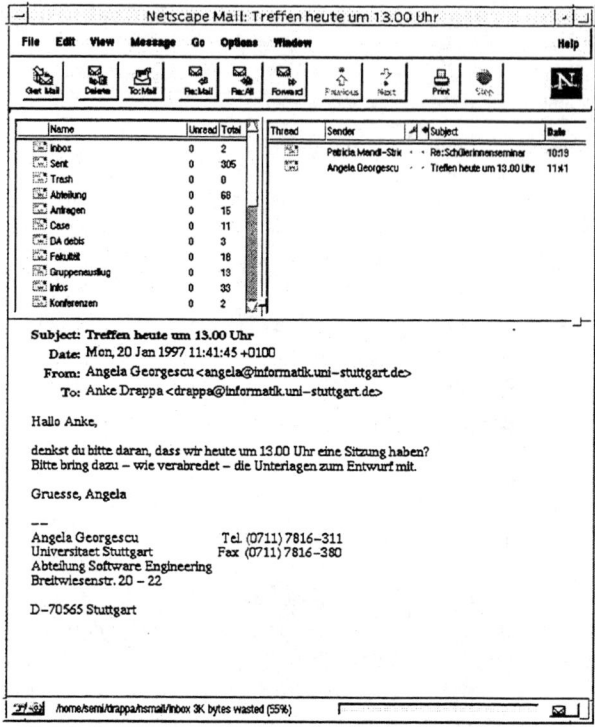

Bild 67: Netscape-Mail

Verschicken von Mail

Mit Hilfe des Buttons To: Mail können Sie eine neue e-mail verschicken. Es öffnet sich das unten gezeigte Fenster, im folgenden Message-Fenster genannt. (siehe Abschnitt 68)

Darin werden verschiedene Informationen erfragt. In das erste Feld (Mail To:) müssen Sie eine gültige Mailadresse eingeben (die des Adressaten). Mail CC: bedeutet, daß der dort eingetragene Empfänger eine Kopie der Mail erhält. Das Subject schließlich kennen Sie schon (Thema der Mail). Das Feld Attachment erfragt Dokumente, die möglicherweise mitgeschickt werden sollen. Wenn Sie dort einen Dateinamen angegeben, so wird die entsprechende Datei mitversendet. Aber Vorsicht dabei!

Aufgabe 1:

Nun wird es aber Zeit, einmal selbst etwas auszuprobieren. Versuchen Sie, eine e-mail zu verschicken. Schicken Sie diese zunächst an sich selbst. Sie soll das Subject Testmail tragen.

Hinweis: Sie möchten eine Mail innerhalb des lokalen Netzwerks versenden. Erinnern Sie sich an die besprochenen Adreßkonventionen. Bilden Sie aus Ihrem Usernamen (auch Benutzername oder Loginname genannt) zusammen mit dem At-Zeichen (@, sprich ät) und dem Rechnernamen Ihre E-Mail-Adresse.

Geben Sie in den Mailbody ein wenig Text ein. Wenn Sie fertig sind, betätigen Sie den Button Send (oben links im Message-Fenster).

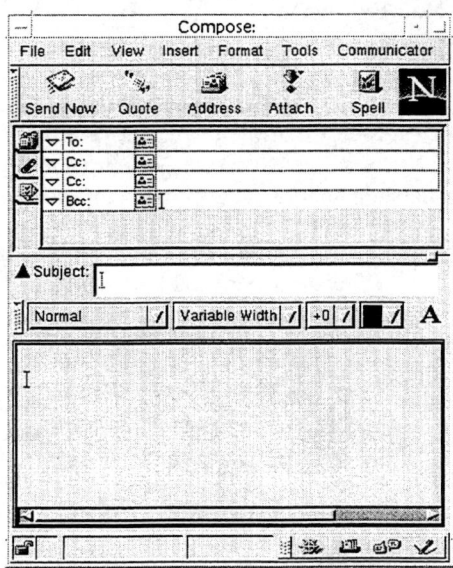

Bild 68: Senden einer Mail

Empfangen von Mail

Wie man Mails verschicken kann, haben wir nun gesehen. Wir möchten natürlich auch selbst neue Mails empfangen (wer freut sich schließlich nicht über einen Brief?). Dies kann man mit Get Mail veranlassen.

Aufgabe 2:
Probieren Sie, ob das Verschicken der Mail aus Aufgabe 1 geklappt hat. Wenn alles richtig war, müßte nun im Mail-Fenster im linken Teil die Inbox selektiert sein und im rechten Teil Ihre Nachricht angezeigt werden. Bei der Inbox handelt es sich um denjenigen Folder, in den neu ankommende Mails automatisch einsortiert werden.

Ordnen von Mails

Wenn man sich erst an das Kommunikationsmittel e-mail gewöhnt hat, häufen sich die Nachrichten im "Briefkasten". Daher muß immer ein bißchen Ordnung geschaffen werden. Dazu verwendet man Folder (Ordner). Es handelt sich dabei sich um Verzeichnisse ähnlich zu denen, die Sie bereits auf Betriebssystem-Ebene kennengelernt haben. Neue Folder kann man im Mail-Fenster anlegen. Man wählt dazu im Menü File den Eintrag New Folder. Dort kann man einen Namen angeben. Zu Beginn sind die Folder leer.

Sie sehen im linken Teil des Mail-Fensters die Standard-Folder Inbox und Trash. In den Trash (Müll) wandern gelöschte Mails. Mails werden in bestimmte Folder verschoben, in dem man sie mit der linken Maustaste packt, die Taste gedrückt hält und die Nachricht mit sich zieht, bis das kleine Symbol, das dabei erscheint, auf den gewünschten Folder zeigt. Wenn Sie sich nicht ganz sicher sind und den Vorgang abbrechen möchten, wandern Sie wieder in den rechten Teil des Mail-Fensters und lassen die Taste dann los. Dann ist nichts passiert.

Aufgabe 3:

Sie sollen Ihre Mails nun in zwei Kategorien einordnen, entweder in die Kategorie *Privat* (die Mails von Ihren Freundinnen) oder in die Kategorie *Seminar* (für alle Mitteilungen, die Sie bzgl. des Schülerinnen-Seminars erhalten). Legen Sie nun die beiden neuen Folder an.

Schicken Sie dann eine Mail an eine andere Seminarteilnehmerin, z.B. Ihre Nachbarin, und bitten Sie sie, das gleiche zu tun. Empfangen Sie die Mail wie oben gezeigt. Legen Sie dann die Mails ordentlich ab, nämlich die Mail von Ihrer Nachbarin in den Folder Privat und die von Ihnen selbst in den Ordner Trash.

Kontrollieren Sie, ob alles geklappt hat. Selektieren Sie dazu im linken Teil des Mail-Fensters diejenige Kategorie, die Sie prüfen möchten, z.B. Privat. Wenn Sie diese selektieren, müßten Sie die Mail von Ihrer Nachbarin wiederfinden.

Beantworten von Mail

Per e-mail kommen häufig Anfragen, die kurz beantwortet werden müssen. Beispielsweise fragt ein Mitarbeiter seine Kolleginnen und Kollegen, ob sie an einem bestimmten Termin Zeit zu einer Besprechung haben.

Gerade weil man die e-mail so häufig benutzt, müssen die Mail-Programme komfortabel, einfach und schnell zu bedienen sein. Insbesondere das Beantworten von Mail muß einfach gehen (sonst wird es nämlich nicht gemacht!). Daher gibt es auch im Netscape-Mail-Programm eine Reply-Funktion (to reply = antworten).

Die Reply-Funktion verbirgt sich hinter dem Button Re: Mail. Wenn Sie diesen betätigen, wird ein neues Message-Fenster geöffnet und die gerade selektierte Mail kann beantwortet werden. Hier ist allerdings automatisch schon ein wenig Arbeit getan worden: Die Adresse des Absenders der zu beantwortenden Mail ist automatisch in das Adreßfeld der neuen Mail kopiert worden. Ebenso ist das Subject versehen mit einem Zusatz **Re:** bereits wieder eingetragen. Nun muß nur noch der Message-Text eingegeben werden und ab geht die Post!

Aufgabe 4:

Ihre Freundin, die ebenfalls am Schülerinnen-Seminar teilnimmt, fragt an, ob Sie nach dem Seminar noch Zeit haben, mit ihr auszugehen. Sie möchte sich von der vielen "Computerei" erholen. Leider haben Sie bereits eine Verabredung und müssen ihr absagen. Machen Sie das mittels der beschriebenen Reply-Funktion.

Hinweis: Sollte Ihre Freundin tatsächlich gar nicht angefragt haben, so bitten Sie eine andere Seminarteilnehmerin, dies zu simulieren.

Weiterschicken von Mail

Bei der Verwendung von e-mail entsteht manchmal die Situation, daß man eine Mail einer anderen Person weiterschicken möchte. Beispielsweise erhält man manchmal Anfragen, die eine Kollegin besser beantworten könnte oder man möchte einem Kollegen eine interessante Information weitergeben.

Eine solche Möglichkeit ist in Netscape ebenfalls vorhanden: die Forward-Funktion. Dazu selektiert man die Mail, die man weiterschicken (neudeutsch gelegentlich auch als "forwarden" bezeichnet) möchte und betätigt im Mail-Fenster den Forward-Button. Das Message-Fenster, das sich dann öffnet, sieht ähnlich aus wie das der Mail To:-Funktion. Allerdings ist beim Forward das Subject bereits eingetragen und die Mail, die weitergeschickt werden soll, ist der Mail als Attachment beigefügt. Die beigefügte Mail kann auch nicht mehr verändert werden.

Aufgabe 5:
Schicken Sie die Welcome-Mail, die Sie in Ihrem Mailer vorgefunden haben, einer anderen Seminarteilnehmerin weiter. Geben Sie in das Message-Fenster, das sich beim Forward öffnet, einen Text ein. In dem Text bitten Sie darum, daß Ihnen ebenfalls eine Mail – zusammen mit einer kurzen Nachricht – geschickt wird, damit Sie schauen können, wie ein Mail-Forward aussieht.

Löschen von Mail

Natürlich müssen Mails gelegentlich auch wieder gelöscht werden. Sie können dieses auf zwei Arten erledigen. Entweder Sie verschieben die zu löschende Mail in den Ordner Trash, das können Sie bereits, oder Sie selektieren die zu löschende Mail und betätigen den Button Delete. Dadurch wird die Mail ebenfalls in den Trash-Ordner verschoben. Mittels des Menü-Befehls File – Empty Trash Folder kann dieser Folder von Zeit zu Zeit geleert werden. Erst dadurch werden die darin enthaltenen Mails endgültig gelöscht.

Aufgabe 6:
Löschen Sie eine von Ihnen nicht mehr benötigte Mail. Prüfen Sie danach den Trash-Folder und schauen Sie, ob er komplett entleert werden kann. Ist dies nicht der Fall, "retten" Sie alle noch wichtigen Mails. Leeren Sie dann den Trash-Folder.

Einbinden von Mail in die Homepage

Zuletzt wollen wir nun noch die Möglichkeit betrachten, Mail in HTML-Seiten einzubinden. Man kann nämlich in HTML-Seiten einen Link auf eine Mailadresse setzen. Wenn man diesem folgt, öffnet sich automatisch ein Message-Fenster mit der Adresse, die durch den Link definiert wurde.

Dazu gibt es folgenden HTML-Befehl:

<A HREF="mailto: **Linktext**"> **Mailadresse** </A>

Dabei müssen die fett gedruckten Elemente jeweils durch die von Ihnen gewünschten Elemente ersetzt werden. Beispielsweise könnte ein Link folgendermaßen definiert werden:

<A HREF="mailto: Angela Georgescu (Abt. SE)"> angela@informatik.uni-stuttgart.de </A>

Aufgabe 6:
Stellen Sie sich vor, eine Seminarteilnehmerin möchte Ihnen mitteilen, daß sie Ihre Homepage außerordentlich gelungen findet. Sie möchten ihr nun erleichtern, Sie zu kontaktieren. Ändern Sie Ihre Hompage entsprechend.

Abschließender Hinweis
Natürlich gibt es noch sehr viel mehr Mail-Funktionen als wir hier besprechen konnten. Wenn Sie Zeit und Spaß daran haben, experimentieren Sie noch ein wenig mit dem Netscape-Mail-Programm. Wenden Sie sich mit Fragen an die Tutor(inn)en und Betreuerinnen.

4.8   Integration des Datums mit JavaScript

Schreiben Sie ein JavaScript-Programm zur Darstellung des aktuellen Datums und der Uhrzeit auf ihrer Web-Seite. Sowohl das Datum als auch die Uhrzeit sollen sich ständig aktualisieren ohne daß Sie die Web-Seite erneut laden müssen.

Was ist JavaScript?

JavaScript ist eine einfache Programmiersprache mit rudimentären objekt-orientierten Möglichkeiten. Obwohl das Wörtchen „Java" im Namen vorkommt, ist JavaScript keine vereinfachte Version der Sprache Java. Sie hat mit Java selbst nichts zu tun und wird auch nicht von Sun Microsystems oder JavaSoft vertrieben. Ursprünglich war für dieses Produkt der Name LiveScript geplant. In letzter Minute wurde der Name in JavaScript umgeändert. JavaScript ähnelt in seinem Aufbau und seiner Struktur den Programmiersprachen C oder C++.

JavaScript ist aber keine alleinstehende Programmiersprache, sondern wird in HTML eingebettet. Somit kann JavaScript nur von Web-Browsern ausgeführt werden. Dies ist beispielsweise Netscape ab der Version 3.0. Grob gesehen, kann JavaScript als eine Ergänzung von HTML angesehen werden.

Was tut nun JavaScript oder besser gesagt, für was brauche ich diese Ergänzung von HTML? Bisher haben Sie gesehen, wie Sie mit Hilfe von HTML Texte erstellen oder Bilder in Web-Seiten integrieren können. Allerdings hat sich dabei noch nichts bewegt. Das heißt bisher waren die Web-Seiten völlig statisch aufgebaut. Die Frage ist nun, wie kann ich beispielsweise das aktuelle Datum und die aktuelle Uhrzeit auf meiner Web-Seite einbauen? HTML bietet dafür keine Sprachkonstrukte an. Dies ist der Punkt an dem JavaScript zum Einsatz kommt.

Integration des Datums und der aktuellen Uhrzeit

Wie bereits in vorausgehendem Abschnitt erwähnt, existiert in HTML keine Möglichkeit das Datum oder die aktuelle Uhrzeit auf einer Web-Seite darzustellen. Dazu werden Sprachkonstrukte aus JavaScript benötigt. Um das Datum und die aktuelle Uhrzeit zu berechnen, dient die JavaScript Methode **new Date()**. Die Ausgabe im Fenster des Web-Browsers erfolgt mit Hilfe der Methode **document.write()**.

1. Kreieren Sie eine Datei namens **datum.html**

2. Fügen Sie in diese Datei allgemein den HEAD und den BODY einer HTML-Seite ein und benennen Sie diese mit „**JavaScript Datum/Zeit - 1.Versuch**". Verwenden Sie dazu das HTML-Konstrukt **TITLE**.

> Lösung:
> ```
> <HTML>
> <HEAD>
> <TITLE>JavaScript Datum/Zeit - 1. Versuch</TITLE>
> </HEAD>
> <BODY>
> </BODY>
> </HTML>
> ```

3. Fügen Sie in den Body dieser HTML-Seite nun das Datum und die Uhrzeit in JavaScript ein, da es sich um einen Aufsatz auf HTML handelt, muß dieser mit **<SCRIPT LANGUAGE="JavaScript">** eingeleitet und mit **</SCRIPT>** beendet werden.

> Lösung:
> ```
> <SCRIPT LANGUAGE="JavaScript">
>     var now = new Date();
>     document.write(now);
> </SCRIPT>
> ```

4. Laden Sie die Datei datum.html in Ihren Web-Browser ein. Was passiert?
   Warten Sie einige Zeit (mindestens 30s) und laden Sie die Datei erneut. Wiederholen Sie mehrfach diesen Vorgang. Was passiert jedesmal?

> Lösung: Das Datum und die Uhrzeit erscheint in kleiner Schrift. Die Uhrzeit ändert sich jedoch nur beim nächsten Reload der Datei

Da JavaScript eine Einbettung in HTML ist, können Sie jederzeit HTML-Konstrukte beispielsweise zum Formatieren des auszugebenden Textes innerhalb des <SCRIPT>-Teiles verwenden.

5. Formatieren Sie die im Browser-Fenster angezeigte Zeile (Datum und Uhrzeit) mit dem **H1-Tag** und laden Sie datum.html erneut.

> Lösung:
> ```
> <SCRIPT LANGUAGE="JavaScript">
>     var now = new Date();
>     document.write("<H1>" + now + "</H1>");
> </SCRIPT>
> ```

Bisher hat sich die Uhrzeit nicht automatisch im Browser-Fenster geändert, sondern wurde nur beim nächsten Reload auf den aktuellen Stand gebracht. Um eine ständige Aktualisierung von Datum und Uhrzeit zu erreichen, muß die Methode „**new Date()**" nach einem bestimmten Zeitintervall immer wieder ausgeführt werden.
Dazu sind drei Dinge nötig:

- erstens muß eine Methode namens „**show_date_time**" eingeführt werden, die das neue Datum und die aktuelle Uhrzeit berechnet und das Wiederholungszeitintervall definiert. Diese wird im HEAD der HTML-Datei definiert.
- zweitens ist zum Aufruf dieser Methode eine „FORM" in HTML nötig. Diese wird im HTML-BODY angegeben.
- drittens muß innerhalb der „FORM" eine Textbox kreiert werden, um darin die ständig aktualisierte Uhrzeit und das Datum darzustellen.

6. Kopieren Sie die Datei datum.html nach **aktuelldat.html**. Ändern Sie den Titel in „**JavaScript aktuelles Datum / Uhrzeit**" um und eliminieren Sie den Inhalt des SCRIPT-Teiles.

   Lösung:
   ```
   <HTML>
   <HEAD>
   <TITLE>JavaScript aktuelles Datum / Uhrzeit</TITLE>
   </HEAD>
   <BODY>
   <SCRIPT LANGUAGE="JavaScript">

   </SCRIPT>
   </BODY>
   </HTML>
   ```

7. Definieren Sie im BODY Ihrer Datei aktuelldat.html eine FORM namens „**Meine_Form**" und kreieren Sie darin eine Textbox der **Größe 30** mit dem Namen „**Zeit**". Zur Formatierung benutzen Sie **
**.

   Hinweis: Die Definition muß im BODY noch vor Beginn des SCRIPT-Teiles erfolgen!

   Lösung:
   ```
   <HTML>
   <HEAD>
   <TITLE>JavaScript aktuelles Datum / Uhrzeit</TITLE>
   </HEAD>
   <BODY>
   <FORM NAME="Meine_Form">
   <INPUT TYPE=text size=30 name="Zeit"><BR>
   </FORM>
   <SCRIPT LANGUAGE="JavaScript">

   </SCRIPT>
   </BODY>
   </HTML>
   ```

8. Definieren Sie im HEAD der Datei aktuelldat.html die rekursive Methode „**show_date_time**" in JavaScript. Dazu sind folgende Schritte notwendig:

- Eingeleitet wird die Methode mit dem Wort „**function**", dem Namen der Methode. Dieser ist hier „**show_date_time**" und dem Body der Methode, der in geschweiften Klammern steht.
- Weisen Sie innerhalb der Methode der Variablen „**now**" mit der JavaScript-Methode „**new Date()**" das aktuelle Datum und die Uhrzeit zu.

- Weisen Sie mit Hilfe des Namens der FORM und dem Namen der Textbox (Meine_Form bzw. Zeit) der Textbox den Wert von „now" zu
- Legen Sie für die Methode „show_date_time" ein **Aufrufintervall von „1000"** fest. Benutzen Sie dazu die Methode **„window.setTimeout(Methoden-Name, Zeitintervall)"**

Lösung:

```
<HTML>
<HEAD>
<TITLE>JavaScript aktuelles Datum / Uhrzeit</TITLE>
<SCRIPT LANGUAGE="JavaScript">

function show_date_time()
{
    var now = new Date();
    document.Meine_Form.Zeit.value = now;
    window.setTimeout("show_date_time();", 1000);
}
</SCRIPT>
</HEAD>
<BODY>
<FORM NAME="Meine_Form">
<INPUT TYPE=text size=30 name="Zeit"><BR>
</FORM>
<SCRIPT LANGUAGE="JavaScript">

</SCRIPT>
</BODY>
</HTML>
```

9. Rufen Sie die Methode „show_date_time" als JavaScript im BODY nach der Definition der FORM „Meine_Form" auf.

Lösung:

```
<HTML>
<HEAD>
<TITLE>JavaScript aktuelles Datum / Uhrzeit</TITLE>
<SCRIPT LANGUAGE="JavaScript">
function show_date_time()
{
    var now = new Date();
    document.Meine_Form.Zeit.value = now;
    window.setTimeout("show_date_time();", 1000);
    // rekursiver Aufruf nach dem Zeitintervall 1000
}
</SCRIPT>
</HEAD>
<BODY>
<FORM NAME="Meine_Form">
<INPUT TYPE=text size=30 name="Zeit"><BR>
</FORM>
<SCRIPT LANGUAGE="JavaScript">

    show_date_time(); //Start der Methode
</SCRIPT>
</BODY>
</HTML>
```

10. Laden Sie die Datei aktuelldat.html in den Web-Browser ein. Was passiert?

   Lösung: die Uhrzeit wird automatisch aktualisiert.

4.9 Integration von Java-Applets

4.9.1 Integration eines dynamischen Button in eine Web-Seite

Ihre Aufgabe ist diesmal die Integration eines Button in ihre Web-Seite. Das Erscheinungsbild des Button soll sich ändern, wenn sich der Mauszeiger in dem Bereich des Button befindet und auch dann, wenn zusätzlich dazu die linke Maustaste gedrückt wird. Außerdem soll durch das Anklicken des Button eine andere Web-Seite aufgerufen werden. Damit Sie diese Aufgabe lösen können, stellen wir Ihnen ein fertiges Java-Applet und einige Bilddateien zur Verfügung.

4.9.2 Einführung

Bisher haben Sie die Sprachen HTML und JavaScript kennengelernt. Um jedoch Ihre Web-Seite dynamisch und beweglich zu machen, brauchen Sie die Sprache Java. Diese und alle folgenden Aufgaben der Informatik AG werden sich nun mit Java-Programmen befassen. Zunächst sollen Sie lernen fertige Java-Programme zu übersetzen und innerhalb Ihrer Seite aufzurufen. Später werden Sie dann Java-Programme verändern, und sollten Sie ganz schnell vorankommen, können Sie vielleicht sogar Java-Programme selbst erstellen. Diejenigen Java-Programme, die innerhalb von Web-Seiten ausgeführt werden, werden Java-Applets oder Applets genannt.

4.9.3 Übersetzen des Java-Applet

Zur Übergabe von Informationen in ein Programm besitzen Programme sogenannte Parameter. Soll ein ausführbares Programm ausgeführt werden, so wird es aufgerufen mit seinem Namen und den Werten der Parameter (Argumente), die das Programm erwartet. Ein Compiler ist ein ausführbares Programm, das als Eingabe-Parameter zumindest das zu übersetzende Programm erwartet. Unser Java-Programm heißt **BuildButton**. Ein Java-Programm muß immer in einer Datei stehen, die den gleichen Namen trägt, wie das enthaltene Programm (siehe Zeile 4 im Source Code des Java-Applet auf Seite 7). Der Dateiname trägt jedoch zusätzlich die Endung (Extension) .java. Deshalb befindet sich unser Java-Programm in einer Datei mit dem Namen **BuildButton.java** Diese Datei steht in meinem Verzeichnis für Sie bereit. Kopieren Sie sie in Ihr eigenes WWW-Verzeichnis indem Sie die folgenden Anweisungen nacheinander in einem xterm-Fenster ausführen:

cd
cd WWW
cp ~keschnei/WWW/BuildButton.java . (Der Punkt gehört zur Anweisung dazu)
chmod go+r BuildButton.java

Um das Java-Programm zu übersetzen, muß der Java-Compiler (**javac**) aufgerufen werden und als Parameter wird der Name der Datei übergeben, die das zu übersetzende Programm enthält (**BuildButton.java**). Das sieht dann wie folgt aus: **javac BuildButton.java** (*Führen Sie diese Anweisung jetzt in ihrem WWW-Verzeichnis aus*). Der Compiler übersetzt das Programm und erzeugt eine Datei mit dem Namen **BuildButton.class.** Diese Datei enthält den Byte-Code, den der Netscape-Browser interpretieren kann. Überprüfen Sie das, indem Sie nun die Anweisung **ls** ausführen. Es müssen daraufhin beide Dateien (BuildButton.java und BuildButton.class) angezeigt werden. (Wenn nicht, fragen Sie eine Betreuerin oder einen Betreuer!)

Führen Sie schließlich noch folgende Anweisung aus:

chmod go+r BuildButton.class

4.9.4   Integration des dynamischen Button in Ihre Web-Seite

Jetzt kann das Java-Applet (**BuildButton.class**) in Ihre Web-Seite integriert werden. Allerdings erwartet dieses Programm auch einige Eingabe-Parameter. Die Bilddateien, welche die Bilder enthalten, welche die unterschiedlichen Erscheinungsformen des Button darstellen, müssen dem Programm bekanntgemacht werden. Außerdem muß angegeben werden zu welcher Seite verzweigt werden soll, wenn der Button schließlich gedrückt wird.

Ich habe einige Bilddateien für Sie vorbereitet:

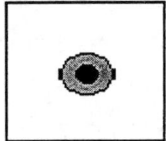   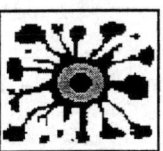

button1.gif   button2.gif   button3.gif

Kopieren Sie diese drei Bilddateien in Ihr WWW-Verzeichnis, indem Sie die folgenden Anweisungen nacheinander ausführen:

cd
cd WWW
cp ~keschnei/WWW/button1.gif .
chmod go+r button1.gif
cp ~keschnei/WWW/button2.gif .
chmod go+r button2.gif
cp ~keschnei/WWW/button3.gif .
chmod go+r button3.gif
Jetzt müssen Sie die Anweisung das Java-Applet auszuführen sowie die dazu notwendigen Eingabe-Parameter in ihre HTML-Seite integrieren. Dazu laden Sie Ihre Homepage in den emacs indem Sie die folgende Anweisung ausführen:

emacs index.html &
Fügen Sie nun die folgenden Ergänzungen in Ihre HTML-Seite (innerhalb des Body) ein:

<TABLE BORDER="2" CELLPADDING="0" CELLSPACING="0">
<TR><TD><APPLET CODE="BuildButton.class" WIDTH=64 HEIGHT=64>
<PARAM NAME="Bild0" VALUE="button1.gif">
<PARAM NAME="Bild1" VALUE="button2.gif">

```
<PARAM NAME="Bild2" VALUE="button3.gif">
<PARAM NAME="Verweis" VALUE="http://tick.informatik.uni-stuttgart.de/~keschnei/infoag.html">
</APPLET></TR>
<TD><Strong><big><-- M&ouml;chten Sie zur Seite der Informatik AG <br><--- dann dr&uuml;cken Sie diesen
Button !</big></Strong></TR></TD>
</TABLE>
```

Speichern Sie die geänderte Datei ab. Rufen Sie nun Ihre Homepage mit dem Netscape-Browser auf, und testen Sie den Button!

Erklärungen zu den Ergänzungen

Zur Integration von Java-Applet stellt HTML ein APPLET-Tag bereit. Das Java-Applet und die Parameter werden dementsprechend mit diesem Tag eingerahmt (**<APPLET ... > ... </APPLET>**). Ein Browser ist dann in der Lage zu erkennen, daß ein Java-Applet enthalten ist und interpretiert werden muß. Das Java-Applet bzw. der Dateiname wird nach dem Wort **CODE** angegeben. Als **WIDTH** und **HEIGHT** werden Höhe und Breite des Bereichs angegeben, den das Applet schließlich einnehmen soll. In unserem Fall ist das jeweils 64, da die Größe des Bildes (64x64) ausreicht um den Button darzustellen. Schließlich wird in dem **PARAM**-Tag der Name und Wert eines Parameters beschrieben. Das Applet erwartet Werte für die Parameter **Bild0, Bild1, Bild2** und **Verweis**. **Bild0** wird angezeigt, wenn der Mauszeiger sich nicht im Bereich des Button befindet, **Bild1**, wenn er sich in diesem Bereich befindet und **Bild2**, wenn dazu gleichzeitig der linke Maustaste gedrückt wird. In unserem Fall, soll beispielsweise dem Parameter **Bild0** der Wert **button1.gif** übergeben werden.

4.9.5   Ein weiterer Button

Um zu demonstrieren, daß andere Werte der Eingabe-Parameter andere Folgen haben, verwenden Sie nun das gleiche Applet und geben andere Werte für die Parameter an. Dazu stehen drei weitere Bilddateien in meinem WWW-Verzeichnis für Sie bereit.

gesicht.gif   gesichtbad.gif   gesichto.gif

Kopieren Sie auch diese Bilddateien in Ihr eigenes WWW-Verzeichnis mit den folgenden Anweisungen:

cp ~keschnei/WWW/gesicht.gif .
chmod go+r gesicht.gif
cp ~keschnei/WWW/gesichtbad.gif .
chmod go+r gesichtbad.gif
cp ~keschnei/WWW/gesichto.gif .
chmod go+r gesichto.gif

Und schließlich müssen Sie die folgenden Ergänzungen in der Datei, die Ihre Web-Seite enthält vornehmen:

```
<TABLE BORDER="2" CELLPADDING="0" CELLSPACING="0">
<TR><TD><APPLET CODE="BuildButton.class" WIDTH=32 HEIGHT=32>
```

```
<PARAM NAME="Bild0" VALUE="gesichtbad.gif">
<PARAM NAME="Bild1" VALUE="gesicht.gif">
<PARAM NAME="Bild2" VALUE="gesichto.gif">
<PARAM NAME="Verweis" VALUE="http://tick.informatik.uni-stuttgart.de/~keschnei/www.html">
</APPLET></TD>Verzweigen in die Infoag-TEAM-Seite</TR>
</TABLE>
```

Diesmal ist der Wert, der für **WIDTH** und **HEIGHT** angegeben wird, gleich 32. Dies liegt daran, daß die neuen Bilder lediglich 32x32 groß sind. Die Parameter **Bild0, Bild1, Bild2** werden mit anderen Werten, nämlich **gesicht.gif, gesichtbad.gif, gesichto.gif**, belegt. Schließlich wird als Wert des Parameters **Verweis** die Adresse (**URL**) der Seite des Betreuungs-TEAM der Informatik AG angegeben.

Sie können diese Parameter mit beliebigen Werten belegen, solange diese einen bestimmten Typ haben. Die Parameter **Bild0, Bild1, Bild2** erwarten Bilddateien und der Parameter **Verweis** erwartet eine **URL**.

4.9.6   Erklärungen zum Java-Programm

Im folgenden Abschnitt finden Sie einen Ausdruck des Quellprogramms (Source Code) des Java-Applet **BuildButton**, so daß Sie einen ersten Eindruck von der Programmstruktur eines Applet bekommen. Ich werde Ihnen zu diesem Programm einige Erklärungen geben. Lesen Sie sich diese genau durch, schauen Sie sich dabei das Programm an und versuchen Sie die Struktur des Programms zu erfassen. Überlegen Sie sich, was Ihnen unklar ist, oder was Sie noch gerne wissen möchten und fragen Sie Ihre Tutorin oder Ihren Tutor in Ihrer nächsten Übungsstunde.

Alle Zeilen, die mit // beginnen enthalten Kommentare und werden vom Compiler ignoriert. Kommentare sind für Personen, die sich das Quellprogramm durchlesen, bestimmt, damit diese das Programm schneller verstehen können. Jede Programmiersprache gibt eine bestimmte Notation (Grammatik, Syntax) vor, die einzuhalten ist.

Java ist eine objektorientierte Sprache. Sie haben in dem Vortrag über objektorientierte Programmierung erfahren, daß es Klassen und Objekte gibt. Die Klassen und Objekte besitzen Methoden und Attribute.

Java stellt eine Klasse **Applet** bereit, in welcher die grundsätzliche Funktionalität eines Applet schon programmiert (implementiert) ist. Will man ein eigenes Applet programmieren, so bildet man eine Unterklasse dieser Klasse und erbt dementsprechend von der Klasse **Applet** die grundsätzliche Funktionalität eines Applet. Dies wird durch **class BuildButton extends java.applet.Applet** ausgedrückt. **BuildButton** ist der Name des neuen Applets und **extends java.applet.Applet** gibt an, daß die neue Klasse eine Unterklasse von der Klasse **Applet** ist. Wo die Klasse **Applet** im System zu finden ist, wird unter anderem durch **java.applet.** bekanntgemacht.

Jede Klasse stellt auch Methoden bereit. Die Klasse **BuildButton** stellt ihre Methoden **init**, **start, mouseDown, mouseUp, mouseEnter, mouseExit, update** und **paint** bereit sowie alle weiteren Methoden, die sie von der Klasse **Applet** erbt. Außerdem besitzt die Klasse **Build-**

Button eigene globale Variablen. Die Variablen sind alle mit dem Wort **private** gekennzeichnet. Dies bedeutet, sie sind lediglich innerhalb der Klasse sichtbar. Ihre aktuellen Werte stellen den internen Objektzustand dar.

Die Methode **init** (Initialisierung) ist in jedem Applet zu finden. Die **init**-Methode wird
immer dann ausgeführt, wenn ein Browser die Web-Seite, die dieses Applet enthält, einliest,
d.h. dann, wenn das Applet das erste mal gestartet wird. Die Klasse **BuildButton** über-
schreibt die **init**-Methode der Klasse **Applet** mit einer eigenen speziellen Programmierung.
Das ist notwendig, denn die Werte der speziellen Parameter, die gewünscht werden (und die
in der HTML-Seite stehen), sollen eingelesen werden. Das aktuelle Objekt **BuildButton**
kennt dann also die Bilddateien und den Verweis.

Auch die Methode **start** ist in jedem Applet zu finden. Diese Methode wird immer dann ausgeführt, wenn bestimmte Ereignisse (**Events**) stattfinden, beispielsweise wenn die Benutzerin die Web-Seite verläßt und wieder zurückkommt. Auch diese Methode der Klasse **Applet**
wird durch eine spezielle Programmierung der Klasse **BuildButton** übeschrieben. Die **start**-
Methode der Klasse **BuildButton** führt zu einem erneuten Zeichnen des aktuellen Inhalts des
Applet, indem die Methode **repaint** aufgerufen wird (siehe unten).

Die Methoden **mouseDown, mouseUp, mouseEnter** sowie **mouseExit** werden genau dann
aufgerufen, wenn bestimmte Ereignisse stattfinden:

- **mouseDown** - wenn die linke Maustaste gedrückt wird.
- **mouseUp** - wenn die linke Maustaste losgelassen wird.
- **mouseEnter** - wenn der Mauszeiger in den Bereich des Applet eintritt.
- **mouseExit** - wenn der Mauszeiger den Bereich des Applet verläßt

Diese Methoden setzen jeweils eine Variable (**Unten** oder **InButton**) auf den entsprechenden
Wahrheitswert (**true** oder **false**) und rufen daraufhin die Methode **repaint** auf.

Weiterhin enthält das Applet **BuildButton** noch die beiden Methoden **update** und **paint**.
Auch diese beiden Methoden erbt die Klasse BuildButton von der Klasse **Applet** (Die Klasse
Applet ist selbst Unterklasse anderer Klassen und hat diese beiden Methoden letztendlich
von der Klasse Component geerbt). Sie werden überschrieben, d.h. neu programmiert. Die
drei Bilder wurden so gespeichert, daß jeweils mit Hilfe eines Index (Werte: 0, 1 oder 2) darauf zugegriffen werden kann. Wird die Methode **update** aufgerufen, so setzt sie die Variable
Index auf den Wert, welcher dem momentanen Zustand des Mauszeigers entspricht, d.h auf
den Wert, der das dazugehörige Bild bestimmt. Dieses Bild wird daraufhin mit Hilfe der
paint-Methode in den Bereich des Applets in die Web-Seite gezeichnet. Die Methode **paint**
fragt den aktuellen Wert der Variable **Index** ab und erhält dadurch die notwendige Information welches Bild gezeichnet werden soll.

Die Methode **repaint** wird auch geerbt. Diese Methode wird jedoch genau so verwendet und
nicht überschrieben, deshalb erscheint sie in dem BuildButton-Programm auch lediglich
innerhalb der anderen Methoden. Die **repaint**-Methode sorgt dafür, daß die Methode **update**
sobald es dem System möglich ist aufgerufen und ausgeführt wird.

4.9.7   Beispiel eines Ablaufs

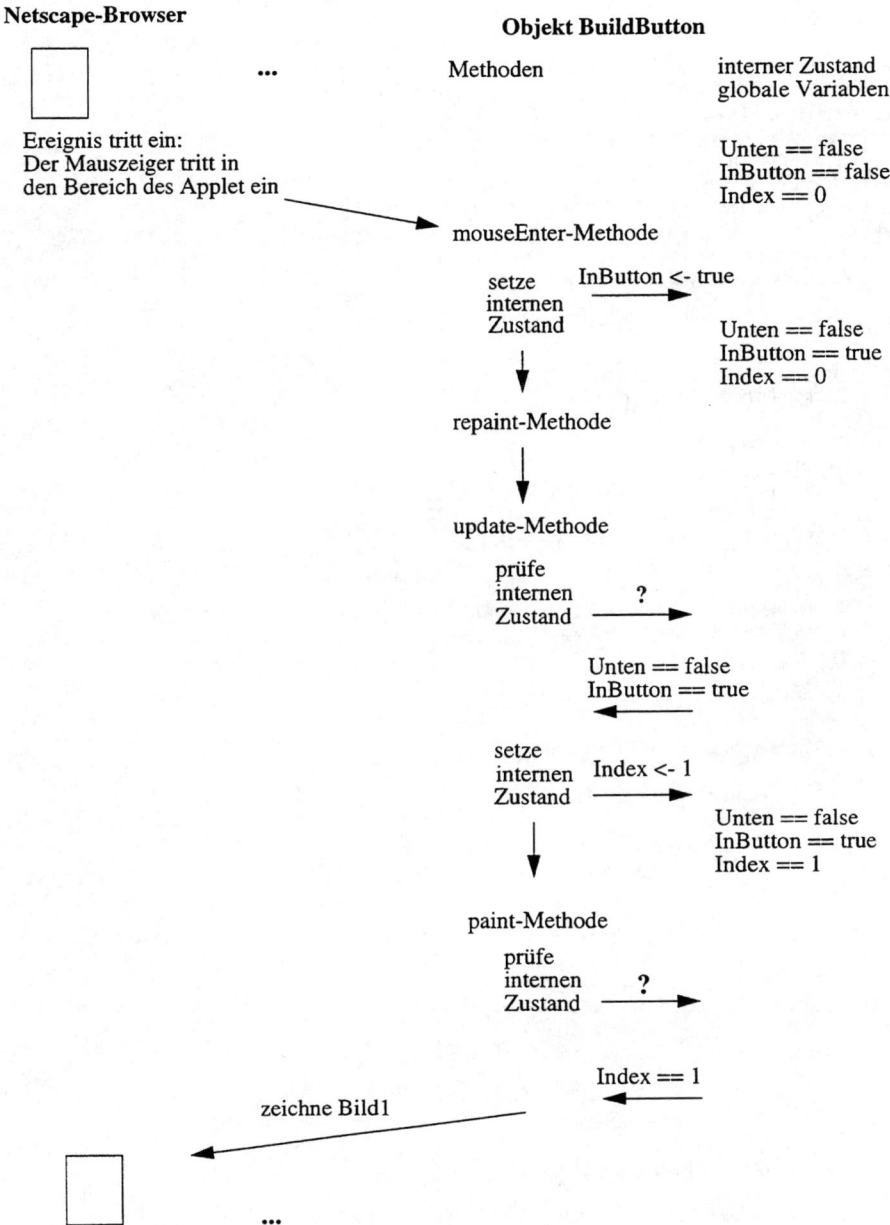

Netscape-Browser

Objekt BuildButton

Methoden

interner Zustand
globale Variablen

Ereignis tritt ein:
Der Mauszeiger tritt in
den Bereich des Applet ein

Unten == false
InButton == false
Index == 0

mouseEnter-Methode

setze
internen   InButton <- true
Zustand

Unten == false
InButton == true
Index == 0

repaint-Methode

update-Methode

prüfe
internen   ?
Zustand

Unten == false
InButton == true

setze
internen   Index <- 1
Zustand

Unten == false
InButton == true
Index == 1

paint-Methode

prüfe
internen   ?
Zustand

Index == 1

zeichne Bild1

4.9.8   Der Source Code des Applet BuildButton

```
import java.awt.*;
import java.net.URL;

public class BuildButton extends java.applet.Applet
{
private MediaTracker Tracker;
private Image Bilder[] = new Image[3];
private boolean InButton = false;
private boolean Unten = false;
private boolean DreiBilder = true;
private int Index = 0;
private URL Verweis = null;
private String VerweisTxt = null;

public void init()
    {
        String Param;
        Tracker = new MediaTracker(this);

        //Einlesen der Bilder
        for (int i = 0; i<3; i++){
            Param = getParameter("Bild"+i);
            Bilder[i] = getImage(getCodeBase(),Param);
            Tracker.addImage(Bilder[i],0);
        }

        //Einlesen der URL
        VerweisTxt = getParameter("Verweis");
        try
            {
                Verweis = new URL(VerweisTxt);
            }
        catch(java.net.MalformedURLException e)
            {
                Verweis = null;
            }
    }

public void start()
    {
        repaint();
    }

public boolean mouseEnter(Event e, int x, int y)
    {
        InButton = true;
        repaint();
        return(true);
    }

public boolean mouseExit(Event e, int x, int y)
    {
        InButton = false;
        repaint();
        return(true);
    }
```

```
public boolean mouseDown(Event e, int x, int y)
    {
        Unten = true;
        repaint();
        return(true);
    }

//Button angeklickt -> in die URL verzweigen
public boolean mouseUp(Event e, int x, int y)
    {
        if (Unten && InButton){
            Unten = false;
            repaint();
            getAppletContext().showDocument(Verweis);
        }
        else{
            Unten = false;
            repaint();
        }
        return(true);
    }

//je nach Zustand Bild des Button anzeigen
public void update(Graphics g)
    {
        if (InButton == false){
            Index = 0;
        }
        else{
            if(Unten == false){
                Index = 1;
            }
            else{
                Index = 2;
            }
        }
        paint(g);
    }

public void paint(Graphics g)
    {
        g.drawImage(Bilder[Index],0,0,this);
    }
}
```

4.10   Erweiterung eines bestehenden Applets

Mit der folgenden Aufgabe soll ein kleiner Einblick in die Programmierung mit Java gegeben werden. Dazu greifen wir auf die im Theorieteil in Abschnitt 3.4 eingeführten Grundlagen der objektorientierten Programmierung mit Java-Applets sowie auf die Erklärungen aus Abschnitt 4.9 zurück. Wie bereits geschildert, unterscheidet man zunächst zwei Klassen von Java-Objekten, eigenständige Java-Programme und die nur in WWW-Browsern ablauffähigen Java-Applets. Für die zweite wird bereits standardmäßig eine Oberklasse des Namens Applet angeboten, die alle benötigten Methoden wie auch bereits die bei Applets erforderliche Methode init zur Verfügung stellt.

Um nun ein eigenes Applet zu erstellen, kann man eine Unterklasse zur Klasse Applet definieren und sich dabei darauf beschränken, nur diejenigen Methoden zu programmieren, die
eine andere Funktionalität haben sollen als die der Oberklasse (vgl. das in Abschnitt 3.4
beschriebene Überladen) bzw. die neu dazukommen sollen. Zur Angabe der neuen Klasse
verwendet man das bereits eingeführte Schlüsselwort `extends`. Bei Ihrem neuen Applet
lautet die Klassendeklaration demzufolge `NeuesApplet extends    Applet`. Im
Anschluß an die Definition von Name und Klasse folgen die veränderten und zusätzlichen
Attribute und Methoden der neuen Klasse.

Das unten aufgelistete Beispiel und Abbildung 33 zeigen ein kleines Applet namens
`Scribble`, über das man mit der Maus am Bildschirm zeichnen kann. Aber: LEIDER kann
man mit diesem Applet nur schwarz-weiß zeichnen. Dabei wäre Farbe doch so schön! Die
Aufgabe besteht nun darin, in dieses Applet einen Auswahlknopf für Farbe zu integrieren (in
Analogie zu den im Theorieteil beschriebenen Tamagotchi-Knöpfen). Wenn dieser Knopf
mit der Maus angeklickt wird, sollte die gewünschte Farbe eingestellt werden können, so daß
daraufhin in dieser Farbe gemalt wird.

Bild 69Das Scribble-Applet

Im folgenden finden Sie etwas Hilfestellung zur Lösung dieser Aufgabe. Zunächst wird der
Programmtext des ursprünglichen Applets `Scribble.java` aufgelistet. Um dieses besser
verständlich zu machen, wurden erklärende Kommentare eingefügt, was in Java durch Verwendung von `//` gekennzeichnet wird. Neben der `init`-Methode enthält das Applet die
Methoden `mouseDown` zum Merken der aktuellen Position des Mauszeigers, `mouseDrag`
zum Zeichnen eines Striches von der alten zur neuen Position des Mauszeigers sowie
`action` zur Behandlung von Knöpfen (buttons) wie beispielsweise eines zum Löschen
einer vorher erstellten Zeichnung. Eine ausführlichere Beschreibung folgt im Anschluß an
den Programmtext. Wenn Sie diesen verstanden haben, können Sie sich überlegen, wie er
verändert werden muß, um die oben geschilderte Aufgabe zu lösen.

Das Applet zum Schwarz-Weiß-Zeichnen

```java
import java.applet.*;
import java.awt.*;

public class Scribble extends Applet
   {
      //in den Variablen last_x und last_y wird die Position gemerkt,
      //an der die linke Maustaste zuletzt gedrueckt wurde:

      private int last_x=0;
      private int last_y=0;

      //Der Loeschknopf soll clear_button heissen:
      private Button clear_button;

      //current_color gibt die Farbe der gezeichneten Linien an:
      private Color current_color=Color.black;

      //Initialisierungsmethode:
      //wird vom Browser unmittelbar beim Start des Applet aufgerufen.
      //Sie ist sozusagen fuer das Anfangsaussehen des Fensters zustaendig.
      public void init()
      {
         //sorge fuer weisse Farbe als Hintergrund:
         this.setBackground(Color.white);

         //Loeschknopf anlegen, um alles bisher Gemalte loeschen zu koennen.
         //Der Knopf wird hellgrau mit schwarzer Schrift dargestellt:
         clear_button=new Button("Loeschen");
         clear_button.setForeground(Color.black);
         clear_button.setBackground(Color.lightGray);
         this.add(clear_button);

      }

      //Diese Methode wird aufgerufen, wenn die linke Maustaste gedrueckt wird.
      //Wir merken uns dadurch die Position des Mauszeigers am Bildschirm.
      public boolean mouseDown(Event e,int x, int y)
      {
         last_x=x;
         last_y=y;
         return true;
      }

      //Diese Methode wird aufgerufen, wenn die linke Maustaste gedrückt ist und
      //die Maus bewegt wird. Zeichnet einen Strich
      //von der alten bis zur neuen Position des Mauszeigers.
      public boolean mouseDrag(Event e, int x, int y)
      {
         Graphics g=this.getGraphics();
         g.setColor(current_color);
         g.drawLine(last_x,last_y,x,y);
         last_x=x;
         last_y=y;
         return true;
      }

      //Diese Methode wird aufgerufen, wenn ein Knopf (z. B. Loeschknopf)
      //mit der Maus angeklickt wurde.
```

```
public boolean action(Event event, Object arg)
{
// wenn mehrere Knoepfe angelegt wurden, muss  zunaechst abgefragt werden,
//welcher denn gedrueckt wurde:
  if (event.target==clear_button)
  {
    Graphics g=this.getGraphics();
    Rectangle r=this.bounds();
    g.setColor(this.getBackground());
    g.fillRect(r.x,r.y,r.width,r.height);
    return true;
  }
  else return super.action(event,arg);
}
}
```

4.10.1   Ablauf des Applets

Applets werden durch Aufruf ihrer Methoden ausgeführt. Im folgenden werden Aufruf und Wirkung der einzelnen Methoden von Scribble beschrieben und in Tabelle 2 noch einmal zusammengefaßt.

Aufruf der Methode init

Der Browser startet nach dem initialen Aufruf eines Applets automatisch die Methode init. Diese Methode muß dafür sorgen, daß der Bildschirm das gewünschte Aussehen erhält. In unserem Fall heißt dies: Ein weißer Hintergrund und ein grauer, anklickbarer Knopf mit der schwarzen Aufschrift »Loeschen«.

Benutzeraktivität	Browseraktivität
Start einer WWW-Seite mit Java-Applet	Laden der Seite und Aufruf der Methode „init" im Applet
Drücken der linken Maus-Taste	Aufruf der Methode „mouseDown" im Applet
Maus mit gedrückter linker Taste bewegen	Aufruf der Methode „mouseDrag" im Applet
Anklicken eines Knopfes (Button) mit der Maus	Aufruf der Methode „action" im Applet

Tabelle 2: Korrespondenz von Benutzer- und Browseraktivität für das Scribble-Applet

Aufruf weiterer Methoden im Applet

Solange das Applet läuft, startet der Browser immer dann eine Methode in unserem Applet, wenn wir irgendetwas tun, also

• Der Knopf mit der Aufschrift »Loeschen« wird gedrückt:
  Der Browser startet die Methode action. In dieser Methode wird abgefragt, ob der Löschknopf gedrückt wurde. Wenn ja, so wird der gesamte Fensterinhalt gelöscht, indem er mit der Hintergrundfarbe weiß übermalt wird.

- Die linke Maustaste wird gedrückt:
  Der Browser startet im Applet die Methode `mouseDown`. Die x- und y-Koordinaten der Position, an der die Maustaste gedrückt wurde, werden gespeichert.
- Die Maus wird bei gedrückter linker Taste bewegt:
  Der Browser startet die Methode `mouseDrag` im Applet. Dadurch wird eine Linie von der alten Position, wie sie in der Methode mouseDown abgespeichert wurde, bis zur neuen Position gezeichnet und zwar in der eingestellten Farbe (bisher: nur schwarz).

4.10.2 Start des Applets über WWW

Applets werden aus WWW-Seiten heraus gestartet. Dazu ist ein Applet-Tag einzufügen, das den Namen des Byte-Codes eines Applets enthält, der im Beispiel `Scribble.class` lautet. Das Applet-Tag sieht folgendermaßen aus:

```
<APPLET CODEBASE=Name eines Verzeichnisses
CODE="Scribble.class"
WIDTH=400
HEIGHT=300>
</APPLET>
```

CODEBASE gibt den Namen eines Verzeichnisses an, in dem sich das ausführbare Applet-Programm befindet. Falls es sich dabei um das gleiche Verzeichnis handelt, in dem sich auch die WWW-Seite zum Start des Applets befindet, so kann diese Angabe entfallen. Dagegen sind jedoch die Angaben CODE (=Name des ausführbaren Applet-Programms), WIDTH (Breite des Applet-Fensters) und HEIGHT (=Höhe des Applet-Fensters) zwingend notwendig. Wenn Sie das oben angegebene Applet-Tag in Ihre WWW-Seite (index.html) integrieren wollen, setzen Sie - wie gewohnt - den emacs ein:

- **emacs starten** (beispielsweise über das Hintergrund-Menü)
- **Open File: index.html**
- An der Stelle, an der das Applet auf Ihrer Seite erscheinen soll, fügen Sie z. B. die folgende Zeile ein:
  <APPLET CODE=Scribble.class WIDTH=400 HEIGHT=300> </APPLET>
- Speichern Sie die Änderung mit (save file) ab.

Anschließend müssen Sie noch dafür sorgen, daß sich das eingebundene Applet auch in Ihrem WWW-Verzeichnis befindet. Die dazu benötigten Schritte werden im nächsten Abschnitt geschildert.

4.10.3 Applet auf eigenes Verzeichnis kopieren

Damit Sie nicht das gesamte Applet von Hand eingeben müssen, können Sie es wie folgt in Ihr eigenes Verzeichnis kopieren:

- Öffnen Sie ein xterm-Fenster (beispielsweise über das Hintergrund-Menü)
- Wechseln Sie im xterm-Fenster in Ihr Verzeichnis WWW:
  cd ~*username*/WWW

- Kopieren Sie nun das Java-Applet in ihr Verzeichnis WWW:
  cp ~betz/WWW/Scribble.java .
- Übersetzen Sie die Datei und erzeugen den ausführbaren Byte-Code Scribble.class
  javac Scribble.java
- Setzen Sie die Leserechte so, daß alle, auch der WWW-Server, die Datei lesen können:
  chmod go+r Scribble.class

Wenn Sie das Applet direkt ausprobieren wollen, müssen Sie nun nur noch

- Ihre WWW-Seite im Netscape-Browser aufrufen.

Danach können Sie beliebige Strichzeichnungen erstellen, die allerdings auf schwarze Striche beschränkt sind. Für die in der Aufgabe verlangte Erweiterung auf farbige Striche ist die Datei Scribble.java ändern. Das heißt, Sie müssen sie in den emacs laden (mit Open File:) und können sich dann an die Änderungen wagen.

4.10.4 Änderungen in das Applet einfügen

Anlegen eines Auswahlknopfes für Farbe
Wir sollten einen Auswahlknopf haben, mit dem wir verschiedene Farben auswählen können. Das Objekt, das solche Funktionen anbietet, heißt in Java `Choice`. Es wird also eine Variable von diesem Typ benötigt, z.B.

```
    private Choice color_choices;
```
Wo muß diese Deklarationszeile ins Applet eingefügt werden?

Anlegen einer Farbauswahl
Um das Objekt zur Farbauswahl tatsächlich zu erzeugen, brauchen wir eine Instanz unserer Variablen `color_choices`, was durch Einsatz von `new` erfolgt:

```
    color_choices = new Choice ();
```
Nun legen wir die gewünschten Alternativen, in unserem Fall also die Farben an. Dazu können wir die Methode `addItem` der Klasse `Choice` verwenden:

```
    color_choices.addItem(„gelb");
    color_choices.addItem(„blau");
    color_choices.addItem(„rot");
    usw.
```
Die Methode ist für jede gewünschte Farbe aufzurufen. Am Rande erwähnt sei, daß Sie bei der Definition der Farben nicht an die deutsche Sprache gebunden sind, sondern beispielsweise auch statt „blau" den französischen Ausdruck „bleu" verwenden können.

Vorder- und Hintergrundfarbe für Farbauswahlknopf
Wie beim Löschknopf sind auch für den Auswahlknopf eine Hintergrund- und eine Vordergrundfarbe zu definieren, beispielsweise:

```
    color_choices.setForeground(Color.black);
    color_choices.setBackground(Color.lightGray);
```

Um diesen Knopf erkennen zu können, benötigt er einen Namen (Methode: `Label`) und muß am Bildschirm angezeigt werden (Methode: `add`). Dazu verwendet man die vordefinierte Variable `this`, die für die Darstellung des Applets selbst steht. Damit lauten die Aufrufe

```
this.add(new Label ("Farbe"));
this.add(color_choices);
```

In welche Methode müssen wir unseren Auswahlknopf integrieren, damit er beim Starten des Applets sofort sichtbar wird?

Anklicken des Farbauswahlknopfes

Durch die obigen Anweisungen wurde der Auswahlknopf spezifiziert und auf dem Bildschirm dargestellt. Was passiert nun aber, wenn dieser Knopf mit der Maus angeklickt wird? Überlegen Sie sich, welche Methode davon betroffen ist.

Es liegt nahe, sich wieder am Löschknopf zu orientieren. Wenn irgendein Knopf angeklickt wird, wird die Methode `action` aufgerufen. Diese ist also um eine Abfrage bezüglich des Farbauswahlknopfes zu erweitern, was in einem sogenannten `else`-Zweig nach der Abfrage bezüglich des Löschknopfes erfolgt und zwar über die Variable `event`. Der `else`-Zweig wird nur durchlaufen, wenn zwar ein Knopf angeklickt wurde, es sich dabei aber nicht um den Löschknopf handelt.

```
else if (event.target==color_choices)
{...}
```

Als nächstes ist zu überlegen, welche Aktionen für den Fall durchzuführen sind, daß der Farbauswahlknopf tatsächlich angeklickt wurde. Diese Aktionen sind an der momentan durch `{...}` symbolisierten Stelle einzutragen. Hier ist natürlich abzufragen, welche Farbe im Knopf ausgewählt wurde, woraufhin die vom Benutzer gewünschte, in der Variablen `current_color` abgespeicherte Farbe eingestellt werden kann. Pro Farbe benötigt man dazu eine Anweisung der Form

```
if (args.equals("blau")) current_color=Color.blue;
```

Wie müßten Sie diese Anweisung ändern, wenn Sie die Farben von `color_choices` in französischer Sprache definiert hätten?

Insgesamt stehen in der vordefinierten Klasse `Color` 255 Farben zur Verfügung wie beispielsweise

```
Color.black, Color.blue, Color.yellow, Color.green, Color.white,
Color.red, Color.lightGray, Color.gray, Color.darkGray, Color.magenta,
Color.orange, Color.pink, Color.cyan
```

Wenn die Einstellung erfolgt ist, wird wie in der ursprünglichen Schwarz-Weiß-Version des Applets `true` an den Browser zurückgegeben, um weitere Benutzeraktivitäten zu ermöglichen:

```
return true;
```

4.10.5   Übersetzen des neuen Applets

Sind alle diese Erweiterungen eingetragen, muß man das Applet neu übersetzen, damit auch
der erweiterte Byte-Code zur Verfügung steht, den der Browser zur Ausführung des Applets
benötigt. Dies geschieht wie beim ursprünglichen Übersetzungsvorgang mit dem Befehl

```
javac Scribble.java
```

wobei `Scribble.java` auch das geänderte Java-Applet bezeichnet. Dieser Befehl erzeugt
wiederum eine neue Datei `Scribble.class`, die den Byte-Code enthält. Falls Sie irgendwelche Tipp- oder Programmierfehler gemacht haben, werden diese bei der Übersetzung
gemeldet. Dementsprechend müssen Sie die Fehler im emacs beseitigen (Abspeichern nicht
vergessen!) und es dann erneut probieren, bis alle Fehler behoben sind.

4.10.6   Start des geänderten Applets

Nun können wir mit dem Browser unser neues Applet starten, indem wir auf der WWW-
Seite das Applet-Tag einfügen (soweit dort noch nicht vorhanden). Falls die gemachten
Änderungen nicht sofort sichtbar sind, können sie mit der Netscape-Funktion »Reload«
sichtbar gemacht werden. Viel Spaß damit!

Übrigens: die Lösung zur Aufgabe finden Sie auf ~betz/WWW/Loesung12.java. Diese können Sie natürlich auch in Ihr eigenes Verzeichnis kopieren und mit Ihrer eigenen Lösung vergleichen.

4.10.7   Weitere Änderungen

Wer noch Lust hat, kann die folgenden kleinen Änderungen probieren:

- Hintergrundfarbe des Fensters ändern
- Hintergrundfarbe der Knöpfe ändern
- Schriftfarbe in den Knöpfe ändern
- mit einer anderen voreingestellten Farbe das Applet beginnen
- Löschknopf umbenennen
- Beschriftung des Farbauswahlknopfs ändern

Nur Mut! Sie werden sehen, es ist nicht schwer.

Wer weitere Applets anschauen und eventuell in seine eigene WWW-Seite einbauen möchte,
kann sich mit Netscape folgende HTML-Seiten anschauen:

- **http://www.informatik.uni-stuttgart.de/inf/ifi/ps/hiltrud/javaex.html**
- **http://www/javasoft.com/applets/**

5 Ergebnisse

An der ersten Informatik AG, die von Januar bis April 1997 stattfand, haben 163 Schülerinnen teilgenommen. Der zweite Zyklus von April bis Juli 1997 konnte unabhängig von der Teilnahme an der ersten Veranstaltung besucht werden. An beiden Veranstaltungen haben insgesamt über 200 Schülerinnen teilgenommen. Um Rückmeldungen zu bekommen, wurden Fragebögen verteilt, von denen 26% beantwortet wurden. Es ist anzumerken, daß die Fragebögen hier lediglich einen Eindruck vermitteln können und die Auswertung auch in diesem Sinne zu verstehen ist. Für eine professionelle Umfrage und statistische Auswertung im Rahmen der Informatik AG war zum Einen die Anzahl der befragten Schülerinnen relativ klein und zum Anderen blieb den Mitarbeiterinnen schließlich nicht genug Zeit, da die gesamte Durchführung der Informatik AG auf ihrem freiwilligen Engagement neben ihren eigentlichen Lehr- und Forschungsaufgaben beruhte.

Einige trotzdem sehr bemerkenswerte Ergebnisse der Umfrage werden im folgenden Abschnitt beschrieben, ehe auf die Erfahrungen der Betreuer(innen) eingegangen wird, die in einer Abschlußbesprechung gesammelt wurden. Das Kapitel schließt mit einigen abschließenden Bemerkungen.

5.1 Die Umfrage

Bevor auf die Auswertung des Fragebogens eingegangen wird, wird zunächst den Fragebogen der in der ersten Informatik AG verteilt wurde, vorgestellt.

5.1.1 Der Fragebogen

Liebe Teilnehmerinnen der Informatik AG,

Sie nehmen an der Informatik AG für Oberstufenschülerinnen an der Universität Stuttgart teil. Wir möchten mit dieser Veranstaltung über Inhalte der Informatik sowie über die Perspektiven in dem Beruf einer Diplom-Informatikerin informieren. Die praktischen Aufgaben dienen dazu, Sie mit aktuellen Technologien vertraut zu machen und eventuelle Berührungsängste abzubauen.

Damit wir noch besser werden, brauchen wir Ihre Hilfe. Wir möchten gerne wissen, wie Ihnen die Informatik AG an der Universität Stuttgart gefällt. Im Anschluß an die erste Veranstaltung ist eine zweite geplant. Wir möchten deshalb gerne von Ihnen wissen, was Sie sich wünschen, über die Informatik, über das Studium oder über die Universität zu erfahren. Sie helfen uns damit, die Informatik AG optimal an die Bedürfnisse von Schülerinnen anzupassen. Schließlich haben wir auch Fragen an Sie, deren Beantwortung uns Erkenntnisse über die momentane Situation von Frauen und Technik geben können. Die Beantwortung aller Fragen ist selbstverständlich freiwillig und anonym.

Bitte geben Sie den Umfragebogen bei Ihrer Tutorin oder Ihrem Tutor in Ihrer letzten Übungsstunde ab, oder senden Sie ihn an das Dekanat Informatik, Breitwiesenstr. 20-22, 70565 Stuttgart.

Vielen Dank schon jetzt für Ihre Mühe.

1   **Wie alt sind Sie?**

⬜⬜

2   **Welche Jahrgangsstufe besuchen Sie?**

⬜⬜

3   **Besuchen Sie eine Mädchenschule?**

○ Ja ○ Nein

4   **Wie haben Sie von der Informatik AG erfahren?**

○ Über die Schule   ○ Über die Zeitung   ○ Über Mitschüler(innen)
○ Sonstige: ....
Wie sollten wir Ihrer Meinung nach weitere Veranstaltungen der Informatik AG bekanntmachen?
....

5   **Warum haben Sie sich für die Teilnahme an der Informatik AG entschieden? Welche
             Erwartungen hatten Sie?**
             .
....

6   **Was hat Ihnen besonders gefallen?**
....

7   **Welches war Ihr wichtigstes Erlebnis oder die wichtigste Erkenntnis?**
....

8   **Finden Sie es gut, daß die Informatik AG nur für Frauen ist?**
○ Ja ○ Nein Weil..

9   **Haben Sie im Laufe der AG Freundinnen gefunden?**
○ Ja ○ Nein

10   **Wie fanden Sie die bisherigen Vorträge?** (Mehrfachantworten sind möglich)
○ interessant ○ uninteressant ○ zu trocken ○ zu schwer ○ zu leicht ○ informativ
Was sollten wir anders machen?...

11   **Wie fanden Sie Ihre Übungsgruppe?** (Mehrfachantworten sind möglich)
○ interessant ○ uninteressant ○ zu trocken ○ zu schwer ○ zu leicht ○ informativ
Was sollten wir anders machen?...

12   **Wie fanden Sie die Arbeiten am Rechner und die Aufgaben?**
             (Mehrfachantworten sind möglich)
○ interessant ○ uninteressant ○ zu trocken ○ zu schwer ○ zu leicht ○ informativ
Was sollten wir anders machen?...

13   **Wie fanden Sie den allgemeinen Ablauf insgesamt?**
....
Was sollten wir anders machen?...

14   **Würden Sie andere Zeiten und Termine vorziehen und wenn ja, welche?**
....

15   **Welche Themen aus der Informatik interessieren Sie besonders?**
....

16   **Interessieren Sie sich für Technik?**
○ Ja ○ Nein
Weil..

17   **Sind Ihnen schon Vorurteile bezüglich Frauen und Technik begegnet und wenn ja welche?**
○ Nein   ○ Ja, ...

18   **Wie fanden Sie die Atmosphäre an der Universität?**
....

19   **Welche Leistungskurse haben Sie gewählt bzw. welche haben Sie vor zu wählen?**
○ Ich habe die folgenden Leistungskurse gewählt: ....
○ Ich werde die folgenden Leistungskurse wählen: ....
○ Ich weiß noch nicht, welche Leistungskurse ich wählen werde.

20   Besuchen Sie einen Informatik Grundkurs bzw. haben Sie einen besucht?

O Ich besuche einen Info GK O Ich besuchte einen Info GK O Nein

21   Welche Vorkenntnisse brachten Sie in die Informatik AG mit?

....

22   Haben Sie einen eigenen PC?

O Ja, seit..................................... O Nein

23   Können Sie einen PC benutzen, wenn ja welchen (z.B. den der Eltern, der Schule...)?

O Nein O Ja, ...

24   Haben Sie einen Netzzugang, wenn ja wo?

O Nein O Ja, ...

25   Welches sind Ihre Lieblingsfächer?

Mein liebstes Fach:..

Mein zweitliebstes Fach:..

26   Hatte eine Lehrerin oder ein Lehrer für Sie Vorbildfunktion?

O Lehrerin O Lehrer

In welchem Fach:..

In welcher Hinsicht:...

27   Haben Sie vor zu studieren?

O Ja, folgendes Studienfach:..

O Ja, eines der folgenden Studienfächer:...

O Ja, aber ich weiß noch nicht welches Studienfach.

O Nein   O Ich weiß noch nicht

28   Haben Sie schon einen Berufswunsch, wenn ja, welchen?

O Nein   O Ich weiß noch nicht O Ja, ...

29   Wurden Sie bereits über akademische Berufsmöglichkeiten informiert, wenn ja wie und vom
         wem?

O Nein O Ja, ...

30   Glauben Sie, daß der Besuch der Informatik AG ihre Studien- und Berufswahl beeinflußt, und
         wenn ja wie?

O Nein O Ja, ...

31   Wieviele Brüder bzw. Schwestern haben Sie, und wieviele von ihnen sind älter als Sie bzw.
         jünger als Sie?

Ältere Brüder:☐   Jüngere Brüder:☐ Ältere Schwestern:☐ Jüngere Schwestern:☐

32   Die Berufe der Eltern spielen bei der Studienwahl ihrer Kinder eine Rolle, deshalb möchten
         wir gerne wissen:

Welche Ausbildung hat ihre Mutter?:..

Welche Tätigkeit übt ihre Mutter aus?:...

Welche Ausbildung hat ihr Vater?:..

Welche Tätigkeit übt ihr Vater aus?:...

33   Sofern Sie Geschwister haben, für welche Ausbildung haben diese sich entschieden?

Schwester/n:...

Bruder/Brüder:...

34   Welchen Berufswunsch hat ihre beste Freundin?

....

35   Würden Sie die Informatik AG weiterempfehlen?

O Ja O Nein

Weil..

36   In welcher Jahrgangsstufe ist es Ihrer Meinung nach am sinnvollsten eine solche
         Universitätsveranstaltung zu besuchen?

☐☐

37   **Planen Sie an der folgenden Veranstaltung ab 25. April 1997 wieder teilzunehmen?**
O Ja   O Nein, weil ....
38   **Ihre Anmerkungen!**

....

5.1.2   Die Auswertung

Die meisten Schülerinnen besuchen die 12. Jahrgangstufe (51%), gefolgt von der Jahrgangsstufe 11 mit 31%. 90% der Schülerinnen haben Zugang zu einem PC, beispielsweise zu dem
PC der Eltern. Über 60% besitzen einen eigenen PC und 23% haben sogar einen Netzzugang.

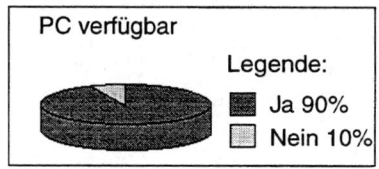

Bild 70 Zugang der Schülerinnen zu einem PC

Nach den Angaben des statistischen Bundesamts gab es im Jahr 1995 36,9 Mio. Haushalte in
Deutschland. Zur gleichen Zeit gab es laut der Initiative Informationsgesellschaft Deutschland 7 Mio. PCs in Haushalten. Das bedeutet, höchstens 20% aller Haushalte in Deutschland
hatten Ende 1995 einen PC. Die Ausstattung der Schülerinnen kann dementsprechend als
überdurchschnittlich gut angesehen werden.

Ungefähr die Hälfte der befragten Schülerinnen besucht einen Leistungskurs Mathematik.
Die mathematisch-orientierten Schülerinnen sind also sehr stark repräsentiert. Und 43,4%
bezeichneten Mathematik als ihr Lieblingsfach.

86.6% der Schülerinnen gaben an, Vorkenntnisse zu haben. Die Hälfte der Schülerinnen
besucht, besuchte oder wird einen Informatik Grundkurs besuchen. Auffallend war in diesem
Zusammenhang die Tendenz der Schülerinnen, ihre Vorkenntnisse als geringer einzustufen,
als sie tatsächlich waren. Es wurde auch im Vorfeld sehr häufig die Frage gestellt, ob Vorkenntnisse notwendig sind bzw. ausreichen. Dies bestärkt die Beobachtungen von [Schinzel
91], nach denen sich lediglich 29% der Mädchen ohne Vorkenntnisse ein Informatik-Studium zutrauen im Gegensatz zu 50% der Jungen.

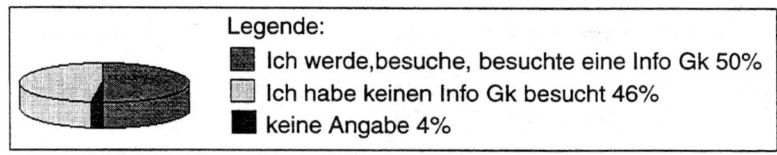

Bild 71 Besuch der Informatik-Kurse an der Schule

Insgesamt zeigen diese Zahlen bisher, daß die Teilnehmerinnen der Informatik AG in der
Regel schon vorher einen relativ starken Zugang zur Informatik bzw. zur Technik, zur
Mathematik oder den Naturwissenschaften hatten. Ihre Hemmschwelle an der AG teilzuneh-
men, war dementsprechend gering.

Nach [Schinzel 93] werden Frauen häufig durch die Väter an ein ingenieurwissenschaftliches Studium herangeführt und sind auffallend oft älteste Kinder oder sogar Einzelkinder. 64,15% der Befragten haben keine oder keine älteren Geschwister.

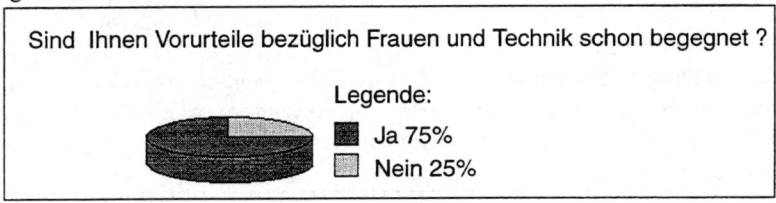

Bild 72 Vorurteile

Bemerkenswert ist auch der Umstand, daß mehr als ein Viertel der Befragten auf die allgemeine Frage, ob ihnen schon einmal Vorurteile gegenüber Frauen und Technik begegnet sind, angaben, ihnen seien im Zusammenhang mit dem Physikunterricht in der Schule Vorurteile begegnet.

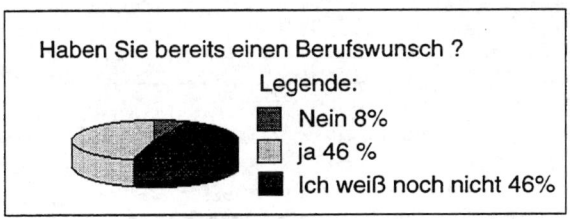

Bild 73 Ist ein Berufswunsch schon vorhanden?

Auf die Frage, ob die Teilnahme an der Informatik AG die Berufswahl beeinflußt hat, antworteten etwas mehr als die Hälfte mit "ja". Im folgenden einige ausgewählte Zitate:

- *Ich tendiere jetzt mehr zum Informatik-Studium.*
- *Vielleicht traue ich mich doch an so ein Studium ran.*
- *Mir ist klar geworden, daß Informatik zwar nicht leicht, aber doch das richtige Studienfach für mich ist.*
- *Ich überlege mir, ob ich Informatik studieren soll, da ich 3,5 Stunden vor dem Rechner sitzen kann, ohne mich zu langweilen.*
- *Denn ich weiß jetzt, daß ich Informatik studieren werde.*
- *Noch weniger Angst vor Informatik.*
- *Ich habe Vorkenntnisse, die mir allgemein helfen.*

Einige Schülerinnen wurden durch ihre Teilnahme an der Informatik AG überzeugt, auf jeden Fall zu studieren und vereinzelt wurde auch eine Entscheidung gegen ein Studium der Informatik getroffen.

Über 6% der Anmeldungen kamen von den Schülerinnen des einzigen Mädchengymnasiums der Umgebung, das weniger als 1% der angeschriebenen Schulen repräsentiert. Die Befürwortung der Beschränkung der Teilnahme an der Informatik AG auf das weibliche

Geschlecht war eindeutig, denn 95% der befragten Schülerinnen fanden dies gut so. Als Grund wurde häufig die Dominanz der Jungen in gemischten Gruppen angegeben.

Extrem häufig lassen die Antworten der Schülerinnen Ängste bzw. Hemmungen erkennen, die dem interessierten Umgang mit der Informationstechnologie im Wege stehen. Ein Beispiel ist das wichtigste Erlebnis einer Schülerin: *Wenn man etwas falsch macht, wird man nicht gleich erschossen.* Dies ist besonders bemerkenswert, wenn man bedenkt, daß die befragten Schülerinnen allein durch ihre Teilnahme an der Informatik AG eine im Vergleich geringe Technikdistanz zeigen.

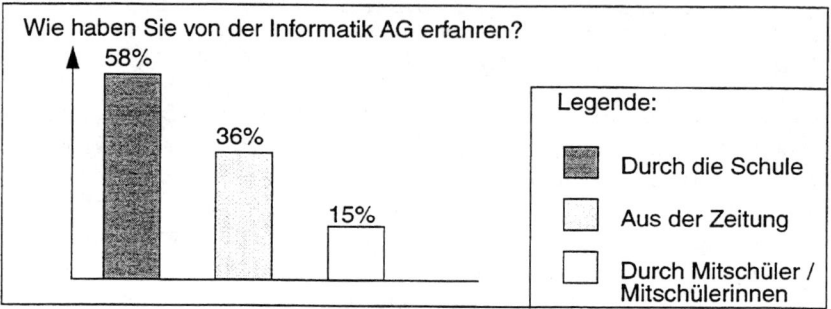

Bild 74   Antworten auf die Frage: Wie haben Sie von der Informatik AG erfahren?

Obwohl an alle Schulen der Umgebung Einladungen versendet wurden, konnten nicht alle Schülerinnen auf diesem Weg erreicht werden. Dies konnte jedoch durch die zusätzlichen Ankündigen über die Presse ausgeglichen werden. Die Teilnehme von insgesamt über 200 Schülerinnen zeigt den Erfolg dieser Maßnahmen.

5.2   Erfahrungen der Betreuer(innen)

Entsprechend der Struktur der Informatik AG wurden während der Vorträge, Übungen und der Rahmenveranstaltung unterschiedliche Erfahrungen gemacht. Bei den Vorträgen fielen vor allem die Aufmerksamkeit und Konzentration auf, mit der die Schülerinnen den Ausführungen folgten. In den von Studentinnen und einem Studenten betreuten Übungsstunden zur Vorbereitung der praktischen Aufgaben an den Rechnern arbeiteten die Schülerinnen interessiert mit.

Zu Beginn der Übungen am Rechner waren die unterschiedlichen Vorkenntnisse recht deutlich zu spüren. Während einige der Schülerinnen relativ hilflos wirkten, gingen andere sehr souverän an ihre Aufgaben heran. Mit der Zeit relativierten sich diese Unterschiede, wobei das Arbeitstempo trotzdem immer noch differierte. Die Tatsache, daß auch bei Schülerinnen ohne Vorkenntnisse die anfängliche Angst und Hemmschwelle vor dem Rechner überwunden werden konnte, war deutlich sichtbar und manifestiert sich in den folgenden Zitaten:

*   *Computer schrecken mich nicht mehr so ab, wie noch am Anfang. Ich habe meine totale Abneigung gegen sie abgelegt und probiere eher einfach mal etwas aus, ohne zu wissen was passiert/ was bestimmte Tasten - bewirken.*

- *Es muß unbedingt noch mehr solche Veranstaltungen geben, weil ich finde, daß viele Leute Computer doof finden, weil sie wahrscheinlich selber keine Ahnung davon haben, weil sie sich selber nicht an so ein Gerät herantrauen. Ich finde, sie sollten wenigstens einmal sehen, was sie verpassen!*

Zu einem großen Erfolg entwickelte sich die Entdeckung von Surfen und elektronischer Post. Mit Begeisterung wurde im WWW nach allem gesucht, was Schülerinnen interessieren kann, von den Lieblingsmusikern über das geklonte Schaf sowie mathematische Kurven und Information für ein Schulreferat bis hin zu Spielen. Außerdem wurde eifrig an bekannte und unbekannte Personen gemailt und direkt nach dem Einloggen nach neu eingetroffenen E-Mails geschaut.

Im Laufe der Veranstaltung verloren die Teilnehmerinnen, die für Frauen sonst übliche, zurückhaltende Herangehensweise und fingen an, spielerisch neue Welten zu entdecken. Dieser neue Lernstil und das dadurch gestärkte Selbstwertgefühl sind eindeutig höher einzuschätzen als die Tatsache, daß es vereinzelt Fälle gab, in denen die Übungsaufgaben über dem Surfen vernachlässigt wurden. Insgesamt wurde von dem Großteil der Schülerinnen die vorgestellten technischen Möglichkeiten vielfältig eingesetzt um ihre WWW-Seiten sehr ansprechend zu gestalten. Durch eine Wahl bestimmten die Teilnehmerinnen die zehn besten Homepages und ihre stolzen Entwicklerinnen wurden mit einer Urkunde belohnt.

Die hohe Motivation und das große Interesse der Teilnehmerinnen zeigte sich auch an der regen Nutzung der Rechnerumgebung der Fakultät über die eigentlichen Rechnerzeiten der Informatik AG hinaus. Auffallend war die häufige Entstehung von neuen Freundschaften. Dies beruht wahrscheinlich darauf, daß die Teilnehmerinnen auf den richtigen Gebieten die gleichen Interessen haben und daher sehr schnell Kontakt untereinander finden. Damit wurde also auch das Ziel zum Ermöglichen von Kontakten zwischen unterschiedlichen Schulen erreicht.

5.3   Fazit

Die 1997 erstmalig angebotene Informatik AG für Schülerinnen der Oberstufe zielte darauf ab, die häufig existierende Hemmschwelle zu beseitigen und mehr Frauen zum Studium der Informatik zu bewegen. Wie die Äußerungen der Schülerinnen und die Fragebogenaktion zeigen, ist dies bei den über 200 Teilnehmerinnen der AG gelungen. Dies beweist einmal mehr, daß Frauen Technik nicht einfach ablehnen, sondern daß ihnen häufig nur nicht die Gelegenheit gegeben wird, sich damit angstfrei auseinanderzusetzen. Das Konzept der Geschlechtertrennung hat sich also auf jeden Fall bewährt.

Die Informatik AG wurde von den Schülerinnen und der Öffentlichkeit so gut aufgenommen und beurteilt, daß die Universität Stuttgart seit 1998 diese Veranstaltung für alle ingenieur- und naturwissenschaftlichen Fächer anbietet. Damit diese Maßnahme trotzdem nicht ein Tropfen auf den heißen Stein bleibt, ist sie in drei Richtungen auszuweiten:

- Größerer Kreis von Schülerinnen,
- innerhalb der Informatik,
- zu anderen Fächern hin.

Mit Hilfe der Fragebogenaktion wurde bestätigt, daß nur diejenigen Schülerinnen teilnahmen, bei denen eine Grundmotivation in Richtung Technik gegeben war. Um auch den Schülerinnen den Zugang zur Informationstechnologie zu eröffnen, deren Hemmschwelle noch besonders groß ist, und sie mit einer Basisinformation auszustatten, sind zusätzliche Maßnahmen erforderlich, die zum Teil schon früher ansetzen müssen und den allein von den Universitäten erbringbaren Beitrag sprengen.

Darüberhinaus sollte es möglich sein, die bereits verfügbaren Aktivitäten von Informatik-Fakultäten untereinander abzustimmen, so daß sie sich gegenseitig ergänzen. Hierbei können durchaus auch die bereits verfügbaren Techniken von Systementwurfen und Teleteaching mit eingesetzt werden. Dadurch kann z. B. der Vortrag einer Expertin in einem bestimmten Gebiet nicht nur an deren Universität sondern per Videokonferenz auch an anderen gehalten werden.

Ganz allgemein wird nicht nur die Vernetzung innerhalb eines Forschungsbereiches sondern auch die Interdisziplinarität immer wichtiger. Um Schülerinnen auf diese Situation angemessen vorzubereiten, müssen ihnen neben den fachlichen Inhalten der Informatik auch solche aus anderen Fächern vermittelt werden, die sie dann als Nebenfächer wählen können. Dies wird im Rahmen der Veranstaltung der Universität Stuttgart erreicht, indem die Termine der unterschiedlichen Fachbereiche so koordiniert werden, daß es beispielsweise Schülerinnen, die vorrangig an Informatik interessiert sind, möglich ist, auch Vorträge zu Informatikanwendungen beispielsweise aus der Luft- und Raumfahrttechnik oder der Elektrotechnik zu hören.

Durch Bündelung aller dieser Maßnahmen muß erreicht werden, daß Frauen trotz der durch technische Entwicklungen bewirkten Umbrüche, durch die sie momentan noch ausgegrenzt werden, stärker in die Gesellschaft mit eingebunden werden und, die ihnen spezifischen Fähigkeiten zum Wohle aller mit einbringen können.

Literatur:

[Schinzel 91]   Frauen in Informatik, Mathematik und Technik. *Informatik-Spektrum* Band 14 Heft 1 Februar 1991, S. 1-14.

[Schinzel 93]   Frauenforschung in Naturwissenschaft und Technik. In: *Realitäten*, Sigrid Philipps (Hrsg.), Silberburg Verlag, 1993, S. 31-61.

6 Anhang

6.1 Glossar

Agent
  ein Stück Software, das relativ autonom, d. h. ohne permanentes Rückfragen, vom Benutzer Aufgaben erledigen kann. Einsatzgebiete: Informationsrecherche, elektronischer Markt

Analyse (Software Engineering)
  Herausfinden der Anforderungen an das zu erstellende Produkt. Dabei muß die meiste Information vom Kunden (oder Anwender) geliefert werden. Die Ergebnisse der Analyse werden durch die Spezifikation konkretisiert.

Anwendungsschicht
  Schicht 7 des ISO/OSI-Modells, in der Protokolle für Anwendungen von Rechnernetzen standardisiert werden (z. B. für Dateitransfer)

Applet
  Klasse von Java-Objekten, die nur innerhalb von WWW-Browsern ausgeführt werden und bestimmten Restriktionen hinsichtlich der Ressourcennutzung (z. B. Dateizugriff) unterliegen.

asynchron
  zeitlich versetzt

Attribut
  Eigenschaft von Modellen, die entweder er oder dynamischer Natur sein kann.

Bitübertragungsschicht
  Schicht 1 des ISO/OSI-Modells, in der die Übertragung von Bits zwischen zwei Rechnern standardisiert wird

Bottom-Up
  Entwurf ausgehend von einzelnen Codezeilen zur kompletten Software

Browser
  Werkzeug zum Anschauen von und Blättern in Dokumenten, z. B. WWW-Browser wie Netscape und Internet Explorer

Bustopologie
  alle Rechner des Netzes hängen an einer Verbindung.

Byte-Code
  compilierter, rechnerunabhängiger Code von Java (xxx.class).

Client-Server-Modell
  Übertragung der aus dem Alltag bekannten Beziehung zwischen Kunde und Dienstleister auf die digitale Welt: ein Kunde schickt eine Anforderung an einen Dienstleister, dieser führt die zugehörige Aufgabe aus und schickt das Ergebnis zurück; Beispiele für Server sind FTP- oder WWW-Server.

Codierung
  Formulierung einer Problemlösung in einer Programmiersprache; Anfertigung des Produkts.

Compiler
  Werkzeug zum Übersetzen eines Programms in Maschinensprache (ohne Ausführung!).

Darstellungsschicht
  Schicht 6 des ISO/OSI-Modells, in der Daten in bzw. aus einem globalen Format in das spezielle des Rechners übertragen werden.

Datei
  Zusammenfassung von Daten unter einem Namen.

Datenpaket
  die über ein Netz übertragene Dateneinheit.

Dokument
  Zusammenfassung von möglicherweise multimedialer Information.

Dokumentation
  umfaßt alle in den Programmen enthaltenen Kommentare (integrierte Dokumentation) sowie alle Zusatzdokumente, die nicht in den Programmen enthalten ist (separate Dokumentation).

Domäne
  Einteilung des Internet in einzelne Bereiche zur Strukturierung der Adressen.
dynamisch
  sich zeitlich ändernd.
Editor
  Werkzeug zur Erfassung und Veränderung vonDateien und Dokumenten,
Elektronisches Bargeld
  Form der anonymen Bezahlung im elektronischen Markt.
Elektronischer Eingangskorb
  In einem elektronischen Eingangskorb werden die Aktivitäten, die eine Bearbeiterin im Rahmen eines Workflows durchführen sol,l auf ihrem Bildschirm bereitgestellt und verwaltet.
Elektronischer Kalender
  Übertragung der aus dem Alltag bekannten Funktionalität des Terminkalenders in die elektronische Welt.
Elektronische Post (email)
  Versenden und Empfangen von Nachrichten in elektronischer Form.
Elektronische Zeitung (news)
  Versenden und Empfangen von Information zu einem bestimmten Thema (nach entsprechender Registrierung dafür).
Entwurf
  Festlegung der gesamten Struktur (Systementwurf) und der einzelnen Teile (Modulentwurf) eines zu erstellenden Produkts.
Ethernet
  Rechnernetz mit Bustopologie und CSMA/CD.
Flußkontrolle
  Anpassung der Sendegeschwindigkeit, umDatenpakete möglichst mit optimaler Geschwindigkeit durch ein Netz schleusen zu können.
Gemeinsamer Arbeitsbereich
  Bündelung von Daten und Werkzeugen zu ihrer Bearbeitung, die über mehrere Rechner verteilt sein können, um einem aus mehreren Personen bestehenden Team den Zugriff darauf zu ermöglichen und ihre Zusammenarbeit zu unterstützen.
Geschäftsprozeß
  Ein Geschäftsprozeß ist eine strukturierte Menge von Aktivitäten, um eine bestimmte Aufgabe zu erfüllen. Dazu zählen beispielsweise auch die Ausführungsreihenfolge der Aktivitäten, der Datenfluß zwischen den Aktivitäten, die verwendeten Ressourcen sowie die Menschen oder Maschinen, welche die Aktivitäten ausführen.
Geschäftsprozeßmodell
  Ein Geschäftsprozeßmodell ist dementsprechend eine abstrakte Repräsentation eines Geschäftsprozesses.
Groupware
  Computerbasierte Systeme, die Gruppen von Menschen mit einer gemeinsamen Aufgabe bzw. einem gemeinsamen Ziel unterstützen und die dazu Benutzungsschnittstellen zu einer gemeinsamen Systemumgebung bereitstellen.
Home Banking
  die Möglichkeit, Bankgeschäfte vom häuslichen PC aus über Rechnernetz zu tätigen, z. B. Kontostände abzurufen oder Überweisungen in Auftrag zu geben.
Homepage
  Hauptseite einer Benutzerin im WWW
Information
  trägt Bedeutung und kann vom Typ Text, Grafik, Audio, Fest- oder Bewegtbild sein.
Instanziierung
  Erzeugen eines speziellen Modells aus einer Klasse.
Integration
  Zusammenbau der einzelnen Komponenten (Module) des Software-Systems zum Gesamtsystem.
Internet
  ein spezielles Rechnernetz basierend auf den Protokollen tcp und ip.
Interpreter
  Übersetzen eines Programms in Maschinensprache und seine Ausführung.

Intranet
unternehmenseigenes Rechnernetz, das auf Internettechnologie beruht.
ISO/OSI-Modell
Modell zur Standardisierung des Datenaustausches zwischen Rechnern beliebigen Typs.
Java
eine objektorientierte Programmiersprache.
Kapselung (information hiding)
verbirgt die tatsächliche Implementierung der Methoden und des gesamten Modells. Nur die Methoden-
aufrufe für potentielle Aufrufer sind öffentlich bekannt.
Klasse
Zusammenfassung von Modellen mit gleichen Attributen und Methoden.
Konsistenz
Vorgabe von Regeln, z. B. bzgl. Rechtschreibung, Grammatik und Bedeutung. Wenn mehrere Personen
gleichzeitig am gleichenDokument editieren, ist die Konsistenz gefährdet.
Kooperationsprotokolle
Zur Regelung der Zusammenarbeit von Personen, besonders zur Synchronisation der Zugriffe auf
gemeinsame Daten und Dokumente.
Latenzzeit
Zeit, die bis zur Entdeckung eines Fehlers verstreicht.
Lebenszyklus
bezeichnet Zeitabschnitt, ist gebräuchlich bei Modellen (von Instanziierung bis Löschen des Objektes)
und bei Software (beginnt, wenn sich jemand die Software ausdenkt und endet, wenn die Software nicht
mehr verfügbar ist)
Maschinensprache
die vom Rechner verständliche Sprache (Folgen von Nullen und Einsen).
Meilenstein
Teilziele auf dem Weg zum Projektabschluß. Sie sind primär nicht durch geplante Zeitpunkte, sondern
durch inhaltliche Kriterien definiert, z.B. Abschluß bestimmter Dokumente, Passieren bestimmter Tests,
o.ä.
Methode
allgemein: Regeln zur Vorgehensweise;
bei objektorientierter Programmierung: der auf einem Modell durch einen Aufruf ausgeführte Code,
wobei das Ergebnis außerdem vom aktuellen Objektzustand abhängt.
Modell
Ein Modell ist eine abstrakte Repräsentation, die sich lediglich auf die relevanten Aspekte konzentriert.
Modulentwurf
Festlegung der Lösungsstruktur der einzelnen Teile eines zu erstellenden Produkts.
Modul
Baustein, aus dem sich ein Software-System zusammensetzt .
Objekt
in der objektorientierten Programmierung definiert durch e und dynamische Eigenschaften (z. B. Name,
Zustand) und die darauf ausführbaren Methoden.
Phase
abgegrenztes Zeitintervall (z. B. synchrone - asynchrone Phasen bei zwischenmenschlicher Kooperation,
Phasen im Software Engineering)
polymorph
Methoden des gleichen Namens können unterschiedliche Funktionalität haben (z. B. Überladen).
Programm
Folge von Steueranweisungen für den Rechner.
Programmiersprache
Sprache für die Formulierung von Programmen, in der Problemlösungen verfaßt werden können.
Programmiersprache
Sprache für die Formulierung von Programmen, in der Problemlösungen verfaßt werden können.
Projektplan
gibt einen Überblick über das Projekt und erklärt die Motivation (sechs w's: warum, was, wieviel Geld,
von wem, wann, womit).Der Projektplan ist die Grundlage zur Durchführung des Projekts.

Protokoll

Menge von Regeln für den Informationsaustausch zwischen Rechnern.

Prüfsumme

ergibt sich durch Summierung der Bits einesDatenpakets und dient der Überprüfung hinsichtlich der korrekten Übertragung dieses Pakets (bei Verfälschung stimmen die Prüfsummen vor und nach der Übertragung nicht überein).

Qualitätssicherung

Software-Prüfung, Fehlersuche und Fehlerbehebung;
phasenübergreifende und -begleitende Maßnahmen bei der Softwareentwicklung, die eine möglichst hohe Qualität garantieren sollen; beispielsweise Reviews, bei denen das jeweilige zu prüfende Dokument von mehreren Personen begutachtet und diskutiert wird.

Quittung

dient dazu, den Empfang einesDatenpakets zu bestätigen und die aus fehlerhafter Übertragung resultierenden Verluste zu erkennen.

Rechnernetz

entsteht durch Kopplung von Ein- und Ausgabekanälen verschiedener Rechner.

Review

Begutachtung einesDokuments/Softwareteils durch mehrere Personen mit anschließender Diskussion nach inhaltlichen und formalen Kriterien.

Richtlinien

zur Softwareentwicklung: Regeln, die bei der Erstellung von Software berücksichtigt werden müssen (z. B. Angaben zur Formatierung, Layout, Format der Bezeichner oder maximale Anzahl Zeilen je Modul).

Ringtopologie

bezeichnet eine Rechnernetztopologie, bei der die beteiligten Rechner ringförmig angeordnet sind. In dieser Topologie wird ein im Ring kreisendes Token zur Sendeberechtigung eingesetzt.

Schwarzes Brett

Versenden und Empfangen elektronischer Diskussionsbeiträge (nach Registrierung, vgl. news).

Sequenznummer

wird Datenpaketen angeheftet, um die richtige Reihenfolge zu garantieren und Übertragungsverluste zu erkennen.

Sicherungsschicht

Schicht 2 des ISO/OSI-Modells, in der Fehlererkennungsverfahren, Stau- und Flußkontrolle zwischen zwei Rechnern durchgeführt werden.

Sitzungsschicht

Schicht 5 des ISO/OSI-Modells, in der Anwendungen strukturiert werden können in Sitzungen und Aktivitäten, wodurch unter anderem die Möglichkeit geschaffen wird, im Fehlerfall zurück- und an einer früheren Stelle der Kommunikation wieder aufzusetzen.

Software

Menge von Programmen sowie die dazugehörigenDokumente und die Daten, die für den Betrieb benötigt werden.

Software Engineering

Anwendung von ingenieurwissenschaftlichen Prinzipien auf die Entwicklung von Software mit dem Ziel, auf wirtschaftlichem Wege zuverlässige, auf realen Rechnern lauffähige Software zu erstellen.

Software-Krise

Ende der 60er Jahre; In vielen Projekten kommt man selbst mit gigantischem Aufwand nicht zu einem befriedigenden Ergebnis: Die Termin- und Kostenüberschreitungen sind erheblich, die Resultate weisen nur eine geringe Qualität auf.

Software-Lebenszyklus

Der Software-Lebenszyklus ist der Zeitabschnitt, der beginnt, wenn jemand sich die Software ausdenkt, und der endet, wenn die Software nicht mehr verfügbar ist.

Software-System

Die Gesamtheit des ausführbaren Codes, die das gewünschte Produkt realisiert.

Spezifikation (Software Engineering)

Konkretisierung der in der Ananlyse festgestellten Anforderungen; Dokumentation der wesentlichen Anforderungen an eine Software, und zwar präzise, vollständig und überprüfbar

statisch
innerhalb eines größeren Zeitraumes unverändert.

Staukontrolle
Anpassung der Sendegeschwindigkeit an die Geschwindigkeit des Empfängers.

Sterntopologie
bezeichnet eine Rechnernetztopologie mit einem zentralen (meist größeren) Rechner, mit dem mehrere (kleinere) verbunden sind.

synchron
gleichzeitig.

Systementwurf
Festlegung der gesamten Lösungsstruktur (Systementwurf) und damit der Architektur eines Produkts (z.B. eines Software-Systems).der einzelnen Teile (Modulentwurf) eines zu erstellenden Produkts.

Telekonferenz
Übertragung von Audio- und Videoströmen der Konferenzteilnehmer, so daß diese die Beiträge der anderen hören sowie deren Gestik und Mimik sehen können.

Telekooperation
Zusammenarbeit von Personen, wenn die Beteiligten sich an unterschiedlichen Orten aufhalten und ihre Zusammenarbeit über Netze stattfindet.

Teleteaching
Lehren und Lernen mit multimedialen Mitteln über zeitliche und örtliche Distanz, das über Netze stattfindet.

Test
Ausführung von Programmen unter Bedingungen, für die das korrekte Ergebnis bekannt ist und mit dem des Programms verglichen werden kann; stimmen beide nicht überein, liegt ein Fehler vor. Man unterscheidet Modul- oder Programmtest für einzelne Komponenten und Integrations- oder Systemtest für das gesamte System. Diese Tests werden durch die Softwareersteller durchgeführt. Der vom Kunden vorgenommene Test wird als Abnahmetest bezeichnet.

Textkonferenz
zweigeteiltes Fenster, über das zwei Teilnehmer Texte austauschen können.

Token
Zugriffsberechtigung zur Regelung des Sendens vonDatenpaketen.

Top-Down
Entwurf von den abstrakten Anforderungen zu den einzelnen Codezeilen.

Transportschicht
Schicht 4 des ISO/OSI-Modells, in der ein sicherer Datenaustausch zwischen mehreren Anwendungen und über mehrere Rechner hinweg garantiert wird, unabhängig von der Ausprägung der darunterliegenden Schichten (1-3).

Überladen
Überschreiben einer Methode einer Oberklasse mit eigenem Code (vgl. polymorph).

Unternehmenseigenes Netz (corporate network)
Rechnernetz, das der Verbindung von Rechnern eines Unternehmens dient.

Vererbung
Übernahme von Attributen und Methoden der Oberklasse(n).

Vermittlungsschicht
Schicht 3 des ISO/OSI-Modells, in der Fehlererkennungsverfahren, Stau- und Flußkontrolle zwischen mehreren Rechnern durchgeführt werden.

Verschlüsselungsverfahren
mathematische Verfahren zur Verschlüsselung von Daten, um diese gegen potentielle Angreifer zu schützen.

Video on Demand
elektronische Ausleihe von Videos über ein Rechnernetz.

Wasserfallmodell
Modell zur Strukturierung der Softwareerstellung durch Vorgabe von Aktivitäten und ihrer Reihenfolge; das Ende von Aktivitäten wird durch Meilensteine definiert.

Wartung
Bearbeitung von existierender Software zur Behebung von Fehlern oder Anpassung an neue Anforderungen.

Wasserfall- oder Dokumenten-Modell
Die Software-Entwicklung wird als Folge von Aktivitäten betrachtet, die durch Teilergebnisse (Dokumente) gekoppelt sind. Diese Aktivitäten können auch gleichzeitig oder iterativ ausgeführt werden. Davon abgesehen ist die Reihenfolge der Aktivitäten fest definiert, nämlich (sinngemäß) Analysieren, Spezifizieren, Entwerfen, Codieren, Testen, Installieren und Warten.

Wegewahl (routing)
Verfahren zur Optimierung der Übertragungsdauern für Datenpakete.

Werkzeuge
dienen der Ausführung einer Arbeit, die – wenigstens prinzipiell – auch ohne das Werkzeug geleistet werden könnte. Im Produkt ist das Werkzeug nicht mehr enthalten.

Whiteboard
im Rahmen von Systementwurfen eingesetzte Browser und Editoren, um Dokumente im Team anzusehen oder Skizzen zu verfassen.

Workflow
Ein Workflow ist ein computergestützt administrierbarer, organisierbarer und steuerbarer Prozeß (aus DIN-Fachbericht 50)

Workflow-Definition
exakte und formale, computerlesbare Beschreibung eines Geschäftsprozesses (Workflow).

Workflow-Management
Workflow-Management ist Administration, Organisation und Steuerung von Workflows

Workflow-Management-System
dient dazu, die Abläufe innerhalb von Unternehmen zu automatisieren. Definition: Ein Workflow-Management-System ist ein Hard- und Software-System zur Administration, Organisation und Steuerung von Workflows (aus DIN-Fachbericht 50)

World Wide Web
weltweites Informationsreservoir, das intern über Links verknüpft ist.

6.2   Abkürzungen

ARPA
Advanced Research Projects Agency
ATM
asynchronous transfer mode
CSMA/CD
Carrier Sense Multiple Access-Collision Detection
CSCL
Computer Supported Cooperative Learning
CSCW
Computer Supported Cooperative Work
EMAIL
electronic mail
FDDI
fiber distributed data interface
FTP
file transfer protocol
GAN
global area network
HTML
hyper text markup language
http
hyper text transfer protocol

ip
 internet protocol
ISO
 international standardization organization
LAN
 local area network
MAN
 metropolitan area network
MIME
 Multi-Purpose Internet Mail Extensions
NNTP
 network news transfer protocol
OSI
 open systems interconnection
SMTP
 simple mail transfer protocol
tcp
 Transmission Control Protocol
URL
 uniform resource locator
WAN
 wide area network
WfMC
 Workflow Management Coalition
WFMS
 Workflow-Management-System
WWW
 World Wide Web

6.3 Literatur

Appelrath, Hans-Jürgen; Ludewig, Jochen [1997]
 Skriptum Informatik - eine konventionelle Einführung. B. G. Teubner, Stuttgart, 1997

Burger, Cora [1997] *Groupware.* dpunkt-Verlag, Heidelberg, 1997.

Davignon, Bernhard; Edelmann, Georg [1996]
 Java: [oder: wie steuere ich meine Kaffeemaschine?]. tewi-Verlag, München, 1996

Flanagan, David [1996] *Java in a Nutshell : A Desktop Quick Reference for Java Programmers.* O'Reilly, Bonn, Cambridge [u.a.] 1996.

Flanagan, David [1996] *JavaScript : The Definitive Guide.* O'Reilly, Bonn, Cambridge [u.a.] 1996.

Gesellschaft für Informatik (GI), http://www.gi-ev.de

Jablonski, Stefan [1997] *Workflow-Management : Entwicklung von Anwendungen und Systemen. Facetten einer neuen Technologie.* dpunkt-Verlag, Heidelberg, 1997.

Jablonski, Stefan [1995] *Workflow-Management-Systeme : Modellierung und Architektur.* Internat. Thomson Publ., Bonn [u.a.], 1. Aufl., 1995.

Pearl, Amy (Ed.) [1995] Women in Computing, *Communications of the ACM*, Vol. 48, No 1, pages 26-82., Jan. 1995

Perrochon, Louis [1998]   *School goes Internet: Das Buch für mutige Lehrerinnen und Lehrer.*
                          dpunkt-Verlag, Heidelberg, 1998

Pressman, Roger S. [1994]
                          Software Engineering. A Practicioner's Approach. 3rd ed. (european adaption), McGraw-Hill, 1994

Reinwald, Berthold [1995]
                          Workflow-Management in verteilten Systemen : Entwurf und Betrieb geregelter arbeitsteiliger Anwendungssysteme. B. G. Teubner, Stuttgart, Leipzig, 1995.

Rumbaugh, James; Blaha, Michael; Premerlani, Wiliam; Eddy, Frederick und Lorensen,Wiliam [1991]
                          Objektorientiertes Modellieren und Entwerfen. Coedit. der Verl. Carl Hanser und Prentice Hall International, München, Wien, 1993.

Scheller, Martin [1994]   *Internet : Werkzeuge und Dienste von "Archie" bis "World Wide Web".* Hrsg. von der Akademischen Software, Springer Verlag, Berlin, Heidelberg [u.a.], 1994.

Schinzel, Britta [1991]   Frauen in Informatik, Mathematik und Technik. *Informatik-Spektrum* Band 14, Heft 1, S. 1-14, Februar, 1991

Schinzel, Britta [1993]   Frauenforschung in Naturwissenschaft und Technik. In: *Realitäten : Ergebnisse und Perspektiven der Frauenforschung in Baden-Württemberg.* Sigrid Philipps (Hrsg.), Silberburg Verlag, 1993, S. 31-61.

Schlichter, Johann H. [1995]
                          Rechnergestützte Gruppenarbeit. Eine Einführung in Verteilte Anwendungen. Springer Verlag, Berlin, 1995.

Schülerduden Informatik, Bibliographisches Institut, Mannheim, 1997

Sinz, Werner [1996]   *Lokale Netze.*Verlag Heinz Heise, Hannover, 1996.

Spertus, E. [1991]   *Why are There so FewFemale Computer Scientists?.* Technical Report, MIT Artificial Intelligence Laboratory, 1991.

Workflow Management Coalition (WfMC), http://www.wfmc.org